Martin heidegger
une affaire franco-française

Ouverture philosophique
*Collection dirigée par, Dominique Chateau,
Jean-Marc Lachaud et Bruno Péquignot*

Une collection d'ouvrages qui se propose d'accueillir des travaux originaux sans exclusive d'écoles ou de thématiques.

Il s'agit de favoriser la confrontation de recherches et des réflexions, qu'elles soient le fait de philosophes « professionnels » ou non. On n'y confondra donc pas la philosophie avec une discipline académique ; elle est réputée être le fait de tous ceux qu'habite la passion de penser, qu'ils soient professeurs de philosophie, spécialistes des sciences humaines, sociales ou naturelles, ou… polisseurs de verres de lunettes astronomiques.

Dernières parutions

Michel FATTAL, *Conversion et spiritualités dans l'Antiquité et au Moyen Âge*, 2017.
Paul DUBOUCHET, *René Girard, « cowboy texan », Au fil de ses exploits*, 2017.
Fallander KALTCHAREL, *Le dualisme antiréaliste et semi-empirique de Bernard Vidal*, 2017.
Jean-Louis BISCHOFF, *Penser la notion de rencontre*, 2017.
HyeJeong SEO, Paul Ricœur, *Image de Dieu* : Rédemption et Eschatologie, Tome 2, 2017.
HyeJeong SEO, Paul Ricœur, *Image de Dieu* : Origine et déchéance, Tome 1, 2017.
Dimitra PANOPOULOS, *L'hypothèse platonicienne*, 2017.
Hans COVA, *Pour une approche stratégique des espaces politiques, Essai de philosophie politique*, 2017.
Tristan VELARDO, *Georges Palante, La révolte pessimiste*, 2017.
Robert TIRVAUDEY, *Apprendre à penser avec Marc Aurèle*, 2017.
Xavier LAMBERT (dir.), *Action, énaction. L'émergence de l'œuvre d'art*, 2017.
Alessia J. MAGLIACANE, *Zéro. Révolution et critique de la raison. De Sade et Kierkegaard à Adorno et Cavell*, 2017.

Jean Piwnica

Martin heidegger
une affaire franco-française

L'Harmattan

Du même auteur
dans la même collection

Le temps des philosophes, 2015.

L'histoire : écriture de la mémoire, 2015.

La forme.
De la sensation à la perception, du particulier à l'universel, 2012.

L'homme imaginaire. Essai sur l'imagination, 2010.

L'émotion à l'œuvre, 2009.

A chacun son art, 2008.

© L'Harmattan, 2017
5-7, rue de l'Ecole-Polytechnique, 75005 Paris

http://www.editions-harmattan.fr

ISBN : 978-2-343-12425-4
EAN : 9782343124254

Avant-propos

Ne jamais dissocier la réflexion philosophique et l'investigation historique indispensable, mais allier l'établissement et l'analyse des sources historiques, à la critique philosophique avec des auteurs tels que Karl Löwith*, Jürgen Habermas*, Emmanuel Levinas*, Alexandre Koyré*, Éric Weil*, Nicolas Tertulian*, Emmanuel Faye, Jean Greisch*, Richard Wolin…, c'est l'une des principales ambitions de cet ouvrage.

Ce qui caractérise la philosophie moderne, c'est la notion de sujet — l'opposition du sujet à l'objet et son rapport avec lui — rapport qui s'insère dans la trame du temps. Pour Hegel, le temps est quelque chose où l'esprit se jette pour se réaliser, mais dont il est originellement distinct. La destruction du temps pour les idéalistes constitue un caractère *sui generis* du sujet, c'est le fait paradoxal qu'il est quelque chose qui n'est pas. Le sujet n'est pas distingué de la chose par une propriété quelconque. La différence tient à l'existence, à la manière même d'être là. Le sujet se trouve derrière l'être, en dehors de l'être. C'est pour cela qu'il ne peut y avoir d'ontologie idéaliste du sujet. L'indifférence à l'égard du temps que manifeste le rapport sujet-objet comporte une négation du caractère ontologique de la connaissance.

La philosophie heideggérienne se situe par rapport aux deux possibilités de comprendre le sujet : la gnoséologique et l'ontologique. Heidegger poursuit en quelque sorte l'œuvre de Platon en cherchant le fondement ontologique de la vérité et de la subjectivité en tenant compte de tout ce que la philosophie depuis Descartes nous a appris sur la place de la subjectivité dans l'économie de l'être.

Levinas soulève les problèmes qui vont sous-tendre les recherches heideggériennes. Ne faut-il pas remettre en question la notion d'être qu'on utilisa sans critique même quand on la rapprocha de celle du temps ? L'irréalité du saut qu'accomplit le sujet allant vers l'objet n'est-elle pas un mode du temps ? La théorie de la connaissance ne s'absorbe-t-elle pas dans l'ontologie, la connaissance dans l'existence ? Ce sont les problèmes que se pose Heidegger.

La remise en question de la notion d'être et son rapport avec le temps est le problème fondamental de la philosophie heideggérienne — le problème ontologique.

La manière dont l'homme est amené au centre de la recherche est commandée par la préoccupation fondamentale qui consiste à répondre à la question « qu'est-ce qu'être ? »

Heidegger distingue initialement entre ce qui est, *l'étant* et *l'être de l'étant*.

Ce qui est *l'étant* recouvre tous les objets, toutes les personnes, Dieu lui-même. L'être de *l'étant* — c'est le fait que tous ces objets et toutes ces personnes *sont*. Il ne s'identifie avec aucun de ces *étants*, ni même avec l'idée de *l'étant* en général. En un certain sens, il n'*est* pas ; s'il l'était, il serait *étant* à son tour, alors qu'il est l'événement d'être de tous les *étants*. L'originalité de Heidegger consiste à maintenir sans faille cette distinction. L'être de *l'étant* est l'objet de l'ontologie, alors que les *étants* représentent le domaine d'investigation des sciences ontiques.

En déterminant les attributs de *l'étant*, on dit ce qu'il est et l'on aboutit à son essence. À côté de l'essence de *l'étant,* on constate qu'il existe. C'est à cette constatation de l'existence que se réduisait, pour la philosophie classique, le problème de l'existence qu'on posait en plus de celui de l'essence. Mais déterminer ce que signifie cette existence a toujours été considéré comme une impossibilité.

Pour Heidegger, l'être n'est pas un *étant*, la preuve en est qu'on peut le saisir autrement, par le fait que nous en comprenons la signification à chaque moment.

Selon Levinas, pour Heidegger, la compréhension de l'être est un événement fondamental dans lequel toute sa destinée est engagée. La différence entre les modes implicites et explicites de comprendre concerne l'être de l'homme. Le passage de la compréhension implicite et non authentique à la compréhension explicite et authentique représente le drame de l'existence humaine de la compréhension.

Toute l'œuvre de Heidegger tend à montrer que le temps n'est pas un cadre de l'existence humaine, mais que sous sa forme authentique la temporalisation du temps est l'événement de la compréhension de l'être. Le temps est à la base de la compréhension de l'être. La compréhension de l'être caractérise l'homme non, comme essence, mais comme mode d'être, comme l'existence caractérise l'homme. Dans la philosophie heideggérienne, l'essence de l'homme est en même temps son existence. Ce que l'homme est, est en même temps sa manière d'être *là*, de se temporaliser.

Cela ne signifie pas que dans l'essence de l'homme est contenue la nécessité d'exister — ce serait faux, l'homme n'est pas un être nécessaire. Mais la confusion de l'essence et de l'existence signifie que dans l'existence de l'homme est incluse son essence, que toutes les déterminations essentielles de l'homme ne sont rien d'autre que ses modes d'exister. C'est parce que l'essence de l'homme consiste dans l'existence que Heidegger désigne l'homme par le terme *Dasein* (être ici-bas). La forme verbale exprime ce fait que chaque élément de l'essence de l'homme est un mode d'exister, de se trouver là. L'ontologie s'intéresse à l'être en général, mais celui-ci pour être accessible doit se dévoiler. Jusqu'à Heidegger, note Levinas, la philosophie moderne supposait à cette révélation un esprit connaissant ; elle était son œuvre. L'être dévoilé était plus ou moins adéquat à l'être voilé. Mais que cet événement s'accomplisse dans mon existence, ici-bas, et que mon ici-bas — mon *Da* — soit l'événement même de la révélation de l'être, qu'enfin mon humanité soit la vérité — constitue l'apport principal de la pensée heideggérienne.

L'essence de l'homme est dans cette œuvre de vérité ; l'homme est dans le « se révéler » de l'être, il est *Dasein*.
Heidegger se défend d'être classé parmi les philosophes de l'existentiel. Il ressent ce rapprochement comme une critique dont il se défend, comme pour annoncer par avance *les chemins qui ne mènent nulle part* : « La question qui me préoccupe n'est pas celle de l'existence de l'homme, c'est celle de l'être dans son ensemble et en tant que tel ».[1]
La philosophie de *Sein und Zeit*, œuvre majeure de Heidegger s'appuie sur certains présupposés, et le malheur est que ces présupposés ne font jamais l'objet d'une exposition en forme. Heidegger, contrairement à Husserl, ne croit pas qu'une philosophie peut être indépendante de toutes suppositions, bien qu'il se soit toujours abstenu de nous indiquer celles qu'il juge inévitables. Heidegger prétend rechercher des descriptions de situations concrètes d'existence, dans l'unique but d'en tirer une théorie universelle de l'être de l'existence humaine, d'abord, et de l'être en général, ensuite.

---

1 *Bulletin de la Société française de Philosophie*, oct.-déc. 1937, 193.

Introduction

Par le retentissement de son œuvre, Heidegger occupe une place importante dans le patrimoine culturel de la philosophie occidentale et plus particulièrement dans le domaine de la phénoménologie.
Cependant, aujourd'hui cette primauté est fortement contestée non seulement pour des raisons qui tiennent à sa doctrine, mais en raison de ce que révèlent de sa pensée les derniers écrits — les *Cahiers noirs*. Ces derniers donnent un éclairage révélateur sur une pensée dont l'expression, dès le début, est fortement teintée par ce qui deviendra ensuite le crédo national-socialiste.
Ce dévoilement n'a pas été sans créer une polémique qui devant un certain nombre d'évidences indiscutables a perdu aujourd'hui de sa véhémence, cependant revendiquée par une arrière-garde essentiellement d'inspiration française.
On rencontre Heidegger à travers des ouvrages, des articles de philosophes, qui ont des attitudes diverses à son égard ; on retiendra à ce propos cette phrase de Derrida : « Je suis aussi allergique aux dévots de Heidegger qu'aux anti-heideggériens de service. » Cette déclaration de neutralité n'épuise pas le désir légitime du lecteur de dépasser ce formalisme prudent, caractéristique de l'auteur. Désireux sans doute de corriger une

image par trop précautionneuse, Derrida écrit aussitôt après : « Pour moi, il y a deux images de Heidegger : il y a l'image de Heidegger grand penseur et l'image d'un individu gros, pesant, un peu vulgaire, inculte à certains égards — du point de vue de la littérature, des arts. » Parmi les anti-heideggériens, qui causent tant de désagréments, Jean-Pierre Faye occupe une place de choix en raison des recherches qu'il a effectuées et de l'analyse des documents qu'il a portés à la connaissance du public. Il raconte par exemple sa découverte d'un feuillet que Heidegger intitule *Bekenntnis zu Adolphe Hitler und dem Nationalsozialistischen Staat* (*Profession de foi en Hitler et l'État national-socialiste*) dont il dit : c'est un « texte violent et solennel, chargé de concepts philosophiques et métaphysiques mêlés à l'allégeance. Et là, il y a le thème du retour à l'essence de l'être. J'y vois ce que Thomas Mann met au grand jour : c'est le retour de la passion propre à tout courant de l'extrême conservatisme allemand prénazi et nazi. Il s'agit de revenir, du *Zurück*, de la *Wiederkehre*, du *Zurückkehren*. Le « grand retour — écrit Thomas Mann — c'est ça qui va hanter l'âme allemande de l'extrême droite, depuis la chute de l'Empire du IIe Reich de 1918. »
On a beaucoup discuté, et on continue à le faire, sur les idées qui ont porté Heidegger à s'engager dans la collaboration avec le national-socialisme et dont la présence est avérée dans ses écrits, ouvrages, cours, discours. Affirmer le contraire présupposerait, accessoirement, que la pensée est d'une totale indifférence vis-à-vis des actes, l'une étant totalement indépendante des autres et vice versa. Françoise Dastur* (*Heidegger et la pensée à venir*, 119) veut régler le problème en soutenant que la conception selon laquelle on oppose « les actes à la pensée est bien simplificatrice de sorte qu'on en vient à penser qu'il est fort possible qu'une telle opposition n'ait jamais existé en réalité ». Heidegger lui-même l'a suggéré dans *Être et temps* quand il montre que le comportement théorique n'est jamais dépourvu d'action, et que le comportement pratique de son côté n'est jamais aveugle et possède lui-même sa propre vue (*Sein und zeit*, 69). Si l'être de l'homme, écrit Françoise Dastur, est, comme Heidegger l'affirme, essentiellement défini comme *souci*, alors la pure observation d'un quelconque étant donné n'est pas moins

exempte de souci qu'une action politique, de sorte que, comme Heidegger le déclare au début de la *Lettre sur l'humanisme*, il est nécessaire de prendre conscience que « la pensée agit en tant qu'elle pense » et que « cet agir est probablement le plus simple en même temps que le plus haut, parce qu'il concerne la relation de l'être à l'homme. » (*Lettre sur l'humanisme*, 29)
Comme le formule Walter Biemel[2] : « Dans le cas de Heidegger, ce n'est pas à travers sa vie que nous pouvons apprendre à connaitre quelque chose sur son œuvre, mais son œuvre est sa vie ». Biemel affirme ainsi l'existence d'une unité entre l'œuvre et la vie dont le centre est l'œuvre, autour de laquelle la vie se déploie. Une telle interprétation du rapport entre vie et œuvre, loin d'être injustifiée, n'épuise pas le double jeu des interactions, des hétérogénéités qui se logent entre les actes accomplis et la pensée du philosophe. Ces actes constituent dans leur ensemble ce qu'on appelle une vie, mais il en est certains qui peuvent être plus révélateurs que d'autres en ce qu'ils comportent de tendances, lourdes de dissimulation. Il arrive qu'ils trompent la vigilance de l'individu, comme le dit Waelhens*, et mettent alors au jour la réalité de ses croyances et de ses opinions, parfois à l'opposé des actes mêmes.
Heidegger disait dans une note au début de son œuvre : « le point de départ de la philosophie est la vie facticielle comme *factum* ».[3] Il ajoutait que la philosophie jaillit certes de l'expérience facticielle de la vie, mais qu'« ensuite au sein de l'expérience facticielle de la vie, elle rejaillit sur celle-ci ».
Ce qui nous intéresse principalement, c'est de mettre au jour ce qui pourrait révéler en quoi, et où, ses actes se seraient opposés à sa pensée. A-t-il été nazi ? A-t-il été antisémite ? Ces opinions ont-elles inspiré toute son œuvre ? Voilà qui constitue la matière d'une question âprement débattue, et souligne la nécessité d'apporter un supplément d'éclairage sur un personnage que l'on peine généralement à définir.
Ainsi en est-il de ses relations avec des « Juifs d'exception », hommes et femmes, situation qui se reproduira maintes fois, y compris avec les dignitaires nazis et autres antisémites

---

2 *De l'essence de la vérité*, in Peter Trawny*, *Heidegger et l'antisémitisme*.
3 Heidegger, *Grundproblem der Phänomenologie*, GA, 58, 62.

convaincus. Avoir, aux yeux de Heidegger, une position antisémite et un commerce cordial avec des Juifs n'est pas exclusif l'un de l'autre. Au contraire, l'exception semble confirmer la règle.

Dans ses rapports concrets avec les Juifs, Heidegger ne leur donnait pas le visage de la « juiverie mondiale ». En témoignent ses nombreux étudiants juifs et ses maitresses également juives : entre autres, Hannah Arendt et Élisabeth Blochmann*. C'est sans doute par manque d'expérience de ce dont les philosophes sont capables, que Karl Kraus* (*Troisième nuit de Walpurgis*), comme beaucoup à sa suite, éprouvera une grande difficulté à comprendre le comportement de « ces hommes de main qui font dans la transcendance et proposent dans les universités et les revues de faire de la philosophie allemande une école préparatoire aux idées de Hitler. » Un bon nombre de plumes se sont levées avec enthousiasme pour approuver les faits perpétrés au nom d'un prétendu renouveau spirituel du peuple allemand. Kraus n'y voit pour sa part qu'un simple retour d'êtres humains, censés être des civilisés, à la primitivité et au mythe. Le mot d'ordre national-socialiste a finalement été mieux compris par les intellectuels que par les gens ordinaires, les premiers ayant accepté avec empressement l'idée qu'il fallait avant tout, débarrasser le traitement des questions importantes de la surcharge d'intellectualité qui a rendu jusqu'à présent toute solution impossible ; « alentour, rien que stupeur, fascination exercée par le charme envoutant de l'idée de n'en avoir aucune », comme disait Musil, « Il n'y a plus guère que les criminels qui osent nuire à autrui sans recourir à la philosophie ».

Nous tenterons de mettre au jour la vérité, ambition démesurée, par un examen critique des textes de différents philosophes, à différentes époques, et de toutes origines. En premier lieu, nous essaierons de déterminer ce que l'on peut entendre comme sources des idées de Heidegger, origine de son inspiration, et le milieu ambiant dans lequel s'est écoulée son existence. Dans une autre partie, la plus dense, nous chercherons à expliciter en quoi consiste la pensée heideggérienne, à la fois phénoménologique et métaphysique. La partie suivante sera consacrée à l'examen de l'engagement politique, de l'adhésion de Heidegger, aux idées nationales-socialistes et de son comportement sous cet éclairage. Nous tenterons de montrer en quoi sa pensée est imprégnée des idéaux adoptés par le parti nazi, et par l'antisémitisme en particulier. Aussi importante à la cohérence du tableau, l'analyse sociologique des textes et du rôle social joué par le philosophe sera suivie de l'examen de sa théorie et de sa pratique du langage. Un dernier chapitre fera place aux critiques venues de ses contemporains, anciens élèves pour la plupart, tous heideggériens au commencement avec, ensuite, plus ou moins de réserves. Et enfin l'acte final, le dénouement qui trahit l'espérance sinon d'un repentir, du moins d'une explication, au lieu de quoi surgira la découverte de cette bombe à retardement que sont les *Cahiers noirs* qui ne feront qu'accroître le malaise éprouvé devant ce personnage trouble, sa duplicité d'outre-tombe, et surtout l'insupportable sentiment d'incohérence ressenti face à l'homme et à son œuvre, dont on aurait préféré qu'ils n'eussent pas existé.

PREMIÈRE PARTIE

LES SOURCES, L'INSPIRATION, LE MONDE AMBIANT

Edmund Husserl, le maitre et l'ami

C'est grâce à Husserl, à ses recommandations multiples, à ses interventions personnelles, que Heidegger fut nommé en déc. 1922, à l'université de Marbourg. En octobre 1927, grâce à l'appui de celui-ci, il fut nommé professeur titulaire. En février 1928, il reprit la chaire de Husserl à Fribourg.

Dès 1933, Karl Löwith voit la prise de position politique de Heidegger s'inscrire dans le sillage de son œuvre principale, selon sa conception de l'historicité. En mars 1933, Heidegger offre une biographie de Goering à son ancien élève et ami Hans Jantzen*, qui le tient pour un conservateur d'une lucidité politique des plus limitées.

Husserl écrit à la fin de 1931, à son ami Alexander Pfänder* : il tire le bilan d'une longue période de collaboration avec Heidegger, pleine d'espoirs, d'amitié scientifique et même de sentiments paternels. Après avoir étudié les récents travaux de son élève, il déclare : « Je suis parvenu à la conclusion affligeante que je n'ai, sur un plan philosophique, rien à voir avec cette profondeur d'esprit heideggérienne, avec cette non-scientificité géniale ; que la critique ouverte et déguisée de Heidegger repose sur un grossier malentendu, qu'il est en train d'élaborer une philosophie de système, semblable à celle que je me suis toujours fait un devoir de rendre impossible à jamais. Cela, tous les autres l'ont vu depuis longtemps, sauf moi. Je n'ai pas caché mes conclusions à Heidegger. Je ne porte aucun jugement sur sa personnalité, elle m'est devenue totalement incompréhensible. Il fut, pendant presque une décennie, mon meilleur ami, cela est évidemment terminé : l'incompréhension exclut l'amitié ; ce revirement dans mon jugement scientifique et dans mes rapports personnels fut l'une des épreuves les plus dures de ma vie. » (*Pfänder-Studien*)

De son côté, Heidegger avait écrit à Jaspers*, le 14 juil. 1923 : « Husserl n'est plus du tout dans le coup — pour autant qu'il ne l'ait jamais été ». Dans son ascension, l'étape Husserl avait rempli sa fonction ; il pouvait passer à l'étape Jaspers. Mais Jaspers décrira la relation d'amitié qu'il eut avec Heidegger en ces termes : « Il avait l'air d'un ami qui vous trahissait lorsque vous étiez absent, mais qui à certains moments — demeurant, comme tels, sans suite — était inoubliablement proche. »

Hugo Ott* rappelle une lettre du 4 mai 1933 dans laquelle Husserl tirait un bilan amer de cette relation, remettant en cause l'évolution de ses élèves. Sa dernière expérience (celle de Heidegger) avait été la plus pénible en raison de la trahison de la confiance investie. Il ajoute qu'Heidegger avant son adhésion théâtrale au parti « avait rompu ses relations avec moi (peu de temps après sa nomination) et depuis quelques années manifestait toujours plus ouvertement son antisémitisme, même vis-à-vis du groupe enthousiaste de ses élèves juifs et au sein de la faculté. C'était difficile de passer là-dessus. Il fallait également passer sur la façon dont Heidegger et sa philosophie de l'Existence — la plupart du temps, à partir de caricatures de mes idées exposées dans des écrits, des cours et des enseignements personnels — travestissaient en son contraire le sens profond, radical et scientifique de toute mon œuvre et la dévalorisait à grand renfort d'éloges comme complètement dépassés, comme quelque chose qu'il serait maintenant superflu d'étudier [...]. Mais ce que m'ont apporté ces derniers mois et semaines, ce fut une attaque contre les racines les plus profondes de mon existence. »

Le nombre dérisoire de membres de la Faculté qui suivirent le cortège funèbre d'Edmund Husserl, en avril 1938, montre combien peu nombreux furent ceux qui osèrent rendre un dernier hommage à celui qu'Hitler avait proscrit.

Heidegger fit une déclaration devant le président de la commission d'épuration — sous occupation française — dans laquelle il donnait sa version de ses rapports avec Husserl : « Affirmer que j'ai, à titre de recteur, interdit à Husserl l'accès à l'université et à la bibliothèque, est une calomnie particulièrement infâme. Je n'ai jamais cessé de voir en Husserl mon maitre et d'éprouver gratitude et vénération pour lui. Néanmoins, mes travaux philosophiques s'étant notablement écartés de ses positions, Husserl lui-même, dans son grand discours du Palais des sports en 1931, m'a publiquement attaqué. C'est ainsi qu'était déjà survenu, bien avant 1931, un relâchement de nos liens d'amitié. Puis, lorsque, en 1933 la première loi contre les Juifs fut promulguée (qui m'épouvanta au plus haut point, ainsi que de nombreux autres sympathisants du mouvement national-socialiste), ma femme envoya à Madame Husserl un bouquet de fleurs avec une lettre qui — également en mon nom — témoignait de notre vénération et de notre gratitude indéfectible, en même temps qu'elle condamnait la rigueur avec laquelle on agissait contre les Juifs. Lors d'une édition ultérieure de *Sein und Zeit,* l'éditeur m'écrivit que le livre ne pouvait paraître qu'à la condition que l'hommage à Husserl, qu'il contenait, soit supprimé. Je me suis déclaré d'accord pour la biffure à condition que l'hommage proprement dit situé dans le texte à la page 38 demeurât tel quel ; ce qui fut fait. Lorsque Husserl décéda, j'étais alité pour cause de maladie. Mais après ma guérison, je n'ai pas écrit à Madame Husserl, ce qui fut, sans aucun doute, un manquement grave ; la motivation en était une terrible honte pour tout ce qui, entre-temps, était arrivé aux Juifs — bien au-delà de la première loi — et à quoi on assista impuissant. »

L'attitude de Heidegger vis-à-vis de Husserl, son prédécesseur et professeur, durant sa maladie en 1937-1938, son absence aux obsèques et son silence après la mort de Husserl ont pesé lourd dans le jugement de la commission d'épuration. Presque autant que le télégramme à Hitler dans lequel Heidegger demandait que « la présidence de l'Association des Universités allemandes ne soit pas reçue avant que la direction n'ait accompli la mise au pas qui est particulièrement nécessaire ».

Kierkegaard, la critique existentialiste

C'est l'étude de Kierkegaard qui permet à Heidegger de dépasser l'immanence de la conscience husserlienne. Kierkegaard prend pour point de départ, non pas la vie historique comme le fait Dilthey*, mais la différence immuable entre pensée et existence. Nous sommes constamment confrontés à des situations qui nous obligent à décider ce que nous voulons être. Nous ne pouvons pas éviter de cesser d'être un homme du possible, qui peut tout penser, pour devenir un homme de la réalité, qui fait dans le pensable, un choix contraignant pour son activité intérieure et extérieure. Pour la critique existentialiste de Kierkegaard, la philosophie de la conscience n'est qu'une fuite devant les risques de la vie telle qu'elle est vécue.
Dans son cours du semestre d'hiver 1921-1922, Heidegger donne à la réalité vécue le nom de *vie facticielle*. Elle ne repose sur aucune instance métaphysique, elle sombre dans le vide et surgit dans l'existence.
Heidegger définit le concept d'existence (écrit désormais *ek-sistence*) de l'homme comme le séjour dans l'éclaircie de l'être. Cette façon d'être est propre à l'homme, elle signifie *l'être-hors-de*, mais aussi l'extase. Dans un premier temps, Heidegger était resté prisonnier de *l'être-là*, de l'être que l'existence veut réaliser ; dans un second temps — dans ce retournement (le tournant) —, il veut toucher à un être qui invoque *l'être-là*, cette façon de penser laisse *l'être — être*. (*Lettre sur l'humanisme*, 155)
Heidegger passe ainsi à côté de la *conditio humana*. L'homme n'est jamais « un moi authentique ». En refusant le monde banal du « on », il abandonne le terrain de l'humanité. Restent alors les « coquetteries » d'une réflexion sur son propre néant qui a

pour conséquences les affinités de Heidegger avec la barbarie. La négation du concept d'humanité ne peut qu'inévitablement aboutir à la négation pratique de l'humanité.

Qu'est-ce que l'humanisme ?

L'un des plus importants diffuseurs de la pensée de Heidegger en France, Jean Beaufret*, à qui Heidegger a adressé en 1946/1947 la *Lettre sur l'humanisme*, apparait aujourd'hui comme un personnage extrêmement douteux ; son image de correspondant et d'interlocuteur de Heidegger est sérieusement ternie depuis que l'historien Faurisson, l'inqualifiable propagandiste du « mensonge d'Auschwitz », a divulgué les lettres que Beaufret lui a adressées en 1978. La revue des *Annales d'histoire révisionniste* (n° 3, 1987) a publié ces lettres dans lesquelles Faurisson a trouvé une confirmation de son travail de recherche et un encouragement à poursuivre dans cette voie. Faurisson estimait qu'au fond, cette voie était aussi celle de Beaufret, et s'il ne s'était pas exprimé par écrit sur ce sujet et n'avait exposé son point de vue qu'oralement, c'était afin de ne pas être importuné par la « meute déchaînée ». C'est donc tout naturellement que Faurisson place en exergue de son article des *Annales d'histoire révisionniste* (n° 4, 1988) « À la mémoire de Martin Heidegger et de Jean Beaufret qui m'ont précédé en révisionnisme ». Autre forme de délation. Si cette récupération de Heidegger peut paraitre arbitraire, il n'en demeure pas moins que ces lettres de Beaufret jettent une lumière trouble sur le contexte dans lequel la réception de Heidegger s'est faite en France.
Heidegger distinguait l'humanisme politique fondé sur la notion de race, d'un humanisme fondé sur le langage et les traditions spirituelles. Brachmann était l'éditeur permanent du *Cahier mensuel national-socialiste*, périodique émanant des bureaux d'Alfred Rosenberg qui l'invita à écrire une étude sur *La religion allemande passée et présente*. Il publia pour le parti national-socialiste, une biographie dans laquelle il soulignait l'influence exercée par Heidegger dans l'évolution de la théologie protestante au national-socialisme. Hugo Ott rapporte que les services de

Goebbels décidèrent de supprimer l'insertion de l'article de Heidegger, dont les idées sur l'humanisme étaient opposées à celles de Brachmann. La conception heideggérienne de l'humanisme était inconciliable avec celle de l'humanisme politique encouragé par l'autorité nationale-socialiste en la personne de Rosenberg. Sur intervention du Duce, l'Annuaire parut néanmoins dans son intégralité. Toutefois, le ministère de Goebbels promulgua une instruction à l'intention de la presse, en vertu de laquelle « aucun compte-rendu ne devra comporter de référence à l'article de Heidegger ».

Le 9 juin 1938, Heidegger prononça une conférence sur *Le fondement de la vision moderne du monde par la métaphysique*. Un compte-rendu fut publié par *Der Alemane* qui consistait en un éreintement systématique de la conférence de Heidegger et plus encore en une exécution conduite par Goebbels à l'encontre de sa philosophie : « C'est par pure coquetterie que l'une des anthropologies les mieux accueillies, *Être et temps*, de Heidegger, se qualifie elle-même d'ontologie fondamentale [...] La pseudo-originalité de l'analyse existentiale heideggérienne est, en tout état de cause, stigmatisée par un mot célèbre de Kant : "proférer des mots nouveaux là où la langue ne manque pas d'expressions pour des notions déterminées est une tentative puérile de se distinguer au sein de la foule, sinon par des idées neuves et authentiques, du moins par une fanfreluche sur un vieil habit. Rares sont les gens qui peuvent juger si l'auteur a raison, car les œuvres de Heidegger ne sont pas écrites de manière à être accessibles à tous ; et c'est d'ailleurs ce qui a contribué à sa célébrité." » Heidegger était donc considéré comme un national-socialiste des origines vis-à-vis de l'extérieur. À aucun moment, il ne protestera, pas même en 1938, après la Nuit de cristal. Il demeure fidèle au parti dont il continua à porter l'insigne, comme le rapporte son élève Karl Löwith.

Le protestant

Karl Löwith, qui fut l'élève de Heidegger décrit la fascination que celui-ci exerça sur ses élèves, « avec son indéfinissable décidabilité et sa critique sans merci qui ne s'est pas détachée avec le temps de sa personne ». Élevé comme un jésuite, Heidegger devint protestant, « l'indignation mise à part, un dogmatique scolastique par les études, et un pragmatique existential par expérience, un théologien traditionnel et un athée en tant que chercheur ; en tant qu'historien de sa tradition, il fut réellement un renégat... Il dépassa de loin tous les philosophes universitaires dans l'intensité d'un volontarisme philosophique. » (K. Löwith, *Heidegger, European Nihilisme*)

La véritable manière de comprendre le mode de penser allemand et le comportement, poursuit l'auteur, est de se référer au protestantisme allemand en un sens large. Ce n'est pas par accident si tous les grands penseurs allemands de Kant à Hegel et de Hegel à Nietzsche furent protestants. Mais le protestantisme est le péché originel non seulement de la philosophie allemande, mais aussi de ces actions spécifiquement germaniques dont la source est l'esprit prussien protestant. Mieux que tout autre, apprécie Löwith, Dostoïevski, parce que russe, possédait la liberté de perception de la perspective de l'état allemand dans, et contre, l'Europe. Danger, est l'authentique appel de l'être humain, disait Nietzsche dans *Zarathoustra*. À la question que posa Nietzsche si l'Europe se veut encore ou si elle ne se veut plus, la réponse de Heidegger fut : « Nous nous voulons nous-mêmes et concernant la volonté d'affirmation de soi — non seulement celle de l'université, mais celle de la totalité du *Dasein* allemand — la force de la jeunesse du peuple allemand a déjà pris une décision positive » (*GA*, 19, 38).

Revenir à « la grande politique » des traditions germaniques authentiques voulue par Nietzsche avait été le souhait d'un grand nombre d'intellectuels : « L'Allemagne a seulement une tâche, qu'elle eut très tôt et qu'elle conserva. C'est le protestantisme – non seulement la forme de ce protestantisme tel qu'il se développa depuis Luther, mais plus encore son constant protestantisme, son éternelle protestation, d'abord contre le monde romain et, plus tard, contre tout ce qui avait survécu de la transition entre l'ancienne Rome et la nouvelle, contre qui copièrent sur Rome les formes et les rudiments, contre les héritiers de Rome et tout ce qui constituait cet héritage.

Quel a été le rôle de l'Allemagne durant tout ce temps de la Révolution française ? Ce qui caractérise le plus essentiellement ce pays est le fait qu'il n'a jamais partagé la mission et les principes avec le monde européen. Finalement, la nation allemande tire sa protestation en s'inspirant de la formule de la fondation de l'Allemagne. Elle proclame la liberté d'enquêter et brandit le drapeau de Luther. Lorsque la première tentative eut lieu durant la Révolution française, l'esprit germanique avait perdu foi en lui-même. Il était devenu incapable d'objecter aux nouvelles idées de la plupart des pays européens. Le temps du protestantisme luthérien était passé.

Heidegger et l'héritage hébraïque

La délimitation spirituelle de l'héritage à laquelle procède Heidegger s'énonce ainsi : 1) La pensée chrétienne ne constitue pas une composante significative de l'Occident puisqu'elle reste toute entière du ressort de la pensée grecque. 2) Il ne saurait exister de pensée biblique qui pourrait s'exercer sur la pensée puisque la Bible n'eut d'impact que sur la foi chrétienne. 3) Il ne saurait être question de remonter à une quelconque provenance hébraïque — qu'il s'agisse de foi ou de pensée. Il faut donc corriger l'affirmation précédente et dire que l'Occident porte la double marque de la foi christique et de la pensée grecque (la théologie chrétienne étant un amalgame des deux).

Le penseur qui sait séparer la foi de la pensée n'a plus affaire qu'à la pensée grecque. La source hébraïque de la pensée est occultée par Heidegger. Le double paradoxe aujourd'hui va de soi : l'héritage biblique se réduit à la foi et l'Occident est grec. Paul Ricœur s'étonnera au cours des Entretiens de Cerisy de 1955 que Heidegger ait éludé la confrontation avec « le bloc de la pensée hébraïque ». Ricœur ajoute que cette méconnaissance lui semble aller de pair avec l'incapacité de Heidegger de faire « le pas en arrière » qui permettrait de penser adéquatement toutes les dimensions de la tradition occidentale et en particulier, la dimension hébraïque du christianisme enraciné dans le judaïsme et seulement après dans la tradition grecque. Ricœur interroge :

pourquoi réfléchir seulement sur Hölderlin* et non pas sur les Psaumes, sur Jérémie ?

Dans l'univers biblique, l'existence n'est que la manifestation d'une réalité contenue en puissance dans le mot : c'est le langage qui engendre l'existence et qui détermine l'histoire, c'est lui qui, à proprement parler, fait être. Le texte biblique dévoile la structure du monde à partir de la structure de la langue, parce que la langue elle-même est préalablement pensée comme abri de toute présence.

Le travail accompli par Heidegger consiste non pas à exclure ou rendre indiscernable, mais bien plutôt à porter en lumière, tout en ne reconnaissant pas, à mettre au jour une mémoire qui n'est pas avouée comme telle. On y reconnait une structure de dénégation au sens de ce que Freud nommait *Verneinung*.

Heidegger ne se borne pas à passer sous silence la provenance historique réelle des vocables dont il use, il rend celle-ci indiscernable, en interdit activement l'identification, puisqu'il porte aussitôt ces vocables au compte d'une autre provenance, historiale et secrète.

La tradition occidentale a toujours accepté par la voix des historiens de reconnaitre sa double source grecque et hébraïque ; ce qui n'empêche nullement Heidegger d'affirmer que la composante grecque est la seule composante fondamentale.

« Dieu et l'être — l'être et Dieu : cette constellation aussi ancienne que la pensée occidentale est couramment reconnue comme le signe le plus tangible de notre double appartenance ; à la vérité de l'être dévoilée par Parménide, Platon et la philosophie grecque et à la vérité du Dieu transcendant annoncée par Moïse, les prophètes et le Christ ».[4]

Heidegger écrit : « La foi n'a pas besoin de la pensée de l'être. Quand elle en a besoin, elle n'est déjà plus la foi. » (Séminaire de Zurich - 1951). Mais Dieu est renvoyé à la vérité de l'être, car c'est à partir de la vérité de l'être que se laisse penser l'essence du sacré et à partir de celle-ci que se laisse penser l'essence de la divinité. (*Lettre sur l'humanisme*)

---

4 Kearney, Avant-propos au recueil *Heidegger et la question de Dieu*.

L'oubli de l'être : le passage de l'oubli au retrait permet de ménager un accès à l'essence de l'être et de la vérité. L'acte par lequel l'être se soustrait ou se dérobe est reconnu comme constitutif de son déploiement : « C'est en se retirant qu'il peut donner lieu à *l'étant*, en se voilant qu'il peut rendre possible tout dévoilé, et ainsi, à proprement parler, à "être" ». Parce que *l'étant* ne peut apparaitre que dans la lumière de l'être, ce dernier est toujours-déjà donné en toute révélation de *l'étant* ; parce qu'il ne se donne qu'en s'occultant, il est toujours déjà retiré au profit du seul étant dont il permet l'apparition — et précisément pour en permettre l'apparition. L'oubli de l'être appartient à l'essence de l'être (*Sein und zeit*). L'être ne fut oublié que parce qu'il se dérobe et il se dérobe parce que c'est là son unique manière d'être. Il n'est donc d'autre être que celui qui se dérobe au profit de *l'étant* et il n'est dans la bible, d'autres Dieux que caché. L'exclamation d'Isaïe 45.15, « Ah c'est vrai, tu es le Dieu caché ! » et « J'attends Dieu qui cache sa Face à la maison de Jacob, et j'espère en lui. » (Isaïe, 8. 17) sont des affirmations du mode de présence propre à Dieu.

Les Grecs furent les premiers et les seuls à poser la question de l'être comme être de *l'étant*, c'est-à-dire comme présence constante de tout présent. Mais l'être compris par Heidegger ne se réduit nullement à la compréhension qu'en avaient les Grecs. L'élaboration de la vérité de l'être s'effectue au moyen de catégories qui n'ont aucun équivalent chez les Grecs. Nombre des traits qui dirigent l'approche de Heidegger trouvent un écho anticipé dans l'univers de la pensée hébraïque, au fil de l'histoire des commentaires du texte biblique.

Si Heidegger renouvelle de manière si radicale la compréhension grecque de l'être, c'est à partir de formes de pensée puisées à la source de l'univers biblique, qui se rapportaient à Dieu. Mais la proximité ne concerne que des formes et par là, est une authentique négation de l'univers hébraïque. Dans la Bible, forme et contenu n'y sont pas dissociables. La leçon biblique ne saurait être utilisée en l'arrachant à la Loi qui est son foyer et son sens.

Derrida est le seul à remarquer le double rapport du texte heideggérien à la référence hébraïque : rapport qui est fait à la fois d'oubli et de mémoire, d'exclusion et de reprise.

« Heidegger ne rejette pas simplement la détermination de l'esprit comme *spiritus* et *pneuma*, il la dérive plutôt, il affirme la dépendance du souffle, du vent, de la respiration, de l'inspiration, de l'expiration et du soupir au regard de la flamme. C'est parce que le *Geist* est flamme qu'il y a *spiritus* et *pneuma*. Mais l'esprit n'est pas *d'abord*, il n'est pas originairement *pneuma* et *spiritus*. » (Derrida, *De l'Esprit*).

Ainsi la flamme est-elle la réponse ultime de Heidegger en 1953, à la question « qu'est-ce que l'esprit ? » Derrida rappelle que ce qui est ainsi hors-jeu (la pensée juive) appartient de plein droit au « dedans », qu'en ce sens ne pas le nommer, c'est purement et simplement l'éviter. D'autre part, Heidegger méconnait aussi le lien intrinsèque entre les déterminations grecques et latines qu'il juge dérivées et la détermination hébraïque qui les précédait, et dont pour une part, elles dépendaient. La bible, en même temps que toute possibilité d'une autre identité que la Grecque puisse être significative pour l'Occident a donc été exclue par Heidegger du champ de la pensée, tout en ayant été constamment sollicitée par lui-même. Heidegger prononce son exclusion.

Le précédent marxiste

Le diagnostic heideggérien qui porte sur l'aliénation de l'individu dans la société moderne, et sur l'angoisse comme symptôme de cette déchéance, provient de sa critique des valeurs dans une société matérialiste, adonnée à la consommation de masse, est sociologique. Elle s'inspire du concept de Durkheim d'analyses sociologiques d'une autonomie qui s'érode dans le processus industriel, et de Marx. Comme l'ont montré Reinhardt Maurer* et Lucien Goldmann*, la connaissance du marxisme de Heidegger est étendue. Les pages les plus représentatives sur la dépersonnalisation de l'homme urbain du vingtième siècle, et sur l'exploitation et l'impérialisme qui motivent la science et la technologie occidentale ne peuvent être lues, sans se référer au précédent immédiat que constituent *Das Kapital* et les réquisitoires d'Engels contre l'inhumanité industrielle. À son tour, l'œuvre de Heidegger, même lorsqu'elle est dénoncée, influencera fortement toute la critique néomarxiste qui attaque l'éthique de consommation, l'asservissement par la technologie, et l'absorption de l'individu dans la « foule solitaire ». « L'Homme unidimensionnel » de Marcuse* est une variation de la notion heideggérienne du « On ». Steiner nous montre comment, lorsque Heidegger rejette avec plus de force le marxisme, lorsqu'il plaide pour « une conception bien plus radicale du renversement » (à savoir pour le renversement de la métaphysique occidentale et le retour à une remémoration de l'être), il s'accorde de près au marxisme révisionniste et partiellement messianique des années vingt. Il y a de réels échos entre *Sein und Zeit* et les écrits d'Ernst Bloch. Un climat partagé d'angoisse et d'utopie est à l'œuvre. Mais Heidegger est, et demeure, un agrarien. Le champ et la forêt sont au cœur du monde heideggérien. Le forestier et le fermier qui agissent dans une affinité immémoriale avec leur environnement fournissent à Heidegger une pierre de touche de la rectitude existentielle. Une fois encore, le langage et la pensée heideggériens s'insèrent aisément dans un spectre bien plus vaste. La réaction agrarienne et la nostalgie pastorale jouent un rôle dans l'idéologie moderne. Chez Heidegger, le blâme adressé au déracinement, l'aversion pour le métropolitain et le cosmopolite, s'harmonisent parfaitement non seulement avec les écrits nationaux-socialistes, mais aussi avec ceux de Péguy et de Barrès. L'invocation par Heidegger des forces ténébreuses que l'homme doit extraire des veines de la terre, sa croyance à peine voilée dans le mystère de la destinée de la race et de l'ethnie, son mépris du mercantile, peuvent être mis en parallèle avec le vocabulaire de Jünger*. Tous ces mouvements de l'esprit disent la révolte contre le libéralisme mercantile, la même nostalgie des « antiques moissonneurs ». Leurs fins politiques sont celles de la réaction. L'additif proposé par Heidegger à cette école de la colère et de la rêverie, c'est la croyance en partie métaphorique, que les déités anciennes ou les agents de l'ordre vital dont elles sont l'image, sont inhérentes à la terre et à la forêt et peuvent être ressuscitées. C'est en raison de ses liens réels avec des mouvements précédents et contemporains que l'œuvre de Heidegger a eu à son tour un impact si rapide et si étendu.

Heidegger, et le Nihilisme
– Nietzsche, Jünger

Qu'a retenu Heidegger de l'interprétation jaspersienne de Nietzsche ? Nous le savons grâce au cours qu'il consacrera à cet auteur en 1936-1937, notamment au thème de l'éternel retour : « Jaspers voit qu'il y a là une pensée capitale de Nietzsche, mais il ne porte pas cette pensée dans le domaine de la question fondamentale de la philosophie occidentale bien qu'il parle de l'Être, et donc pas non plus dans le véritable rapport avec la théorie de la volonté de puissance. La raison de cette attitude [...] est que pour Jaspers une philosophie est impossible. Elle est fondamentalement une illusion aux fins d'élucidation morale de la personnalité humaine. Il manque aux notions philosophiques une force de vérité propre, ou même la force de vérité inhérente au savoir essentiel. C'est parce que Jaspers, au fond, ne prend plus au sérieux le savoir philosophique, qu'il n'y a plus de véritable questionnement. La philosophie devient une psychologie moralisante de l'existence humaine. C'est une attitude à laquelle, en dépit de tous ses efforts, il doit rester interdit de pénétrer jamais, sur le mode interrogatif-critique, dans la philosophie de Nietzsche. » (*GA*, 43, 26)

Heidegger reprend à son compte l'analyse nietzschéenne du nihilisme en tant qu'état constitutif du monde moderne (état que Nietzsche définissait comme « la dévalorisation de toutes les valeurs »). Heidegger tente de lui donner une dimension plus profonde en indiquant la *Seinsverlassenheit* (l'Abandon de l'Être) comme origine du nihilisme. Dénoncé par Nietzsche, il se manifeste avec force dans la période de transition du XIXe au XXe siècle. En évoquant la déchéance de l'Europe à cette époque, Heidegger désigne Nietzsche comme le seul penseur qui ait entamé un *contre-mouvement*. Dans ce contexte, il fait émerger les figures d'Hitler et Mussolini, qu'il présente comme deux personnages politiques agissant sous l'impulsion du message de Nietzsche et déclenchant des contre-mouvements chacun à sa manière pour enrayer le nihilisme régnant. Le passage a été supprimé dans l'édition du cours sur Schelling publié en 1971.

Jünger et Heidegger ont engagé un dialogue sur le nihilisme, au travers de deux textes particulièrement importants, parus dans les années cinquante à l'occasion de leurs 60ᵉˢ anniversaires respectifs.[5]

Ce sujet fondamental, sépare deux auteurs que l'on a fréquemment rapprochés l'un de l'autre et qui ont eux-mêmes entretenu une étroite relation intellectuelle durant plusieurs décennies.

Jünger reprenant l'opinion de Nietzsche voyait dans le nihilisme le processus par lequel « les plus hautes valeurs se dévalorisent » (*La volonté de puissance*). Il affirmait que le nihilisme se caractérise essentiellement par la dévaluation, puis la disparition des valeurs traditionnelles, au premier rang desquelles il plaçait alors les valeurs chrétiennes. Il n'adhérait pas à l'idée que le nihilisme serait essentiellement un phénomène chaotique. « On s'est aperçu, le temps aidant, écrivait-il, que le nihilisme peut concorder avec de vastes systèmes d'ordre, et que c'est même généralement le cas, lorsqu'il revêt sa forme active et déploie sa puissance. Il trouve dans l'ordre un substrat favorable ; il le remodèle à ses fins [...] L'ordre, non seulement se plie aux exigences du nihilisme, mais est une composante de son style » (*Ibid*. 48-52). En ce sens, le nihilisme n'est pas la décadence. Il ne va pas de pair avec le relâchement, mais « produit plutôt des hommes qui marchent droit devant eux comme des machines de fer, insensibles encore au moment où la catastrophe les fracasse » (*Ibid*. 57). Il considérait que le nihilisme n'est pas une maladie. Il n'a rien de morbide. On le trouve au contraire « lié à la santé physique — là surtout où on le met vigoureusement en œuvre » (*Ibid*. 54). En revanche, le nihilisme est essentiellement réducteur : il a tendance à « ramener le monde, avec ses antagonismes multiples et complexes, à un commun dénominateur » (*Ibid*. 65). Faisant passer la société « de la communauté morale à la cohésion automatique » (*Ibid*. 63), il conjugue le fanatisme, l'absence de tout sentiment moral et la perfection » de l'organisation technique.

Ces observations de Jünger montrent que, lorsqu'il évoque le nihilisme, il se réfère au modèle de l'État totalitaire, et plus spécialement à l'État nazi. Le IIIᵉ Reich correspondait en effet, à cet état social où les hommes sont soumis à un ordre absolu, à une organisation « automatique »,

---

5 *Über die Linie* pour Jünger et *Question 1* pour Heidegger.

tandis que la dévaluation de toute morale traditionnelle va de pair avec une incontestable exaltation de la *santé*.

La question qu'on peut alors se poser est de savoir si ce que Jünger décrivait est bien le nihilisme. Ne s'agissait-il pas plutôt, du totalitarisme qui a mis la technique à son service ? Jünger reprenait une idée selon laquelle après le pire ne peut venir que le meilleur. Ou plus exactement : qu'une tendance poussée jusqu'à son terme s'inverse nécessairement en son contraire. Ainsi disait-il dans les années trente, il fallait « perdre la guerre pour gagner la nation ». Or, le sentiment de Jünger est que le pire est passé, c'est-à-dire que l'homme a commencé à sortir du nihilisme. Cette affirmation résulte, là encore, de son assimilation du nihilisme au totalitarisme et de l'écroulement de l'hitlérisme, incarnation du nihilisme moral.

Jean-Marie Benoist* (*Le magazine littéraire*, oct. 1976) explique en quoi la démarche de Heidegger est différente et conteste que l'on puisse, comme Jünger cherche à le faire, donner une bonne « définition » du nihilisme. Pour Heidegger, poser la question de la situation de l'homme dans son rapport au mouvement du nihilisme exige une « détermination d'essence ». Comprendre le nihilisme implique que la pensée soit ramenée à la considération de son essence. Le nihilisme, aux yeux de Heidegger, représente la conséquence et l'accomplissement d'un lent mouvement d'oubli de l'Être, qui commence avec Socrate et Platon, se poursuit avec le christianisme et la métaphysique occidentale et triomphe dans les temps modernes. L'essence du nihilisme « repose sur l'oubli de l'Être ». Le nihilisme est l'oubli de l'Être parvenu à son accomplissement. C'est en cela qu'il est le règne du néant. L'oubli de l'Être signifie que l'Être se voile, qu'il se tient dans un retrait voilé qui le dérobe à la pensée de l'homme, mais qui est aussi une retraite protectrice, une mise en attente d'un décèlement : « C'est dans un tel voilement que consiste l'essence de l'oubli ». L'oubli, « c'est le scellement de l'Être-présent au profit de *l'étant*-présent ». Dans la métaphysique occidentale, Dieu n'est lui-même que *l'étant* suprême. La métaphysique ne connaît que la transcendance, c'est-à-dire la pensée de *l'étant*. C'est pourquoi il lui est interdit non seulement d'accéder à l'Être, mais même de faire l'épreuve de sa propre essence. Heidegger précise encore que c'est dans le « règne de la volonté de volonté » que s'accomplit l'essence du nihilisme. La volonté de puissance, analysée par Heidegger comme « volonté de volonté » c'est-à-dire volonté qui se veut de manière inconditionnée, n'est qu'un mode d'apparition de l'être de *l'étant* et en ce sens, une autre forme de l'oubli de l'Être.

Heidegger revient ici sur le célèbre livre de Jünger, *Le Travailleur*. Il souligne que la Figure (ou la Forme, *Gestalt*) du Travailleur correspond très précisément à la Figure de Zarathoustra à l'intérieur de la métaphysique de la volonté de puissance. Son avènement manifeste la puissance en tant que volonté d'arraisonner le monde, en tant que « mobilisation totale ». Dans *Le Travailleur*, Jünger observait : « La technique est la façon dont la Figure du Travailleur mobilise le monde ». Le Travail se déploie à l'échelle planétaire au sens de la volonté de puissance.

Jünger, rappelle Jean-Marie Benoist, a eu la révélation de l'importance de la technique au travers d'une expérience concrète : les batailles de matériel de la Première Guerre mondiale. Il a alors éprouvé, non sans raison, le sentiment que le règne de la technique allait inaugurer un nouvel âge de l'humanité. Il a assimilé ce règne à la domination de la Figure du Travailleur, s'imaginant qu'une telle Figure ne pouvait que s'opposer, à l'échelle mondiale, à celle du bourgeois. Sur ce point, Jünger s'est trompé, et il a par la suite reconnu son erreur. Son opinion sur la technique elle-même s'est modifiée. Après 1945, Jünger a clairement mis en rapport le nihilisme avec la technique, laquelle en tant que volonté de dominer le monde, l'homme et la nature, suit sa propre course sans que rien ne puisse l'arrêter. La technique n'obéit qu'à ses propres règles, sa loi la plus intime consistant dans l'équivalence du possible et du souhaitable : tout ce qui peut être techniquement réalisé sera effectivement réalisé.

Heidegger a partagé sans réserve la façon dont Jünger a su décrire ce qui se trouve « à la lumière du projet nietzschéen de *l'étant* comme volonté de puissance ». En même temps, il lui reprochait cependant de n'avoir pas saisi en quoi le *projet nietzschéen* continue d'interdire la pensée de l'Être et souligne que *Le Travailleur* « reste une œuvre dont la métaphysique est la patrie ». Ce que Heidegger reproche en fait à Jünger, souligne Jean-Marie Benoist, c'est d'être resté, par-delà son évolution propre, dans le monde de la Figure et de la valeur. La Figure, définie par Jünger comme cet « être calme » qui se donne à voir en mettant le monde en forme, n'est en effet rien d'autre qu'une « puissance métaphysique ».

Comment l'homme peut-il espérer en finir avec le nihilisme ? Heidegger répond : « Au lieu de vouloir dépasser le nihilisme, nous devons tenter d'entrer enfin en recueillement dans son essence. C'est là le premier pas qui nous permettra de laisser le nihilisme derrière nous ». Heidegger partage l'opinion de Jünger selon laquelle le nihilisme n'est pas assimilable au mal ou à une maladie. Mais il donne une autre portée à cette constatation. Lorsqu'il affirme que « l'essence du nihilisme n'est rien de nihiliste » (*Nietzsche* 207), il veut dire que la zone du plus extrême danger est aussi celle qui sauve. « Entrer en recueillement » dans l'essence du nihilisme, cela signifie se donner la possibilité d'une appropriation (*Verwindung*) de la métaphysique. L'appropriation de la métaphysique est en effet aussi appropriation de l'oubli de l'être – et par là même, possibilité d'un non-scellement, possibilité d'un dévoilement de la vérité (*alètheia*). Heidegger et Jünger sont tous deux d'accord pour estimer que le nihilisme trouve dans la technique moderne son plus solide appui, mais ils ne s'en font pas la même idée. Pour Jünger, la technique est avant tout d'essence « titanesque », alors que pour Heidegger elle est de la métaphysique réalisée. Jünger voit dans le nihilisme l'opposé des valeurs de la métaphysique occidentale et chrétienne. Heidegger y voit une conséquence ultime de ces mêmes valeurs. Jünger se borne à savoir si l'homme, dans son rapport au nihilisme, a « franchi la ligne ». Heidegger convie à s'interroger sur ce que signifie le « franchissement ». En fait, Heidegger s'appuie sur l'œuvre de Jünger pour aller plus loin et plus profond, pour élargir la perspective de réflexion, pour convier la pensée à sa propre mutation qui conduit à l'éclaircie, à cette « clairière » où la vérité (*alètheia*), le non-scellement, sort enfin de l'oubli, c'est-à-dire de ce voilement millénaire qui a gouverné l'histoire de l'Europe, et dont l'accomplissement planétaire lui enjoint aujourd'hui d'avoir à en penser l'issue[6].

---

6 À propos de Jünger : Si l'on ne peut nier son refus déclaré du nazisme, dès son arrivée au pouvoir en 1933, on l'accuse souvent d'avoir, par sa pensée, contribué à son avènement. Albert Béguin* écrivait en 1947, dans *Critique* : « Jünger que l'on présente parfois comme un adversaire du nazisme et qui probablement croit l'avoir été, doit être compté parmi les annonciateurs du Troisième Reich et les premiers propagandistes de son idéologie ; tandis qu'Albert Camus voyait en lui, dans *L'homme révolté* (1951), l'inspirateur d'une apparence de philosophie nazie […] »

L'ésotérisme prophétique

François Rastier* décrit dans son livre *Naufrage d'un prophète*, l'ésotérisme de l'Allemagne secrète, les cercles ésotériques qui se multiplièrent en Allemagne à la fin du XIXe siècle, se recommandant de Nietzsche et de son projet de former de nobles élites. Le cercle le plus connu était la *Société littéraire virile et initiatique* formée autour de Stefan George qui théorisa dans ses poèmes *Le nouveau Reich* (*Das Neue Reich* - 1928) et *l'Allemagne secrète* (*Das Geheime Deutschland*).

La doctrine raciste des nazis a été élaborée dans des cercles ésotériques qui pratiquaient la promotion de la race aryenne, d'emblée associée à l'extermination des Juifs (Rastier, *Op. cit.* 26). Dans *Le Secret des runes* (Guido von List*, *Das Geheimnis der Runen*, 1908), on trouve le *svastika*, symbole de l'union de l'homme aryen avec Wotan, qui a été reprise en couverture de la revue fondée par Stefan George. La lutte de cet homme aryen pour l'existence (*Daseinkampf*) suppose le sacrifice guerrier. Il s'ensuivit la création de cercles ésotériques qui se transformèrent en mouvements politiques tels que *l'Ordre supérieur des Aryens* fondé en 1911 et *l'Ordre des Germains* qui donna naissance à la *Société Thulé*. Cet ordre prit en 1920, le nom de *Nationalsozialistische Arbeitpartei* (*N.S.D.A.P.*) en conservant la croix gammée, le salut *Sieg Heil* de la *Société Thulé* ainsi que le *Völklischer Beobachter*, organe central du parti jusqu'en 1945. Cette société comptait dans ses rangs Rudolf Hess, Alfred Rosenberg, Hans Frank* et d'autres futurs dignitaires du Reich. En 1925, Heidegger prononce à Cassel une conférence sur Dilthey, intitulée *Le combat présent pour une vision du monde historique*, reprenant les mots clés de *Mein Kampf*. Durant ses études en théologie, Heidegger avait été membre actif d'une société ésotérique catholique, *La ligue du Graal*, proche du propagandiste antisémite Von Kralick. Dans une lettre à Jaspers de 1921, il décrit son cercle puis en 1923, sa « section d'assaut de seize hommes ». La militarisation de l'Université comme *Service du savoir* sera en 1933 au cœur du Discours du rectorat. Heidegger transpose dans le domaine philosophique la démarche ésotérique du cercle. Il écrira à Jaspers, en 1923, qu'il manipule et contrôle ses étudiants à la manière d'adeptes qui ignorent leur appartenance : « Ils ne remarquent pas combien je les contrôle strictement ». Heidegger a joué de diverses façons pour semer de fausses pistes à grand renfort d'euphémismes, de mots cryptés et de néologismes imposés, mais jamais définis. La rareté des références, l'autorité brutale, les jugements sans appel, le martèlement prosodique suscitent, conjugués, une emprise qui est un ressort majeur. La composition rhapsodique qui caractérise ses ouvrages lui permet de séduire les hésitants, d'égarer les tièdes et de radicaliser les fanatiques. L'appel compte plus que sa teneur, l'annonce prime sur son contenu et l'avenir n'est plus l'essentiel de ce qui fascine dans la prophétie. (F. Rastier, *Ibid.* 28). L'acte de prophétiser transforme l'orateur en prophète et l'auditeur en adepte dans le partage d'une connaissance encore obscure, d'un dévoilement futur. Dans son catastrophisme, Heidegger prophétise ce qui vient d'advenir en recodant les évènements dans l'Histoire de l'Être — ou en agitant des menaces. Il en est ainsi de la technique qui menace de faire « partir la terre en fumée », « son dernier acte sera que la terre elle-même vole en l'air et l'humanité actuelle disparaisse. Cela ne sera pas un malheur, mais la première purification de l'Être de sa plus profonde organisation par la suprématie des *étants* ». Les Juifs sont donc les *étants* par excellence, en guerre contre l'Être. La même menace était de longue date agitée par Hitler : « Si le Juif [...] remporte la victoire sur les peuples de ce monde, son diadème sera la couronne mortuaire de l'humanité... ». (Hitler, 1943) Dans la fumée qu'évoque Trawny, on reconnait le thème de l'embrasement final des millénaristes, celui du changement purificateur, de l'extinction de l'humanité actuelle et son remplacement par une humanité nouvelle.

DEUXIÈME PARTIE

PHÉNOMÉNOLOGIE ET MÉTAPHYSIQUE

Le vécu du monde ambiant (la Weltanschauung)

Heidegger, en se détournant des préoccupations épistémologiques et logiques qui caractérisent le néo-kantisme, affronte une redoutable difficulté : si la philosophie ne peut plus reconnaitre dans l'idéal néo-kantien une critique de la connaissance, que peut-elle être encore ? À l'issue de la Première Guerre mondiale, la réponse à cette question fut : la philosophie doit se reconvertir en *vision du monde* (Weltanschauung), soit en se mettant à la remorque d'une *Weltanschauung* déjà existante (christianisme, marxisme, matérialisme, libéralisme, bientôt nazisme, etc.) et en lui conférant une expression philosophique, soit en élaborant sa propre vision du monde, ce que Nietzsche semble avoir fait. Mais Heidegger combat ce préjugé selon lequel : « toute grande philosophie s'achève dans l'élaboration d'une vision du monde » *(GA, 56/57, 8)* qui propose des orientations à la vie. La philosophie authentique ne peut pas répondre au désir pressant de proposer une vision du monde, quelle qu'en soit l'inspiration. En revanche, elle doit se poser la question philosophique de ce besoin universel de vision du monde qui existe dans toutes les catégories sociales.

Heidegger, à l'encontre de tous les philosophes antérieurs, soutient une thèse personnelle radicale : la vision du monde est un phénomène étranger à la philosophie, autrement dit, la philosophie bien comprise n'a strictement rien à voir avec une *vision du monde* (Jean Greisch, *Ontologie et temporalité*). Cette question, à l'époque où elle fut posée, était liée à une ambiance politique révolutionnaire, marquée par de nombreux projets de réforme de l'Université. D'entrée de jeu, Heidegger déclara que « la réforme de l'Université qui fait l'objet de tant de discussions est totalement mal conduite et en méconnaissance complète de toute authentique "révolution" de l'esprit [...] Pour d'authentiques réformes dans le domaine de l'esprit, nous ne sommes pas encore mûrs aujourd'hui. Et cette maturation est l'affaire de toute une génération. » *(GA, 56/57, 4)* Contre la phraséologie d'une philosophie dégradée en *idéologie*, la vraie tâche est de retrouver l'idée originaire de la science, « La science comprise en ce sens originaire étant inséparable d'une forme de vie correspondante » *(GA, 56/57, 5)*. La philosophie serait donc une *Urwissenschaft*, une archiscience, ou ne serait pas. Pareille revendication implique un cercle vicieux : sur quoi fonder une telle science des principes ultimes qui se laissent comprendre seulement en et à partir d'eux-mêmes *(GA, 56/57, 16)* ? Il faut accepter le fait que ce cercle est incontournable et que les tentatives de le contourner aboutissent à autant d'impasses. Une première constatation négative s'impose : « Il n'y a pas d'authentique histoire de la philosophie, si ce n'est pour une conscience historique qui vit elle-même dans l'authentique philosophie. » *(GA, 56/57, 21)*.

Le concept même d'histoire de la philosophie doit être problématisé. Avant toute chose, nous devons savoir comment nous nous tenons dans l'histoire, quand nous faisons de la philosophie. Cette tâche découle directement de la définition suivante de la philosophie proposée dès le début du cours : « La philosophie est la connaissance historique (c'est-à-dire la connaissance qui doit être comprise à travers l'histoire de son effectuation) de la vie factuelle » (*GA*, 61,2).

Dans la préface du cours du semestre d'été 1923, figure cette déclaration de Heidegger : « Les choses ne sont là que là où il y a des yeux pour les voir ». Le savoir phénoménologique des phénomènes, qui se confondent avec les choses mêmes, est essentiellement un « *savoir-voir* ». « Retour aux choses mêmes » ; voilà le mot d'ordre essentiel. Si l'idée même de la philosophie exige d'en faire une archiscience, la phénoménologie est seule capable de rendre cette idée effective. (*GA*, 58,1-29)

« Le voir phénoménologique n'est-il pas une objectivation, donc en fin de compte une activité théorique ? » (*GA*, 56/57, 111).

Deux vécus psychiques revêtent une importance particulière pour expliciter le mode de donation des choses. D'abord le vécu de l'interrogation, il permet de déployer la multiplicité des significations du « il y a ». Ensuite le vécu du « monde ambiant » qui joue un rôle stratégique dans la constitution d'une analytique existentiale. Le vécu qui ne se laisse pas décrire de façon simplement objective, c'est un évènement (*Ereignis*). Quelque chose se donne en tant que quelque chose qui prouve que nous ne sommes pas dans un monde qui n'est qu'une suite d'occurrences. « Les vécus sont des évènements pour autant qu'ils vivent à partir du propre et que c'est ainsi seulement que vit la vie » (*GA*, 56/57, 80).

C'est ce retour à la vie grâce à l'évènement qui rend difficile la question : quel genre de science peut-on édifier sur ce type d'analyse ? C'est un problème classique de la philosophie autour duquel s'affrontent le réalisme critique et l'idéalisme transcendantal. Lequel a raison, le réalisme critique qui demande comment sortir de la sphère subjective constituée par les données de la sensation ou l'idéalisme transcendantal qui demande comment parvenir à une connaissance objective tout en restant dans la sphère subjective ?

L'existentialisme heideggérien, l'être-là et la temporalité

L'existentialisme de Heidegger est une philosophie de la réflexion, qui comme toute philosophie de ce type tend de l'individu vers l'Être. Elle devient nécessairement philosophie transcendantale, c'est-à-dire recherche des conditions de possibilité de l'expérience : entreprise essentiellement ambiguë, puisque d'une part, elle ne peut pas définir ce qui, pour elle, est une condition, à moins qu'elle ne se contente de la simple non-contradiction, et puisque d'autre part, elle doit fonder la réalité sur la possibilité de cette réalité, laquelle possibilité ne peut pourtant être découverte que dans la réalité, laquelle doit être légitimée, mais qui, néanmoins, est prise telle quelle. Aussi est-on obligé de passer de la réalité à l'idée de toute réalité possible, pour être sûr qu'on ne s'est pas trompé par un choix de l'essentiel qui serait inévitablement un choix arbitraire. Or l'homme pris comme individu n'est pas à la taille de tous les possibles : s'il peut le penser formellement, il ne peut le réaliser et il est libre parce qu'il n'est pas suffisant ; le serait-il, il n'aurait plus à choisir dans sa vie, et le mot liberté perdrait son sens. Il peut parler de l'Être, mais il ne peut en parler que formellement, c'est-à-dire qu'il ne peut découvrir que les formes vides dans lesquelles toute réalité doit entrer pour qu'elle soit réalité pour lui ; ce qui entre, il ne peut ni le prévoir ni en décider. Il ne semble pas qu'une philosophie qui prend son départ dans l'individu puisse aboutir à d'autres résultats, écrit Éric Weil (*Le cas Heidegger*). Il ajoute que la philosophie de Heidegger est une philosophie de la réflexion et cela suffit pour montrer qu'il se trompe, ou veut tromper, s'il entend donner des raisons philosophiques à son choix politique. Philosophiquement, le philosophe transcendantal ne peut fonder sa décision politique, il peut, au plus, constater que certains choix lui sont interdits, s'il veut rester conséquent avec lui-même. Par exemple, il ne peut souscrire à une théorie politique qui fait de l'homme, source de vérité, une chose dans le monde. Pour autant, il ne détient pas de cette façon une règle positive de conduite — pour la simple raison qu'en politique le sujet, n'est jamais l'individu, mais une communauté historique ou à venir, et qu'en philosophie

transcendantale, il n'a aucun moyen qui lui permette de décider quelle est la communauté — peuple, race, civilisation — qui serait, sur le plan historique, la communauté décisive.
Heidegger, en identifiant la vérité historique concrète à la volonté du peuple allemand (le nazisme devient alors nationalisme radical), a fait un choix admissible dans sa philosophie, un choix entre des possibilités politiques.
Le défaut de l'existentialisme heideggérien, selon Éric Weil, est donc de ne conduire l'homme à aucune décision, car si l'on demande à la philosophie de mener l'homme à des conclusions historiquement et politiquement concrètes, elle ne peut le mener qu'à *la décision*. La mettre au service du nationalisme radical est un acte entièrement arbitraire et gratuit, puisque cette philosophie dissocie radicalement le philosophe de la possibilité qu'a l'homme, qui doit vivre dans la réalité, de s'interdire de comprendre autrement que dans la forme. Il y a des philosophies qui engagent le philosophe ; celle de Heidegger n'est pas du nombre. Elle n'est ni réactionnaire ni révolutionnaire, elle ne connait pas la politique.

La pensée à venir – Le tournant

Le tournant, écrit Françoise Dastur (*Heidegger et la pensée à venir*), n'est rien d'autre que la révélation du caractère intrinsèquement temporal de l'être, à laquelle la pensée répond par un virage qui consiste en un renversement de priorité entre l'être et le *Dasein*. Le tournant advient aussi dans la réalité, sous forme de la disparition de l'objet comme du sujet, à savoir toute instance comprise comme présence subsistante.
Cette déconstruction de la présence prend le sens de la calculabilité intégrale de tout ce qui est. Cette calculabilité intégrale constitue le déploiement de « l'être de la technique moderne » (*das Wesen der Technik*) et détermine ce que Heidegger nomme « la radicale inhumanité » de la science d'aujourd'hui « qui abaisse l'homme au rang d'élément disponible et ordonnable pour une pensée qui pense par modèles et dont le caractère opérationnel ne connait pas de bornes » (Heidegger, *Zeichen*).

Ce que Heidegger a nommé, en 1936 dans les *Beiträge zur philosophie (Contributions à la philosophie)*, le « tournant » dans l'*Ereignis* s'annonce d'abord sous la figure de ce qu'il nomme *Gestell*. La calculabilité intégrale est l'achèvement de ce projet qui transforme toute chose en *Gegen-stand*, pour un sujet « maître et possesseur de la nature » (Descartes *Discours de la méthode* p.168) ; mais le caractère *démesuré* du projet calculatoire rejaillit sur le sujet lui-même et a pour effet, de provoquer cette mutation du phénoménal qui ne peut plus se donner sous la figure du vis-à-vis, qui n'a plus aucun visage et ne peut plus être représenté. Ce qui annonce paradoxalement l'ère de la calculabilité intégrale, c'est l'incalculabilité de l'*Ereignis* lui-même, c'est-à-dire le fait que la nature comme le monde humain se soustraient à toute prise en vue. Cette fin de la science moderne, qui prend aussi l'allure d'une fin de l'histoire, doit être pensée, selon Heidegger, comme le fait de sortir du rêve métaphysique de la présence subsistante, qui est en même temps oubli de la temporalité de l'être (*Question IV*, p.92). Pour Heidegger, l'ère du dépassement de la métaphysique est aussi celle de sa domination absolue (*Essais et conférences*, 81), de sorte que Nietzsche déclarant son dépassement est celui qui l'accomplit. Nous sommes au stade de la métaphysique achevée, c'est-à-dire réalisée. Cet achèvement de la métaphysique, Heidegger le comprend, comme « le déclin de la vérité de *l'étant* », c'est-à-dire comme le fait que « la manifestation de *l'étant* et du seul étant, perd l'exclusivité » (*Ibid.* 82).

Nietzsche, le dernier métaphysicien, opère cette clôture, car avec la volonté de puissance, c'est la vérité même du sujet qui apparait, à savoir le fait qu'il se veut lui-même inconditionnellement comme unique réalité et seul *étant* véritable. Lorsque la volonté apparait au premier plan et lorsqu'elle prend la forme de la volonté de volonté, il n'y a plus de destin : « la volonté de volonté durcit toute chose et conduit à l'absence de destin » (*Ibid.* 91). Ce qui s'installe alors, c'est le règne de la calculabilité intégrale et de l'organisation de toutes choses dans la non-historicité et l'absence de finalité qui caractérise le *nihilisme absolu*, c'est-à-dire le plus extrême oubli de l'être (*Ibid.* 107). Comme le vide de l'être qui en résulte ne peut jamais être comblé par la plénitude de *l'étant*, la seule issue possible consiste à organiser sans cesse *l'étant*, de manière à rendre possible la mise en ordre permanente d'un monde devenu non-monde, puisqu'il ne règne plus en tant que présence de l'éclaircie de l'être, la technique se révélant être paradoxalement « l'organisation de la pénurie » (*Ibid*. 92). Cette domination de la volonté de volonté fait apparaître « le non-sens d'une action humaine posée comme absolu » (*Ibid*. 117). Heidegger nomme « époque de la technique » ce stade de la métaphysique achevée, en donnant à ce terme un sens qui englobe, au-delà de la production de machines, tous les autres domaines de *l'étant* : la culture, la politique et même la nature devenue objet. (*Ibid*. 92)

La technique moderne place l'homme dans une position telle qu'il peut tout aussi bien se livrer à la frénésie de domination que se rendre attentif à la part qu'il prend au dévoilement. C'est parce que le règne de la pensée opératoire s'étend sur tout le domaine de *l'étant* et concerne donc l'homme lui-même qui se trouve requis par le *Gestell*, que s'annonce, dans sa mise en danger, cette entre-appartenance de l'homme et de l'être que Heidegger a dès le départ nommée *Da — sein* et qu'il se propose, après le tournant, de penser en propre sous le nom d'*Ereignis*.

Présent, présence et évènement

Françoise Dastur* pense qu'on a tendance à voir aujourd'hui en Heidegger celui qui a dénoncé la métaphysique de la présence, propre à la pensée occidentale, et qui a du même coup mis en évidence la dimension de l'avenir, comme dimension fondamentale de l'expérience humaine. On invoque sa critique du nihilisme, son appel à un autre commencement et sa problématique du retournement du danger en salut, pour déceler dans sa pensée une reprise de la doctrine du salut et du péché originel qui caractérise la compréhension messianique de l'histoire, où l'on ne cesse de répéter en guise d'explication que « Seul un Dieu peut encore nous sauver ».[7] Cela résumerait toute la pensée de ce « crypto théologien » que n'aurait cessé d'être Heidegger, comme le déclare Karl Löwith qui affirme que « Heidegger est un théologien sans Dieu, dont l'ontologie fondamentale est issue de la théologie » (*Ma vie en Allemagne*).

---

7 Réponse de Heidegger aux journalistes du *Spiegel*, le 23 sept. 1966.

Le primat de l'avenir est le temps, qui est la modalité propre de l'être du *Dasein*. Mais cette temporalité propre du *Dasein* n'est accessible que lorsque celui-ci se comprend lui-même comme un être mortel, c'est-à-dire lorsqu'il anticipe sa propre fin, son propre *être-révolu*, comme ce qui constitue la possibilité extrême de son être et non pas comme un simple accident contingent. Par cette anticipation de la mort dans laquelle Heidegger voit l'avenir authentique, c'est-à-dire la dimension à partir de laquelle il peut y avoir un présent et un passé, le *Dasein* se donne à lui-même son temps. Dans ce que Heidegger nomme l'anticipation de la mort (littéralement, le fait d'aller au-devant d'elle), il s'agit pour le *Dasein* de saisir son propre être révolu comme possibilité de chaque instant. La question du sens à donner au mot *être* reçoit la réponse suivante de Heidegger : « L'Être veut dire, depuis les Grecs, présence (*Anwesenheit*) ». Heidegger rappelait, dans l'introduction à son traité de 1927, que la philosophie commence dès que l'on décide de s'en tenir à ce qui est *présentement donné*. Ce qui signifie que l'être de *l'étant* est compris en rapport avec un mode déterminé du temps : le présent (*Gegenwart*). Il s'avère donc nécessaire de transformer la question directrice de la philosophie, *qu'est-ce que l'étant ?*, en ce qui constitue à présent la question fondamentale, *quelle est l'essence du temps pour que l'être puisse se fonder en lui ?* La nécessité de cette transformation tient uniquement à la mise au jour du « caractère de question », de la *Fraglichkeit*, de la question directrice. Le temps est à la fois ce qui rend possible ce qui est questionné, l'être, et celui qui questionne, l'homme. Françoise Dastur observe que la question de l'essence de l'homme, chez Heidegger, est incontournable en tant qu'elle est toujours comprise dans celle de l'être. Mais il n'y a d'être que dans la mesure où il surgit hors de l'occultation et vient dans la proximité afin d'être perçu, là où il cherche en même temps l'occultation et se retire. La coappartenance de l'ouvert et de l'occultation, c'est ce qui est dit dans le mot *alètheia*. Heidegger met en évidence le caractère transitoire du séjour de *l'étant* dans l'ouvert, ce qui implique que « ce qui vient à chaque fois à la présence, le présent, se déploie à partir de l'absence » (Heidegger, *Holzwege,* p.323). C'est donc seulement lorsque la présence et l'absence sont pensées dans leur coappartenance que le caractère temporel de la présence vient à la lumière.

Ce qui caractérise la métaphysique dans son histoire qui n'est autre que celle du nihilisme, c'est le fait que l'homme ne comprend l'être qu'à partir de *l'étant*, sans voir que « ce qui est, est ce qui advient » (*Nietzsche II,* 311). Comme Françoise Dastur le note : ce qui ne cesse de se promettre dans l'histoire, c'est la non-occultation de l'être — c'est en effet par cette promesse de sa vérité que l'être se retient soi-même dans chacune des époques de son histoire. Ce qui demeure ainsi impensé, c'est la détresse de l'être, ou plus exactement l'être en tant qu'il est la détresse même, du fait de son besoin de venir s'abriter dans *l'étant* (*Ibid.* 313). On comprend, à partir de là, que ce qui menace l'être dans son essence destinale, c'est l'oubli de la détresse, qui se confond avec l'absence de détresse. L'expérience que fait l'homme moderne, c'est celle d'une absence d'habitat, de demeure, d'une *Heimatlosigkeit*. L'homme moderne tend à compenser cette absence de demeure par la conquête organisée de la planète Terre et de son extension dans l'espace cosmique, car « l'absence de détresse dans le rapport à l'être se consolide avec le besoin intensifié de l'étant [...] » (*Nietzsche II,* 316). Ce tournant, qui nous fait nous retourner vers la détresse, n'est rien d'autre que l'entrée dans l'*Ereignis*. Heidegger, écrit Françoise Dastur, affirme que dans l'*Ereignis* « avec l'être disparait la différence ». Cela veut dire qu'il faut penser l'évènement même de la différence et non pas son résultat. Ce que Heidegger propose ainsi de penser, c'est cette ségrégation de l'être et de *l'étant* dont on pourrait dire, comme Merleau-Ponty, qu'elle n'est jamais « chose faite » (*le visible et l'invisible*). Heidegger aura recours dans l'essai intitulé *Moira (Parménide VIII),* qui est une partie du cours *Qu'appelle-t-on penser ?*, à la notion de duplicité pour faire apparaître que la différence ne se confond pas avec une simple distinction de pensée et qu'elle est l'avènement de leur distinction et de leur relation. C'est maintenant l'être qu'il faut penser à partir de la différence et non le contraire (*Question I,* 300).

LA QUESTION DE L'ÊTRE

Ontologie fondamentale

La faute de la métaphysique — selon Heidegger — réside en ce qu'elle conçoit la pensée comme une vision de l'être, en tant qu'*être-sous-les-yeux* constant, une présence constante qu'elle est incapable d'amener à l'expérience de l'accomplissement de la vie effective historique elle-même, laquelle ne peut être arrêtée. Un dogme philosophique énonce qu'*être* est le concept le plus général et le plus vide, qu'il est par conséquent indéfinissable et néanmoins évident. Nous nous mouvons toujours au sein d'une compréhension ordinaire et vague de l'être, mais qui ne donne aucune réponse à la question posée sur le sens de l'être. Ontologie est la dénomination de cette question sur l'être de *l'étant*. L'ontologie vise une condition *a priori* de la possibilité des sciences qui explorent *l'étant* comme étant tel ou tel, et en cela se meuvent déjà au sein d'une compréhension de l'être. La question de l'être au contraire vise « la condition de possibilité des ontologies elles-mêmes, qui se situent avant les sciences ontiques et les fondent ». On fera précéder l'ontologie comme « généalogie des diverses modalités possibles de l'être » de l'ontologie fondamentale, comme question de savoir « ce qu'en définitive nous voulons dire par ce mot être ». *L'étant* est l'homme en tant qu'*être-là* (*Dasein*). L'*être-là* et lui seul a une relation à l'être et possède par là une compréhension de l'être. *Avoir-relation-à-l'être*, cela signifie d'après Kierkegaard : avoir l'existence, être défini par l'existence. L'être ou l'*essence* de l'*être-là*, c'est ce que Heidegger nomme « existence ». Lorsqu'on questionne l'*être-là* sur son être, on s'enquiert des structures de l'existence. Heidegger nomme ces structures des « existentiaux ». L'analytique existentiale cherche (ontologiquement) à mettre à nu les structures d'être de l'existence. L'*être-là* (*Dasein*) est cet *étant* qui pose la question de l'être, qui donc doit être rendu transparent dans son être. La primauté dont jouit l'*être-là* à l'égard de tout autre *étant* doit être saisie de façon encore plus fondamentale. Cette primauté est triple : 1) l'*être-là* possède une primauté ontique — il est déterminé par une relation à l'être, par l'existence ; 2) en raison de cette détermination par l'existence, il est en lui-même ontologique, propre à comprendre l'être et de ce fait, possède une primauté ontologique ; 3) en raison de sa compréhension de l'être, il comprend son être propre et l'être de *l'étant*, qui n'est pas selon le mode de l'*être-là*, et il est ainsi la condition de possibilité ontico-ontologique de toutes les ontologies. C'est pourquoi l'ontologie fondamentale doit être recherchée dans *l'analyse existentiale de l'être-là (Dasein)*. L'être doit être compris « à partir » du temps. Le temps appartient au sens de l'être et le chemin vers ce temps passe par la temporalité de l'existence facticielle. Otto Pöggeler observe que c'est un point de vue nouveau qui n'a pas encore prouvé sa légitimité. Mais le nouveau est sans importance, dit Heidegger. Ce qui importe c'est que le pensé soit assez ancien pour nous enseigner la compréhension des possibilités préparées par les anciens. Si l'*être-là* est par essence historial alors toute recherche à propos de cet *être-là* est historiale. C'est seulement dans la répétition de ce qui est transmis par la tradition que la question de l'être acquiert sa « véritable concrétion ». C'est pourquoi la répétition historique de la tradition fait partie du développement systématique de l'ontologie fondamentale.

À l'époque moderne, on en reste au préjugé selon lequel la pensée est comprise à partir de la vision, c'est-à-dire, l'être en général d'après l'*être-sous-les-yeux*.

« Si l'être est conçu comme *être-sous-les-yeux* ou présence, alors il est interprété par référence à un certain mode du temps, le présent. Dans l'interprétation grecque de l'être, le temps fait fonction de fil conducteur, sans qu'elle en ait une conscience explicite. Le temps est pris pour un *étant* dont on essaie de saisir la structure ontologique, dans une compréhension naïvement inspirée par lui ». Heidegger remet en question l'interprétation occidentale de l'être et la deuxième partie de *Sein und Zeit* doit apporter « les grandes lignes d'une destruction phénoménologique de l'histoire de l'ontologie à la lumière de la problématique de la temporalité ».

Analyse fondamentale de l'être-là

La structure fondamentale de l'*être-là*, c'est l'*être-dans-le-monde* (In-der-Welt-sein). Le monde dans lequel l'*être-là* (Dasein) se trouve, est le comment dans lequel *l'étant* peut se révéler dans sa totalité. Le monde dans lequel est l'*être-là* n'est pas le tout de *l'étant*. C'est le monde dans lequel l'*être-là* existe dans sa facticité, toujours déterminé. *L'étant* que nous rencontrons quotidiennement n'est pas un *étant* donné, placé à distance, il est un « *étant-sous-la-main* », un *outil* qui a toujours une destination précise. Il a une signification. L'ensemble du complexe des références et des significations constitue un monde environnant. Si le monde est éprouvé à partir du complexe de références et de significations, selon ce qu'il est pour l'existence, alors il peut être pensé comme le domaine où un sens *advient*.

L'*être-là* est un *être-dans* (dans le monde), en ce qu'il est déjà toujours jeté dans le monde, mais qu'il assume cet *être-jeté* (Geworfenheit) dans le « projet » et « articule » le projeté en un ensemble significatif articulé. *Être-jeté* (facticiel), *projet* (existence) et *articulation* sont toujours révélés dans la disposition (Gestimmtheit), le sentiment de situation (Befindlichkeit), la compréhension et le discours.

Pour Otto Pöggeler, le fait que l'*être-là* existe, ne se fonde pas dans un libre projet qui lui appartient ; l'*être-là* est au contraire déjà toujours livré au fait « qu'il est ». Il est jeté dans *l'étant*. L'*être-jeté* est la facticité de l'*être-là*. L'*être-là* est facticiel ; cela signifie qu'il est situé au sein de *l'étant* dans son ensemble. L'*être-là* n'est livré à son *être-jeté* qu'en tant qu'il est *projet*. Il est caractérisé par l'*existentialité* de façon aussi originaire que par la facticité ; l'existence désignant aux yeux de Heidegger l'ensemble de l'existence facticielle. Comme *pouvoir-être* ou compréhension, l'*être-là* est en premier lieu *être-possible* (*Möglischsein*). Dans le *pouvoir-être* en tant que comprendre se fonde l'aperçu par lequel l'*être-là* se fait transparent à lui-même comme *être-dans-le-monde*. Que la connaissance puisse être conçue comme vision trouve son fondement dans la vue qui appartient à la compréhension de l'*être-là*.

Au projet de la compréhension, certaines possibilités sont déjà toujours données de par l'*être-jeté*, d'autres sont retirées. Ainsi le projeté s'articule en un ensemble organisé de significations. Cette articulation, Heidegger la nomme *discours*, par référence au langage comme mode particulier de l'articulation (*Sein und zeit*, §34).

Le comprendre constitue l'ouverture de l'*être-là*, l'*être-dans-le-vrai* de l'existence en tant que vérité originelle (*Ibid*, §44). L'étant qui parvient à la compréhension et qui est dans la vérité a un *sens*. Le sens est un existential de l'*être-là* et non une propriété inhérente à *l'étant*. L'*être-dans-le monde* est le *projet-jeté*, articulé. Si nous concevons le projet comme un *être-en-avant-de-soi* (*Sichvorwegsein*) dans des possibles, l'*être-jeté* comme l'*être-déjà-au-monde*, l'articulation comme articulation de l'*être-avec-autrui*, l'*être-là* comme *être-au-monde* est, d'après son essence, un *être-déjà-en-avant-de-soi-dans-le-monde* (*Ibid*. §41).

Heidegger montre avec insistance comment l'*être-là* tombe sous la domination de *l'étant* à tel point qu'il se comprend lui-même et l'être en général à partir de *l'étant*. L'*être-là* ne vit pas comme ce qu'il est lui-même, mais comme on vit ; il est *vécu* par la dictature du *on* (*Ibid*. §27). Du fait de son *être-au-monde*, il ne s'occupe plus que de ce qui se rencontre dans cet *être-au-monde*.

L'*être-là* succombe à la tentation de se laisser accaparer par le soi-disant *monde* et d'oublier l'*être-au-monde* lui-même, c'est alors qu'il tombe dans l'inauthenticité.

Il ne pourra comprendre le sens de son être que dans l'authenticité.

La question du sens de l'être

Le propos de *Sein und Zeit* est « l'interprétation du temps, comme l'horizon possible de toute compréhension de l'être en général ». Cette question est retombée dans l'oubli. Pourquoi, s'interroge Jean Greisch (*Ontologie et temporalité*)? Il énonce trois causes principales :
1) La certitude dogmatique venant d'une longue tradition aristotélicienne et médiévale qui veut que l'être soit le concept le plus universel. Aussi, invoquer l'universalité du concept d'être n'aide pas à résoudre le problème de sa signification.
2) L'être est indéfinissable, de sorte qu'il ne peut pas être un concept. Il est donc d'autant plus problématique à comprendre.
3) Le troisième obstacle est son apparente évidence. Ce que veut dire l'être semble aller de soi. La certitude intuitive ne dispense pas de poser la question du sens de l'être. « Que toujours nous vivions dans une compréhension de l'être et qu'en même temps le sens de l'être soit enveloppé dans l'obscurité, voilà qui prouve la nécessité fondamentale de répéter la question du sens de l'être » (*Sein und zeit*, 4).
Le *Dasein* est condamné à se poser la question du sens de l'être qui se confond avec lui-même, car *l'étant* qui a le caractère du *Dasein*, lui-même en rapport à la question de l'être. (*Ibid.* 8). Ce *Dasein* se distingue de tous les autres *étants* par le privilège insigne que constitue la question de l'être qui lui incombe. *L'étant* questionnant fait partie du sens de la question de l'être elle-même. La tâche est celle de l'explication du *Dasein* en tant que *l'étant* dont la manière d'être est le questionner lui-même (*GA*, 20, 202). Le propre du *Dasein* est d'être *concerné par*, d'avoir *souci* de son être. Le *Dasein* véhicule une *compréhension d'être*, il se comprend d'une manière ou d'une autre, plus ou moins expressément, en son être. « Avec et par son être, cet être lui est ouvert (*Erschlossen*) à lui-même » (*Ibid.*).
La primauté ontologique de la question de l'être vient de ce que pour pouvoir déterminer l'être d'un *étant*, il est nécessaire d'avoir préalablement un éclairage sur le sens de l'être — c'est l'ontologie fondamentale ; « L'être lui-même par rapport auquel le *Dasein* se comporte toujours, nous l'appelons *existence* » (*Sein und zeit*, 12).

L'ANALYTIQUE DU DASEIN

Analyse de la structure essentielle du Dasein

Analyser la structure essentielle du *Dasein* signifie exposer la philosophie de Heidegger tout entière, ce que nous ne pouvons pas faire ici. Il est indispensable cependant de savoir que le *Dasein* n'est pas une chose, même pas une *res cogitans* (une pensée). Selon Alexandre Koyré (*L'évolution philosophique de Heidegger*), rien n'a été aussi funeste pour la philosophie que l'emploi général de cette catégorie *res* (chose) pour l'étude des différents êtres (*étants*) ; rien n'a masqué davantage l'opposition essentielle entre différents *étants* et leur manière d'être. Une chose — une *res* — est ce qu'elle est. Elle est pour ainsi dire fermée sur elle-même et indifférente à tout le reste. Le *Dasein*, tout au contraire, est essentiellement un être en relation, un être qui se rapporte à autre chose, un être (un *étant*) dont l'être consiste à être tendu vers autre chose. Son être est, ainsi que le dit Heidegger, un être vers l'*étant*. Le *Dasein* n'est pas seulement en rapport avec lui-même, et là nous pouvons préciser la nature de ce *rapport*. Le *Dasein* est essentiellement soucieux pour lui-même, pour son propre être qui est perpétuellement *en jeu* pour lui. Cette relation à soi-même est tellement fondamentale pour le *Dasein* que Heidegger n'hésite pas à dire que le *souci*

constitue son essence. C'est parce qu'il est essentiellement *souci* que les rapports du *Dasein* avec les autres *étants* seront, généralement des modes du « se soucier de » (*Besorgen*) ce qui veut dire que dans son existence soucieuse le *Dasein* aura à se soucier de quantité de choses *en vue de lui-même* c'est-à-dire en vue de son propre être. Dans le *souci*, se révèle à nous le caractère précaire de notre être, son instabilité foncière, son inachèvement. Le *Dasein* est lui-même son propre fondement, il a à être son propre être et c'est pourquoi il est essentiellement un *pouvoir-être* (*Seinkönnen*). Aussi n'est-il jamais *ce qu'il est*, mais toujours *ce qu'il n'est pas*, c'est-à-dire, il est ses propres possibilités qu'il projette devant lui-même et dans lesquelles il se dépasse lui-même perpétuellement. Le *Dasein* est ainsi perpétuellement en avance sur lui-même. Il est, en se transcendant. On exprimera la même chose en disant qu'il est son propre être, qu'il se détermine lui-même, et qu'il est essentiellement liberté. On peut dire également — puisque son être est toujours inachevé et qu'il est toujours *pouvoir-être-autre chose* — que le *Dasein* n'a pas d'essence, car c'est son existence qui forme son essence. Existence caractérisée par sa finitude et sa facticité : le *Dasein* n'a pas choisi son existence. Il *est* en fait et voilà tout. Son *existence* — qui se détermine et se révèle dans sa structure — n'a rien de commun avec l'*existentia* d'une res.
La structure interne du *Dasein* se caractérise par trois moments essentiels : l'affectivité (*Befindlichkeit*)[8], la compréhension (*Verstehen*), et la parole (*Rede*), ce qui veut dire que le *Dasein* se *sent* lui-même, se trouve dans un état affectif déterminé, suite et expression du fait qu'il est toujours « affecté » (ou infecté) par le monde et se découvre lui-même dans cet état ; ce qui veut également dire qu'il se comprend — et comprend l'être — ou du moins s'interprète lui-même et interprète l'être (il est conscience du soi et du monde) et que cette *auto-compréhension* ou *auto-interprétation* est constitutive de son être même : il n'est pas d'abord et ensuite se comprend comme tel, mais il est son *auto-interprétation* ; ce qui veut dire enfin qu'il *parle* — même en se taisant, la parole englobant le silence comme un de ses modes — c'est-à-dire s'exprime et s'extériorise nécessairement.
Nous avons vu que le *Dasein* est essentiellement un être en

---

8 L'état affectif ou émotionnel conçu comme ce qu'il y a de plus subjectif dans l'homme.

relation, un être vers. Nous pouvons préciser : l'être du *Dasein* est *être-dans-le-monde* (*In-der-Welt-sein*) ou être au monde, ce qui ne veut pas dire qu'il est *dans* le *monde* comme une chose parmi d'autres choses ou comme une chose est *dans* une autre[9], mais qu'il est présent au monde, qu'il est en quelque sorte en dehors de lui-même. C'est pour cela qu'il n'a pas besoin de *sortir de lui-même* pour *aller aux choses : il est toujours, d' » ores et déjà, en rapport avec les choses*[10]. C'est pour cela qu'il peut les *dé-couvrir*. Son être découvrant — condition de la possibilité du jugement vrai — est un mode de l' « *être-dans-le-monde* ». Ainsi donc, c'est l'« *être-dans-le-monde* » qui est le fondement de la possibilité de la vérité. Il faut souligner que le monde de Heidegger ne s'identifie pas avec l'ensemble des choses matérielles, ni même avec l'ensemble de tout ce qui est (l'ensemble des *étants*). Le « monde » est comme un cadre ou un réseau de relations possibles qui a son fondement dans le *Dasein* et que celui-ci projette sur ce qui est (les *étants*) ; le « monde » est la condition de possibilité de rencontre des *étants* par un *étant* de la structure du *Dasein*, la structure qui rend la *découverte* possible. Il forme pour ainsi dire le fond (l'horizon) sur lequel apparaissent les *étants* lorsqu'ils sont expressément découverts par le *Dasein*[11]. Tous les *étants* sont aussi « dans le monde », mais d'une manière totalement différente de celle du *Dasein* lui-même, les *étants* sont « intra-mondains ». La conception de Heidegger n'est aucunement solipsiste : *être-dans-le-monde* veut dire essentiellement et originairement « être-avec-d'autres ». Le *Dasein* n'est jamais seul. Il est toujours et déjà, avec d'autres *Dasein*. L'existence des autres est pour lui aussi certaine et aussi indubitable que la sienne propre. Le *Dasein*, comme on l'a vu, se caractérise comme un *pouvoir-être* dans et pour ses possibilités. Nous l'avons vu être *en avant de lui-même*. Tout cela implique et fonde ou révèle sa temporalité essentielle. Le *Dasein* n'est pas plus dans le temps qu'il n'était dans l'espace intra-mondain. Le *Dasein* est le temps originel lui-même, il se *temporalise*, s'étend dans l'avenir, le passé, le présent : anticipation,

---

9 Ce n'est pas un rapport spatial, c'est un rapport de présence à, de tension vers, d'intérêt pour...
10 L'homme, le *Dasein*, est caractérisé par sa facticité ; son *être-dans-le-monde* est caractérisé par la Geworfenheit, le fait d'être jeté, dans le monde et d'y être abandonné.
11 On peut donc dire que le monde est dans le *Dasein*, ou qu'il est une manière d'être du *Dasein*.

répétition, présence[12]. Il est *ex-statique* par rapport à lui-même, il est dans les *ex-tases* de l'avenir, du passé, du présent, et l'unité de ces *ex-tases* dans le *Dasein*, c'est le temps *vrai*, essentiellement fini, essentiellement achevé. Le temps spatialisé de la science et de la vie quotidienne n'en est qu'un travestissement déformant. Le *Dasein* est essentiellement sa transparence et son transparaître, son autorévélation et, partant, il est essentiellement *vrai* ; il est vraiment ce qu'il est. Il est donc vérité.

L'Être-au-monde

Le monde est le premier existential, l'élément constitutif de la structure de l'être de l'existence humaine.
Parler d'existence humaine implique que l'on doive parler d'effort, de conquête, de lutte contre une résistance perpétuellement ressuscitée et omniprésente, qui est à la fois l'ennemie et l'alliée de notre ipséité. Cette relation est si capitale et si absorbante que nous avons conscience de notre *être-au-monde* avant même d'avoir une pleine compréhension de nous-mêmes comme moi. L'être préoccupé désigne la manière dont l'existence humaine est *dans* le monde.
Ce n'est pas l'objet dont j'ai soin qui engendre ma préoccupation. Il n'est que le point sur lequel se concentre momentanément une faculté qui le dépasse infiniment. C'est parce que nous sommes rivés au monde, soucieux de lui, que nous pouvons et que nous devons avoir soin de telle tâche et de tel objet. Le *Dasein* est originairement et structurellement orienté vers la préoccupation, fondamentalement soucieux, parce que *lié* au monde. Je serai inévitablement entraîné à me représenter le monde sur le modèle d'être que me fournissent les objets de mon expérience habituelle (*Sein und zeit*, 59). Le *Dasein* s'interprètera non à partir de son existence dans le monde, mais à partir des objets que son monde contient (*Ibid.*).

---

12 La primauté du possible implique la primauté de l'avenir sur les autres *ex-tases* (dimensions) du temps. Heidegger ici rencontre Hegel, bien qu'il ne semble pas l'avoir remarqué.

« Le *Dasein* est l'*étant* qui, en son être, se rapporte compréhensivement à cet être » (*Sein und zeit*, 53). Le *Dasein* se définit donc, pour Heidegger, par sa capacité de comprendre son propre être. Il existe à la première personne, comme un *soi* sous le mode de la *mienneté* qui comporte deux possibilités fondamentales de l'authenticité — l'ipséité reconnue — et de l'inauthenticité — ipséité méconnue sous le mode de la dénégation.

Le *Dasein* est moi-même, l'ipséité appartient de soi au *Dasein*. Il s'interprète selon le monde des objets dont il est préoccupé et il se fond dans le monde où il vit. Il n'y a pas de conscience pure détachée du monde. Il n'y a pas de moi sans monde et non plus de moi sans autre moi. Chacun cherche à se distinguer des autres sans réussir à ne conquérir aucune indépendance. Le tyran innomé est un sujet neutre, impersonnel, le *On* (*Das Man*). La vie quotidienne me fait ployer sous la dictature du *On*. Le véritable sujet de l'existence quotidienne est donc ce *Man* (On) impersonnel. Il dispose en toute matière d'une mesure ordinaire applicable à tous les cas possibles. Cette mesure moyenne doit être implacablement respectée, le *Man* utilisant des moyens de coercition irrésistibles. Ce *Man* a le culte de la banalité moyenne. Il fait promouvoir l'instauration d'une existence « ouverte », complètement répandue et étalée (Öffentlichkeit). Chacune de ces existences se dissout en toutes les autres. Ainsi, une analytique existentiale soucieuse d'atteindre les racines de l'exister humain n'y parviendra qu'en faisant violence à la quiétude satisfaite des interprétations quotidiennes. La compréhension et l'existence authentique du *Dasein* doivent être conquises contre ses propres dissimulations. Le *Man*, c'est le *Dasein* dans son existence inauthentique. Ainsi que Waelhens (*Op. cit.*) l'écrit : « notre existence s'abandonne à une existence communautaire qui est un mode de son être. »

Le monde, selon Heidegger, est ce en quoi vit le *Dasein* factuel. C'est ce qui correspond à ce qui est décrit phénoménologiquement comme *le vécu du monde ambiant*. Il y a pour le *Dasein* une pluralité de mondes (l'université, la religion, le lieu de résidence) et chacun de ces mondes se comprend en fonction des relations que j'entretiens avec lui. Le terme *mondanité* fixe cette manière d'être du *Dasein*. La spatialité est la dimension constitutive du monde et caractérise le *Dasein* (la proximité, l'éloignement, l'orientation).

La pluralité des Dasein : le soi, l'autre, le On

Dans ce monde, note Jean Greisch, il faut introduire des personnes. La notion *d'être-au-monde* n'a de sens pour Heidegger que s'il s'agit de l'*être-au-monde* de *quelqu'un*. Mais ce quelqu'un, qui est-il? Qui parle? Qui agit? Qui se raconte? Selon la forme que Ricœur donne à la question du statut ontologique de l'ipséité, l'idée du *Je* se confond avec celle de l'*autoréflexion*. C'est le *moi* des philosophes de la réflexion.

Semblable au *Dasein*, autrui est *là-avec* (MitDasein). « Le monde est aussi *Dasein* » *(Sein und zeit*, 118). La mondanité du monde « apprésente (rend perceptible) non seulement les choses du monde — le monde ambiant —, mais également *l'être-là-avec des autres et le soi propre* » *(GA*, 20, 332). Mais les autres ne forment pas un monde à part, distinct du monde du soi, c'est pourquoi le terme *Mitsein* (être-avec) s'impose. Compris en un sens existential, le *là* implique toujours déjà un *avec*. D'où l'importance de l'énoncé : « Le *Dasein* est essentiellement être-avec » *(Sein und zeit*, 120). Selon l'interprétation constante qu'en donne Jean Greisch, mon être quotidien est fait du rapport avec autrui et non de la découverte que je suis séparé d'autrui. *Être-avec* ne s'oppose pas à *être-au-monde* car le monde est l'espace de rencontre d'autrui. « *L'être-là* est essentiellement un *être-avec* » *(Sein und zeit*, p.120). « Même l'être-seul du *Dasein* est un être-avec dans le monde ». Même si je suis seul, cette solitude empirique, factuelle, n'annule pas le fait que dans mon *être-là*, je reste marqué par l'être-avec. Autrui me manque. C'est pour cela que je peux me sentir seul.

Exister, est, pour l'homme, exister avec d'autres hommes. Le prochain n'est pas un autre *Dasein*, il est *MitDasein*. Le *Dasein* est fondamentalement *être-en-commun* (Mitsein). Il n'y a de solitude que relativement à la présence possible d'autrui. La solitude est un mode *déficient* du *Mitsein*. Derrière les modalités de l'*être-avec*, pour ou contre l'autre, on devine un autre souci. Tout *être-ensemble* reste traversé par le souci de préserver la différence ou la distance entre soi-même et l'autre. En cela se manifeste le pouvoir des autres. Les autres disposent de moi, pour le meilleur ou pour le pire. C'est cela que Heidegger désigne comme « *dictature du On* » (*Sein und zeit*, 126). L'ennemi n'est pas le *On*, mais le *moi* replié sur ses propres vécus. « Le soi-même du *Dasein* quotidien est le On-même » (*Sein und zeit*, 125).

Les voix critiques

La contestation éthique (Emmanuel Levinas) tient à la méconnaissance de l'extériorité spécifique d'autrui qui nous arrache à l'horizon du monde dans lequel le *Dasein* rencontre autrui, s'agissant de la responsabilité éthique. Pour Levinas, la rupture heideggérienne avec l'intellectualisme classique est plus apparente que réelle dans la mesure où l'idée nouvelle de compréhension partage avec celui-ci un axiome : la prétention d'enfermer toute extériorité dans l'horizon d'un désir de comprendre émanant du sujet. « Comprendre, c'est se rapporter à un particulier qui seul existe, par la connaissance qui est toujours connaissance de l'universel. » *(Essai sur la pensée de l'autre)* La thèse centrale de Levinas soutient que notre rapport à autrui « consiste certainement à vouloir le comprendre, mais ce rapport déborde la compréhension » (Levinas, *Entre nous*).

Le soupçon, à l'égard de Heidegger, est celui de la méconnaissance de l'extériorité spécifique d'autrui qui nous attache à l'horizon du monde dans lequel le *Dasein* rencontre autrui. Levinas écrivait dans un article de 1951 *L'ontologie est-elle fondamentale ?* : « Tout homme est ontologie, parce que dans ses soucis temporels s'épelle la compréhension de l'être ». L'idée heideggérienne de compréhension revient à dire qu'autrui « n'est pas objet de compréhension d'abord et interlocuteur ensuite ». Cette interlocution n'a pas la forme de l'échange réciproque, de type dialogique. Selon Levinas, elle a d'abord la signification éthique d'une injonction émanant du visage d'autrui : « *l'étant c'est l'homme et c'est en tant que prochain que l'homme est accessible, en tant que visage* ». *(Ibid.)* « À la compréhension, à la signification, saisie à partir de l'horizon, nous opposons la signifiance du visage ».

Dans l'altérité, Heidegger aurait raté l'essentiel, à savoir le phénomène du visage d'autrui. Pour Levinas, l'analyse heideggérienne n'appréhende autrui que dans un *contexte*, celui de la mondanéité. Or, le visage d'autrui qui me regarde a le singulier pouvoir de neutraliser le contexte de son apparition, alors que Heidegger n'y voit que la menace d'une subordination à autrui, d'un assujettissement. Il n'imagine pas que le même phénomène puisse s'interpréter en termes d'obligation ou de commandement.

Le comprendre existential est le savoir des possibilités, un savoir qui n'est pas le résultat d'une *autoperception immanente*, car même l'introspection la plus poussée ne me fera jamais découvrir ce que je sais déjà dans l'"accomplissement quotidien de ma vie. « Le comprendre est l'être existential du pouvoir être, propre du *Dasein* lui-même, de telle sorte que cet être ouvre en lui-même *où* il est avec lui-même » (*Sein und zeit*, 144). Le *Dasein* n'existe qu'en se projetant vers des *possibles*.

Discours et Langage

Dans l'ordre existential-ontologique, le discours (l'énonciation) précède la langue. « Il y a le langage parce qu'il y a le discours » (*Es gibt Sprache, weil es Rede gibt, GA*, 20, 365).

Jean Greisch (*Op. cit.*) définit le lien ontologique et le rapport existential qui constituent l'approche phénoménologique-existentiale des deux fonctions :

1) « Le fondement ontologico-existential est le discours » (*Sein und zeit*, 160). « C'est dans le discours actualisé en phrases que la langue se forme et se configure. Là commence le langage. » [13]

2) « Le discours est existentialement co-originaire avec l'affection et le comprendre » (*Sein und zeit*, 161). C'est l'approche phénoménologique-existentiale que tente Heidegger. « Les mots pour dire » — dire l'affection, dire la compréhension — existent même si nous ne les avons pas encore trouvés. Les structures telles que l'affection, la compréhension, « sont nécessaires à la structure essentielle du langage lui-même,

---

[13] Émile Benveniste, *Problèmes de linguistique générale*.

même si elles sont encore insuffisantes » (*GA*, 20, 361). Ce qui s'exprime dans le discours ou ce qui « vient à la parole », c'est toujours une certaine affection et une certaine compréhension que les théories habituelles sont incapables de cerner. Les mots viennent au *Dasein* à mesure de ce qui l'affecte et de ce qui s'y donne à comprendre. Une fois que les *mots pour le dire* sont trouvés, une fois que les « choses sont dites », les mots du langage peuvent commencer une carrière indépendante du *vouloir-dire* du locuteur. En tant que phénomène existential, le langage comporte deux phénomènes non linguistiques et cependant langagiers : *écouter* et *se taire*. Le *Dasein* se comprend dans toutes les dimensions de son *être-au-monde*, grâce au langage.

Écouter et taire

Heidegger formule une thèse : « L'écoute est constitutive du parler » (*Sein und zeit*, 163). De même que le parler n'est pas un simple ébruitement vocal, l'écoute n'est pas non plus une simple perception acoustique, mais une possibilité existentiale. « L'écoute constitue même l'être-ouvert primaire et authentique du *Dasein* pour son pouvoir-être le plus propre, en tant qu'écoute de la voix de l'ami que tout *Dasein* porte en soi ». « Le *Dasein* entend parce qu'il comprend » (*Ibid.*). Mais d'une manière tout aussi empirique, ne pourrait-on soutenir que le *Dasein* comprend parce qu'il entend. N'est-ce pas le cas en musique, en poésie et dans tout discours qui donne une place essentielle au sentiment ? L'écoute est non seulement une dimension de l'être-avec, elle pourrait en être le véritable cœur. Pour Heidegger, le *Dasein* est essentiellement auprès de ce qu'il comprend (*Sein und zeit*, 164). Avec Levinas, on dira que l'*être-auprès-d'autrui* prend d'emblée une signification éthique. La première écoute, condition de possibilité de toutes les autres modalités de l'*écouter*, n'est pas celle de la voix de l'ami, mais l'injonction éthique, inséparable du visage d'autrui ; « autrui me regarde ». On corrigera, avec Jean Greisch, la déclaration heideggérienne : « C'est seulement lorsqu'est donnée la possibilité existentielle du parler et de l'entendre (*Hören*) que quelqu'un peut écouter (*Horchen*) », par l'énoncé du genre levinassien suivant : « C'est seulement lorsqu'est donnée l'obligation existentielle de l'injonction et de l'obéissance que quelqu'un peut écouter et parler ».

Dire et taire

« Ce n'est que dans le parler véritable qu'un faire silence authentique devient possible » (*Sein und zeit*, §34). Le silence est une dimension intrinsèque du discours et l'adversaire du *silence-gardé* est le bavardage (*Gerede*).

Nous ne sommes jamais dans la situation d'un sujet qui nomme pour la première fois les choses. Nous évoluons toujours déjà « dans un milieu de la parole ». Dès les premiers instants, ce sont les discours des autres qui nous disent le sens, avant même que nous n'investissions le langage, pour devenir un Je qui parle en son propre nom. Jean Greisch (*Op. cit.*) cite la très belle phrase de Piera Aulagnier* qui écrivait (*La violence de l'interprétation*) : « La parole maternelle déverse un flux porteur et créateur de sens, qui anticipe de loin sur la capacité de l'*infans* d'en reconnaître la signification et de la reprendre à son compte ». C'est le « bavardage » de la mère et celui de la tribu familiale qui fournit à l'*infans* ses premiers repères d'identification. Les opérations d'interprétation qu'effectuent nos premiers « porte-paroles » véhiculent une inévitable « violence de l'interprétation ». Personne ne demande à l'*infans* s'il est d'accord avec l'interprétation. Avec Heidegger, on peut dire que personne ne peut se dérober à « la compréhension déjà déposée dans l'être exprimé » (*Sein und zeit*, 168).

Heidegger glisse progressivement de ce phénomène positif vers ce qui ressemble au « papotage » (Jean Greisch, *Op. cit.*). La quotidienneté devient une médiocrité réfractaire à toute authenticité. Ce sont, dit Heidegger, les méfaits du bavardage quotidien des congrès et des innombrables colloques que hantent un certain nombre d'intarissables bavards.

L'angoisse comme affection fondamentale

L'attitude du *Dasein à l'égard du monde prochain se définit* de façon irénique selon Jean Greisch, par la préoccupation (*Besorgen*) vis-à-vis d'autrui et elle se concrétise dans la sollicitude (*Fürsorge*). Si l'on s'en rapporte au texte et si l'angoisse porte en elle l'annonce d'un péril, elle n'est jamais provoquée par un existant déterminé. La chose devant quoi nous tremblons dans l'angoisse, n'est jamais un ceci ou un cela. L'angoissé ignore d'où lui vient son angoisse. Tandis que le *Dasein* est en confiance dans son milieu, qu'il y trouve son chez-soi, voici maintenant que surgit le vrai monde étrange (*Unheimlich*) dans lequel il faut être sans que l'on ne puisse jamais se sentir *chez soi*. « Un monde dans lequel nous n'avons pas de demeure véritable » (Claudel).

L'angoisse du *Dasein* devant le monde est une angoisse de l'homme vis-à-vis de sa propre solitude, le drame de la vie de l'esprit, ce en quoi Heidegger est tout proche de Kierkegaard. (A. de Waelhens, *Op. cit.*)

L'angoisse est une affection insigne pour autant qu'en elle « le *Dasein* est transporté par son propre être devant lui-même » (*Sein und zeit*, 184). Cet affect vient en effet briser le mouvement de fuite devant soi-même et devant ses possibilités les plus propres du *Dasein* qui s'est éperdument abandonné au monde et au *On*. L'effort *d'autoréflexion* est placé sous le signe de la puissance, alors que *l'autocompréhension*, ancrée dans le vécu de l'angoisse, est placée sous le signe de l'impuissance. L'angoisse est un phénomène originaire dans la mesure où elle met à nu les racines mêmes de l'être du *Dasein*. La menace qui pèse sur le *Dasein* n'est pas localisable. Elle vient de nulle part, de sorte qu'on ne sait pas en quoi elle consiste. Ce n'est que grâce à l'angoisse comme mode fondamental d'affection que nous découvrons *le monde en tant que monde*. (*Sein und zeit*, 187)

La notion ontologique qui correspond au phénomène de l'angoisse est l'*être-possible* d'un soi singulier. C'est ici que nous rencontrons le phénomène de la liberté (*Sein und zeit*, 188.) entendu comme capacité de se choisir soi-même. Sans angoisse, pas de liberté, et réciproquement. La servitude ou la dépendance est beaucoup plus rassurante, beaucoup moins inquiétante que l'exercice de la liberté. « L'angoisse n'est rien d'autre que l'expérience tout court de l'*être-au-monde* ». (*GA,* 20, 403)

Le *Dasein* angoissé n'a plus de *chez-soi* (*Unheimlichkeit*) ; en particulier, le *chez-soi* de substitution que lui offre le discours public du *On* se dérobe.

D'où la thèse capitale : « à l'*être-au-monde*, à cette constitution essentielle du *Dasein* qui, en tant qu'existentiale, n'est jamais sous la main, mais elle-même toujours en un mode factice, c'est-à-dire à une affection, appartient l'angoisse comme affection fondamentale. L'*être-au-monde* rassuré-familier est un mode de l'étrangeté du *Dasein*, et non l'inverse ». (*Sein und zeit,* 189.)

Le monde entier, l'existence même, sont angoissants. L'angoisse amène le désintéressement de tout ce qui est dans le monde ; de tous les soucis à l'égard du monde et de tous les soins envers les semblables. « Le monde ne peut plus rien offrir à l'homme angoissé. » (*Sein und zeit,* 187) L'angoisse libère donc l'homme et le rend à lui-même, mais l'angoisse annonce également le délaissement (*Gerwrofenheit*) et le malaise (*Unheimlichkeit*) de l'existence humaine, son caractère fini et limité dans l'immensité infinie de la totalité. Le souci qui caractérise l'être de l'existence est angoisse dans son fondement le plus profond. L'angoisse n'est manifestement pas l'expression du souci pour autrui.

Georges Gurvitch[14] considère l'être pour la mort (*Sein zum Tode*) comme étant un élément inséparable de l'existence. C'est dans la mort que les hommes sont le plus rendus à eux-mêmes, et Gurvitch ne manque pas de constater que monsieur tout-le-monde essaye d'enlever à l'homme, le courage d'éprouver l'angoisse devant la mort (*Mut zur Angst vor dem Tode*). L'« *Entschlossenheit* » - la résolution résignée) de mourir rend l'angoisse pareille à la liberté pour la mort (*Freiheit zum Tode, Sein und zeit*, 20-297).

Par la *résolution résignée*, l'*Entschlossenheit* qui est inhérente à l'angoisse mortelle, à l'ontologie de la mort, se rattache à la conscience morale (*Gewissen*), laquelle n'a rien de subjectif, car son fondement est purement existentiel. « L'existence s'adresse un propre appel par l'intermédiaire de la conscience ». La voix qui

---
14 Les tendances actuelles de la nouvelle philosophie allemande

appelle est l'existence qui s'angoisse dans sa situation délaissée. « La conscience adjure l'existence de revenir à elle-même, de sa perte dans l'On anonyme ». L'appel de la conscience part de l'existence et ramène à l'existence. C'est l'être comme tel, sans considération d'une bonne ou d'une mauvaise conscience (*Ibid.* 274). Pour Heidegger, la conscience de la faute, qui est inséparable de la conscience morale, n'est pas le résultat d'une mauvaise conduite : elle est l'incarnation du caractère fini et délaissé de l'existence même. La conscience comme élément inséparable de l'existence ne juge et n'apprécie rien ; elle manifeste le mouvement de l'existence vers soi-même et rien de plus. La faute est aussi ontologique que la conscience morale même : elle est une caractéristique nécessaire de l'être même de l'existence. L'existence se comprend par l'intermédiaire de la résolution résignée comme essentiellement fautive dans son être même. De ce fait, la résolution résignée se rattache intimement à la mort et comme la mort elle-même, elle est un élément inséparable de l'existence.

L'être du Dasein : le souci

L'être du *Dasein* est le souci, c'est-à-dire *un être anticipant qui est déjà jeté en un monde dans lequel il s'est perdu*. C'est une caractéristique ontologique de la structure du *Dasein* qui existe comme un être, anticipant toujours sur lui-même. « Le souci *est* l'être », écrit Gurvitch (*Op. cit.*). Le *Dasein* est un existant dont l'être est toujours en jeu. De là à dire que c'est parce qu'il a la structure du souci que le *Dasein* est capable de sollicitude envers tout autre, contraint qu'il est de se préoccuper du monde environnant, c'est un pas que Gurvitch ne franchit pas. Heidegger en effet déclare : « L'angoisse naît de ce que le visage de ce monde est infiniment différent (*Unheimlich*) de celui du monde environnant que nous hantons » (*Sein und zeit*, 188). Cette affirmation, poursuit Gurvitch, rend hautement improbable le souci de l'autre et du monde qui n'est plus le monde environnant.
Le *Dasein* est caractérisé par l'ipséité selon les modalités de

l'option fondamentale qui s'affirme comme « je suis moi » (*Ich bin selbst*). Or Heidegger pense que le *je* ne saurait se saisir indépendamment de tout « contenu ». Il y a donc dans toute affirmation du *je* une reconnaissance de *l'être-dans-le-monde*. Cela signifie inévitablement et dans tous les cas, *je pense quelque chose* ou *je fais quelque chose*. Dès lors, s'interroge Gurvitch, comment affirmer la structure comme une catégorie partagée par tous les *Dasein*? Il conclut : « Ils ne pensent pas la même chose et ne font pas non plus la même chose. »

« *Le Dasein* est, en son être, à chaque fois en avant de lui-même » (*Sein und zeit,* 191). C'est cet « être-en-avant-de-soi » qui réalise le sens le plus profond de l'intentionnalité *(GA,* 20). Cette structure qui concerne le tout de la constitution du *Dasein* est présente dans toutes les structures de l'analytique existentiale. Son vrai nom est le *souci*. « Le souci est le terme pour désigner l'être du *Dasein* tout court » *(GA,* 20, 406).

Le *souci* ne peut être que le *souci de soi* d'un *Dasein,* pour qui il y va nécessairement de son être-même. La signification existentiale de cet *autodevancement* signifie qu'à tout moment, le *Dasein* court après ce qu'il ne possède pas encore et qu'il cherche à se procurer, de sorte que la facticité existentiale se manifeste comme *indigence* comme privation et besoin *(GA,* 20, 407). Le souci comme devancement de soi est la condition de possibilité de l'impulsion et du penchant, et non l'inverse. L'impulsion (*Drang*) implique un caractère de nécessité *(GA,* 20), la poussée ou la tendance irrésistible vers quelque chose. De ce point de vue, elle représente le moteur du *souci*. L'impulsion a un pouvoir d'aveuglement propre qui consiste à ne laisser parler que l'aspect préoccupation du *souci* et élimine tous les autres aspects.

Le penchant exprime la vie sous la modalité de « se laisser vivre », c'est un point limite de déchéance, l'aveuglement total dans lequel toutes les possibilités existentiales lui sont asservies. Là où l'impulsion dit : « je veux telle chose à tout prix », le penchant dit : « je ne voudrais pour rien au monde lâcher ce que je tiens ». En ce sens, il occulte la possibilité d'un devancement de soi librement assumé *(GA,* 20, 411). Tout en étant des manifestations du *souci,* penchant et impulsion ont un pouvoir d'occultation qui risque de masquer la véritable essence du souci. Le penchant a le pouvoir d'empêcher le *souci* de *devenir libre* puisqu'il retient l'existence ; l'impulsion en revanche a toujours déjà *fait son choix*. Faisant oublier la possibilité d'autres choix, elle enchaîne le *souci*. (*Sein und zeit*, 196).

La compréhension de l'être et le problème de la réalité

Le problème de la réalité et celui de la vérité sont les constituants des deux questions centrales.
Les concepts centraux de l'analyse existentiale ont une dimension herméneutique marquée : compréhension, sens, explicitation… La conséquence en est le statut herméneutique donné à la question ontologique : « La compréhension du sens de l'être ne devient en général possible que si elle *est* quelque chose comme la compréhension de l'être » (*Sein und zeit*, 200). Si l'ontologie est *l'élaboration conceptuelle d'une compréhension de l'être*, la notion de *compréhension de l'être* devient alors synonyme de ce qu'on appellerait *notion de réalité*. Toutefois, Heidegger entend que l'élaboration de la question du sens de l'être soit détachée d'une orientation unilatérale de l'être au sens de la réalité (*Sein und zeit*, 201).
Cinq thèses sont énoncées au §24 des *Prolégomènes* qui vont guider l'interprétation du paragraphe de *Sein und Zeit* consacré à la *réalité* :
1) *L'être-réel* du monde externe est dispensé de toute preuve le concernant.
2) La réalité du réel ne peut pas être déterminée à partir de son être-objet
3) La réalité n'est pas interprétée par le caractère de *l'en-soi*.
4) La réalité doit être comprise à partir de l'incarnation du perçu.
5) La réalité n'est pas suffisamment expliquée à partir du phénomène de la résistance comme objet de la pulsion et de la tendance.
Pour Heidegger, le problème de l'accès à un réel extra mental, transcendant la sphère de la conscience, est un faux problème qui confère un privilège indu à la connaissance intuitive et qui

occulte la constitution fondamentale du *Dasein*, à savoir son *être-au-monde* (*Sein und zeit*, 202). Si le *Dasein* est toujours déjà « hors de soi », auprès du monde, la question *comment sortir de l'immanence du soi* ne peut pas se poser. Vouloir prouver l'existence du monde est dès lors une entreprise absurde (*GA*, 20, 294). Le vrai « scandale de la philosophie ne consiste pas en ce que cette preuve se fait encore désirer, mais en ce que de telles preuves sont encore et toujours attendues et tentées » (*Sein und zeit*, 205). Mais il est tout aussi absurde de conclure, de l'impossibilité d'une preuve, à un simple fait de croyance. « Le retour à une croyance à la réalité du monde ne correspond pas à un état de fait phénoménal ». Ce qui est caractéristique c'est justement que le monde est là, antérieurement à toute croyance (*GA*, 20, 295). Le *Dasein* qui découvre son appartenance au monde ne pose ni un acte de savoir ni un acte de foi. L'existence du monde ne pose pas question, puisque le monde fait déjà partie du *sum cogito*. Le seul problème véritable est celui de savoir comment la mondanéité doit être comprise, car ce qui est une évidence ontico-existentielle (le monde est toujours déjà là) est en même temps une énigme ontologique (*GA*, 20, 297).

L'alternative habituelle : réalisme ou idéalisme est dépassée, pris au sens ontologique, le terme *réalité* doit être rapporté au phénomène du *souci* (*Sein und zeit*, 211). « C'est le *souci* qui décide en dernière instance de ce que veut dire cette *réalité* que nous éprouvons comme résistance et comme présence charnelle. » « La résistance tout comme l'incarnation, a son fondement en ceci que la mondanéité est déjà là » (*GA*, 20, 305).

La conscience morale

L'existence authentique s'amorce nécessairement par une conversion qui se manifeste dans « la voix de la conscience » (*Sein und zeit*, 268). La conscience morale est ce pouvoir d'interpellation qui s'adresse à nous lorsque nous sommes perdus dans les divertissements mondains. La voix de la conscience morale s'adresse alors au *Dasein journalier* et en appelle à une possibilité d'ipséité à présent refoulée, mais non anéantie. La conscience dépasse le *On* et l'annihile. La voix de ma conscience me vient de moi-même, bien que d'un moi lointain. C'est pourquoi cet appel se manifeste à moi, à la fois, comme mien et comme étranger.

La négativité du *Dasein* tient à l'impuissance d'une finitude originelle. Il y a une contradiction insurmontable entre la puissance de liberté et de choix, et l'impuissance radicale vis-à-vis du fait même d'exister. Le paradoxe est que le *Dasein* doit faire son existence, sans avoir fait son *exister*. Ce paradoxe fait partie intégrante de la nature constitutive du *Dasein* : la déréliction et la projection.

La philosophie de Heidegger s'annonce ici comme une laïcisation de la pensée religieuse en général, ou comme l'écrivait Levinas comme « un discours sur l'absence de Dieu ».

L'appel de la conscience morale, né du *Dasein,* dans la pureté de son néant et son abandon au monde, invite le *Dasein*, perdu dans le *On*, à choisir le terme authentique de l'option fondamentale. Celui-ci consiste à accepter en toute lucidité, la pauvre naissance dont je suis issu et la mort qui vient, à agréer ce néant dont je sors et auquel je suis promis. Une telle acceptation est l'essence même de la culpabilité fondamentale. On en conclut que l'appel de la conscience morale m'invite à assumer ma culpabilité fondamentale (*Sein und zeit*, 287). La bonne conscience est selon Heidegger, une créature du pharisaïsme. Le mal est à l'origine, comment pourrait-on en sortir un bien ? Nul ne peut dire « je suis bon » puisque la conscience n'interpelle qu'un être fondamentalement en faute. Le mal semble s'expliquer par lui-même et non par la privation du bien. La conscience du mal ne s'oppose pas à la conscience du bien de telle manière que je puisse dire c'est mal parce que ce n'est pas bien. La conscience du mal est la conscience d'ek-sister, de s'abîmer dans la mort. En vain, le *Dasein* tente de fuir sa condition, d'étouffer la voix de sa conscience en s'étourdissant dans le divertissement, en se dispersant dans le On[15]. « La bonne conscience n'est ni une forme autonome de la conscience ni une forme secondaire ; elle est à vrai dire un phénomène qui n'a strictement rien à voir avec la conscience morale ». (*Sein und zeit*, 291)

Pour Heidegger, la bonne conscience n'est qu'un refus d'entendre la conscience. L'attitude du *Dasein* fait réponse à sa conscience : il

---

15 Hervé Pasqua, *Introduction à la lecture d'Être et temps*

comprend en silence et avec angoisse ses possibilités les plus extrêmes, et ses possibilités consistent à voir son néant et à reconnaître sa culpabilité. L'authenticité est non un état, mais une conquête toujours précaire (*Sein und zeit*, 308). La clairvoyance même de l'existence résolue découvre au *Dasein* que l'inauthenticité est une possibilité structurelle. À ce titre, personne ne peut se flatter de la surmonter définitivement.

La doctrine platonicienne de la vérité

Otto Pöggeler raconte que Heidegger, pendant qu'il écrivait *Sein und Zeit*, expliquait à ses élèves l'allégorie de la caverne dans la *République* de Platon. Il montrait qu'à partir de l'inexprimé dans la pensée de Platon se déterminait l'exprimé par une transformation de l'essence de la vérité. L'allégorie de la caverne traite sans doute de l'éducation, mais en réalité c'est de la vérité dont il s'agit. L'éducation cherche à libérer l'homme pour le tourner vers le dévoilé en tant qu'il est le vrai. L'essence de l'éducation comprise comme libération, comme chemin qui va de la caverne vers l'existence libre, a son fondement dans l'essence de la vérité. En commun avec la philosophie et la métaphysique naît l'humanisme qui a souci de l'homme. Cet humanisme place l'homme — individu ou collectivité — dans une structure métaphysique fondamentale de *l'étant*, pour le libérer vers lui-même et ses possibilités. Toujours la pensée tourne autour de l'homme ; c'est de lui qu'il s'agit en premier lieu, et tout ce qui lui est rapporté. Ce qui importe pour Heidegger, c'est ce qui sombre dans l'oubli : la vérité de l'être. L'interprétation heideggérienne ne veut être attentive qu'à la transformation qui s'opère dans l'essence de la vérité. Elle commence dans Platon et détermine toute la pensée occidentale. Cette transformation conditionne *Sein und Zeit* dès lors qu'il est question de rendre à l'homme sa liberté authentique, pour ensuite reconnaitre ce qui a été oublié dans la pensée jusqu'ici : la vérité de l'être.

Les fondements de la métaphysique : la vérité

La manière dont la tradition saisit l'être (comme présence constante et *être-présent*) conduit à la supposition selon laquelle le temps appartient par essence au sens de l'être. Heidegger cherche à penser la temporalité du sens de l'être à partir du caractère temporel de l'existence facticielle. Il essaie de pénétrer dans la question du sens de l'être ou de *l'horizon transcendantal* indépendamment du problème de la temporalité, de toute compréhension de l'être. Il demande ce que sont la transcendance, le dépassement de *l'étant*, le *méta* de métaphysique? Comment faut-il penser l'horizon transcendantal en tant que sens de l'être? Pour *sens d'être*, Heidegger dit désormais « vérité de l'être »; *sens d'être* et « vérité de l'être » énoncent la même chose (*Was ist Metaphysik*). Il reste ainsi à se demander comment on doit penser l'essence de la vérité, la vérité de l'être même. Si *l'étant* est pris comme tel, il est conçu dans son être et donc tel qu'il est en vérité. Être et vérité signifient la même chose; l'être de *l'étant* est sa découverte, sa vérité. Dans la relation métaphysique d'être et de vérité, l'être est pensé comme présence constante, la vérité de même comme ce qui est constamment présent pour la connaissance ou, du point de vue du connaître, comme conformité à ce qui est toujours présent. Pour aller au-delà, il a fallu une impulsion venue de la théologie chrétienne. Il persiste en elle l'action d'une compréhension de la vérité qui existe déjà dans le judaïsme. En hébreu, la vérité a un rapport au temps et à l'histoire. À la famille des mots de vérité appartiennent des termes comme soutiens, éducateur, fermeté, solidité, confiance méritée, fidélité. « Accorde-moi faveur et vérité (fidélité), ne m'ensevelis pas en Égypte » — pas dans un pays étranger, mais dans le pays des pères (*I. Moïse*, 47, 29) — c'est ainsi que Jacob adjure son fils Joseph, quand approche le moment de mourir. Dans la croyance judaïque et chrétienne, la vérité est la fidélité qui se souvient, qui n'oublie pas l'alliance une fois conclue, et sait qu'elle doit la gratitude. Philosophie et théologie occidentale constituent l'affrontement, sans cesse renouvelé, entre le concept gréco-métaphysique et le concept judéo-chrétien de la vérité. Le concept non-métaphysique de la vérité est intriqué dans l'appareil conceptuel métaphysique. Heidegger essaie de sortir de cette intrication par une élaboration nouvelle de la question sur l'être et la vérité dans sa forme originaire. Dans cette tentative, l'être n'est plus compris comme présence constante. *L'être-vrai* n'est plus du tout un des modes d'articulation de cet être dont l'unité dans la diversité ne donne pas lieu à une interrogation. Il se pose au contraire la question de l'unité de l'être dans son énonciation variée et donc celle du sens, c'est-à-dire de la vérité de l'être. Il faut amener à discussion le sens, ou la vérité de l'être, comme ce fondement sur lequel repose déjà toujours la question sur l'être et la diversité de ses articulations, et aussi le postulat selon lequel l'être est présence constante. Cette question est, comme le dit Heidegger, « le retour au fondement de la métaphysique ».

Le phénomène de la Vérité

Du concept de vérité — vérité = adéquation —, on revient au phénomène de vérité. « Le *Dasein* est dans la vérité ». Cette définition récapitule les structures existentiales qui définissent *l'être-dans* : *l'être-jeté*, le projet et la déchéance. La vérité la plus originaire se manifeste dans la possibilité de se comprendre en fonction de son être le plus propre (= ouverture authentique) ; la déchéance atteste la possibilité inverse, d'être dans la *non-vérité* (*Unwahrheit*), dont les modalités sont la dissimulation et la fermeture, caractéristique du bavardage, de la curiosité et de l'équivoque. (*Sein und zeit*, 222) Aristote détermine l'être comme découvrement, c'est-à-dire comme vérité. Vérité = être, derrière cette équation aristotélicienne, Heidegger discerne l'idée de la *présence*. « Ce pur découvrement de *l'étant* ne signifie rien d'autre que le pur présent, non différé et non *différable* de ce qui est présent (GA 21). Le *découvrir-originaire* consiste dans la vérité. (*Sein und zeit*, 226)

Pour Heidegger, il y a une connivence fondamentale entre le *logos* et le phénomène de la vérité. On est passé de la *vérité-adéquation* (le sens logique) à la *vérité-évidence* (être-découvert) pour finir à la *vérité originaire* (être-découvrant) (*Entdekung*), le *Dasein* comme instance *découvrante*. La vérité doit être arrachée, extorquée à *l'étant*. Le

Dasein est à chaque fois déjà dans la vérité et la non-vérité, d'où la nécessité d'un discernement rationnel entre ces voies. La vérité au sens le plus originaire est l'ouverture du *Dasein* qui rend elle-même possible la découverte de *l'étant* intramondain. D'autre part, « le *Dasein* est co-originairement dans la vérité et la non-vérité » (*Sein und zeit*, 223).

« Il n'y a d'être — non pas d'étant — qu'autant que la vérité est » (*Sein und zeit*, 230).

Revenons sur la capacité de définir le vrai et le commentaire qu'en fait A. de Waelhens :

la vérité, est la vérité de notre existence même. Il y a une vérité parce que je suis vraiment ce que je suis. Lorsqu'on dit que la constitution du vrai résulte de la vérité de notre existence même, on se place dans l'hypothèse de l'authenticité. Il arrive cependant que le *Dasein* se place dans la non-vérité. Au lieu de fonder le vrai par son action, il établit l'apparence. Le *Dasein* a le choix entre la vérité et la non-vérité. Il peut fonder la non-vérité, mais il ne saurait être dans l'erreur. Au demeurant, il ne peut y avoir d'erreur ontologique (*Op. cit.* p.105). Qu'est-ce donc que l'erreur ? Heidegger ne le dit pas. La non-vérité du *Dasein* n'est donc pas synonyme d'erreur : elle est la vérité d'un *Dasein* existant inauthentiquement. Aux deux modes d'exister, il existe deux manières différentes de projeter la lumière. De Waelhens cite Heidegger : « Nous savons que toute vérité, quelle qu'elle soit, est relative au *Dasein*, puisque constituée par lui » (*Sein und zeit,* 226, 227, 227, 230). « Il n'y a donc aucun sens intelligible à s'interroger sur ce qu'était la vérité avant que le *Dasein* ne fût, sur ce qu'elle sera après qu'il aura cessé d'être ». La vérité, répétons-le, est un existential du *Dasein*. Elle a pour fondement ultime l'existence de celui-ci. (*Op. cit.* 107). De Waelhens conclut : « Nous sommes ainsi parvenus — pensera-t-on — au dernier degré du subjectivisme. Il n'en est rien, car la vérité promulguée par le *Dasein* n'est aucunement le produit d'un décret arbitraire. « Tout d'abord, il convient de le remarquer, le *Dasein* éclairant établit la vérité selon les lois de sa propre structure, laquelle est identique en tout *Dasein*. De là suit que nous pouvons parler de la valeur universelle de la vérité. » (*Allgemeingültigkeit*) (*Ibid.*)

L'évolution philosophique de Heidegger sur le problème de la vérité

Alexandre Koyré (*Critique 1*, juin 1946) fait sans doute l'analyse la plus approfondie et la plus pertinente du texte sur *l'Essence de la Vérité*[16], texte qui parait occuper dans l'œuvre philosophique de Heidegger, une place de toute première importance. Il est significatif, écrit Koyré, que trois ans après la parution de *Sein und Zeit*, son auteur ait cru devoir soumettre le problème de la vérité — problème central de toute philosophie, et singulièrement de la sienne — à un examen nouveau et plus profond ; il est significatif de voir l'opuscule suivi d'une note liminaire qui le complète dialectiquement et l'éclaire en le dépassant. « La question décisive concernant le sens, c'est-à-dire concernant le domaine de la projection, c'est-à-dire l'ouverture, c'est-à-dire la vérité de l'être et non seulement celle de l'étant, est délibérément non développée. La pensée se tient en apparence dans les voies de la métaphysique et accomplit néanmoins dans ses démarches décisives, qui mènent de la vérité, comme justesse à la liberté *eksistante* de celle-ci, à la vérité comme dissimulation et ténèbres, une transformation de l'interrogation qui appartient au dépassement de la métaphysique ».

L'étude sur *l'Essence de la vérité* apporte une explication au grand mystère de la non-publication du deuxième volume de *Sein und Zeit* et impose dès lors, la confrontation des thèses de *Vom Wesen der Wahrheit* avec le traitement du même problème dans *Sein und Zeit*.

L'analyse de la notion de vérité prend son départ dans l'identification parménidienne de la vérité et de l'être, et passe ensuite à la conception traditionnelle de la vérité qui a ses origines chez Aristote, et selon laquelle le *lieu* de la vérité se trouve dans le jugement (assertion, énoncée) dont la *vérité* consiste en une *similitude* ou *adaequatio*.

Il est clair cependant qu'il ne peut s'agir d'entités aussi dissemblables que la connaissance ou le jugement et son objet, il ne peut s'agir d'une identité ni même de similitude entre un contenu psychique ou immanent au sujet et un objet réel ou

---

16 *Von Wesen der Wahreit* — *De l'essence de la vérité*, 1931-1932

transcendant. Les mésaventures de la théorie de la connaissance, depuis deux mille ans, nous montrent bien que c'est là une route sans issue. Laissons les théories et plaçons-nous dans l'attitude du jugement, de la connaissance même.

La connaissance est vraie lorsqu'elle nous présente la chose telle qu'elle est, en d'autres termes lorsque la connaissance de la chose elle-même se présente et se révèle à nous telle qu'elle est. Aussi est-elle vraie lorsqu'il en est effectivement ainsi, c'est-à-dire lorsque l'assertion est confirmée par un acte de connaissance, lorsque par exemple, dans la perception, l'objet visé par l'énoncé se présente lui-même et se montre comme étant la chose même qui était visée, et comme telle, étant justement qu'elle l'était. C'est dans cette représentation de la chose par le jugement, présentation qui nous la livre telle qu'elle est, que consiste *l'adaequatio,* et la vérité du jugement. Le rapport du jugement à la chose est un rapport absolument *sui generis* (c'est le rapport que Husserl nomme l'intentionnalité) ; le jugement vise la chose, ce que Heidegger formule en disant qu'il est « un être vers *l'étant* », et sa fonction propre est de nous montrer la chose, de nous la découvrir, et de cachée qu'elle était auparavant, nous la rendre accessible, manifeste, dé-couverte. La vérité de l'assertion est d'être dé-couvrante. Connaitre veut dire : être *dé-couvrant* vis-à-vis de la chose (la chose réelle de *l'étant*).

C'est dans la rencontre du découvrir avec l'*être découvert* ou la *mise-à-découvert* que se réalise pour nous le phénomène originel de la vérité. Phénomène que selon Heidegger, les Grecs avaient déjà en vue lorsqu'ils ont désigné le phénomène originel de la vérité par le terme *Alètheia,* (n'être pas caché) qui dit comment les choses sont, les retire de leur être caché, les *dé-couvre*, les *dé-voile*, les révèle.

Le *dé-couvrir* et l'*être dé-couvert* présupposent que les choses (les êtres réels, les *étants*) sont essentiellement découvrables et aussi — et même surtout — que quelqu'un les découvre effectivement. En effet, si personne ne les découvrait, elles resteraient *couvertes, cachées, voilées* en elles-mêmes. Il faut donc qu'il y ait un *découvreur*, un être (un *étant*) dont la structure, la manière d'être lui permet justement d'accomplir cette fonction. C'est la condition essentielle de la possibilité de la vérité, son lieu et son siège. Or le seul être capable de vérité, c'est-à-dire le seul être (*étant*) qui, de par son essence même soit *découvrant*, que je connaisse, c'est moi-même, ou plus exactement *l'étant* qui réalise la structure essentielle — réalisée dans l'homme — que Heidegger appelle *Dasein*. La condition essentielle de la vérité est donc l'existence du *Dasein*. Aussi, pour Heidegger, la vérité a deux aspects : le *découvrir* et *l'être découvert*. Mais cette deuxième *vérité*, la vérité des choses, présuppose la première, la *vérité* du *Dasein*. Ce qui est découvert est donc *vrai* seulement dans un sens dérivé. *Vrai* dans le sens originaire et premier du terme est le *Dasein*, le *découvrant* et non le *découvert*. Car — et là, nous ne devons pas nous laisser abuser par l'expression — ce n'est pas une vérité préexistante que découvre le *Dasein*. Bien au contraire. C'est dans cette découverte même qu'elle se constitue ; c'est dans et par son être *découvrant* que le *Dasein* la fonde.

La vérité et le vrai

La vérité est ce qui rend vrai ce qui est vrai. Le faux n'est pas réellement ce qu'il parait être. Il n'est qu'apparence et par suite, irréel. Mais le faux est aussi quelque chose de réel. L'or réel est l'or véritable, mais le faux n'est pas moins réel. L'or vrai n'est donc pas vrai du fait de sa réalité même. L'existence vraie authentique n'est pas plus réelle que l'existence inauthentique. Ce sont deux modes d'être aussi originels et aussi réels l'un que l'autre. L'or vrai est ce réel dont la réalité s'accorde avec ce qu'à proprement parler, d'avance et depuis toujours, nous entendons par *or*. En revanche, là où nous soupçonnons le faux, nous disons *qu'il y a quelque chose qui ne colle pas*. Mais quand quelque chose est *comme cela se doit* nous faisons la remarque : c'est en règle, c'est juste (*es stimmt*). Nous appelons aussi vraies et fausses, nos assertions concernant *l'étant*. Une assertion est vraie lorsque ce qu'elle signifie s'accorde avec la chose dont elle dit que c'est vrai. Nous disons alors : c'est juste. Ce n'est pas la chose qui est juste, mais la proposition. « Le vrai, que ce soit une chose vraie ou une proposition vraie, est ce qui est juste, ce qui correspond. Être vrai, et vérité, est ce qui est juste, ce qui correspond. Être vrai et vérité signifient donc correspondance de la chose à sa notion préalablement formée et d'autre part correspondance de ce qui est dit dans l'assertion avec la chose ». La vérité est l'assimilation de la chose à la connaissance. Cela veut dire aussi : la vérité est l'assimilation de la connaissance à la chose. Les deux concepts essentiels de la vérité veulent toujours dire *s'ajuster* ou se *régler d'après*. L'assertion concernant une chose se rapporte à cette chose en tant qu'elle la représente et dit de ce représenté, ce qu'il en est de lui. Par « représenter », Heidegger entend ici, le simple fait de laisser une chose se tenir devant nous comme objet. Ce qui se tient devant nous doit franchir une distance ouverte et néanmoins, demeurer en lui-même comme chose et se montrer comme un *persistant*.

La représentation comme toute cognition sont un *comportement*, c'est-à-dire une manière de se comporter en face de quelque chose qui est déjà là pour nous, qui nous est déjà manifeste, ce qui se montre à nous comme le même que l'on a appelé *l'étant*, le *ce qui est*. C'est sur cette expérience de la présence, d'*être-là* et d'être *le même*, qu'Heidegger a bâti sa notion d'être. Il poursuit : si l'énoncé est capable de nous montrer la chose *comme* elle est, et de nous en *dire* ce qui en est d'elle, c'est parce que dans tous nos comportements nous sommes déjà ouverts aux choses, en contact avec elles ; il s'ensuit que cette ouverture qui forme la condition de la possibilité du jugement vrai a un droit plus originel à être considérée comme essence de la vérité que la vérité du jugement. « Le comportement *ouvert,* celui dans lequel l'assertion se conforme et se règle d'après la chose, autrement dit l'attitude purement réceptive, présuppose la liberté. D'où en identifiant expressément *fondement interne de la possibilité* et essence, Heidegger conclut que « l'essence de la vérité est la liberté ». La liberté ne peut être le fondement de la justesse (vérité du jugement) que parce qu'elle reçoit son essence de l'essence plus originaire encore, de la vérité. Ce qui veut dire que la vérité du jugement présuppose la liberté du jugeant et que celle-ci n'est possible que si elle est fondée dans la vérité plus profonde, substantielle de son être même. La liberté qui s'actualise dans l'attitude perceptive peut être décrite comme le *laisser-être* (*Sein-lassen*) ; elle laisse la chose être ce qu'elle est, elle se borne à la dévoiler. Dans le langage vulgaire des philosophes traditionnels, cela veut dire que tout commerce intellectuel avec les choses n'est possible que pour un être qui transcende la nature, ce qui implique la liberté. En d'autres termes, si l'homme est capable de vérité, c'est qu'il est capable de liberté, et cela, il ne peut l'être que s'il est dans son essence, liberté. C'est avec la position du problème de l'être que commence l'histoire puisque par cette question l'homme s'est opposé à la nature et a pris conscience de lui-même. L'homme s'est posé comme liberté, mais une liberté dont il ne dispose pas. L'homme ne possède pas la liberté comme propriété, c'est le contraire qui est vrai : la liberté, le *Dasein*, dévoilant, possède l'homme d'une manière tellement originelle que c'est elle seule (la liberté) qui confère à l'homme un rapport à *l'étant* en totalité, rapport qui seul donne à l'histoire son fondement et son caractère distinctif.

Koyré note la difficulté à traduire Heidegger en français, il semble impossible de reproduire en français la structure verbale — le jeu de mots perpétuel — de la pensée de Heidegger. On ne peut reproduire en français les *correspondances* entre *Offen, Offenes*, etc. Koyré ajoute : j'avoue que je ne peux suivre Heidegger dans cette conclusion. Les conditions de possibilité d'une chose ne sont aucunement l'essence de cette chose. La logique de Heidegger lui semble essentiellement fautive. Ainsi n'est-il pas justifié de dire que « de ce fait l'attribution habituelle et exclusive de la vérité au jugement s'écroule ». Cette attribution est sans doute fausse.

L'essence de la vérité

Dès lors, Koyré nous dit comprendre que, d'étape en étape, Heidegger en arrive à identifier l' « homme historique » et le *Dasein*, avec la race arienne, *le peuple allemand*, Hitler, et sans tomber dans le biologisme, devenir nazi. (Koyré, Op. *cit.* p178).

L'aveu qu'apporte *Vom Wesen der Wahrheit,* c'est qu'il ne suffit pas de percer le voile de l'illusion, de comprendre l'inauthenticité de l'existence quotidienne, de percevoir la dépersonnalisation, le déracinement dans le *On*, pour se conquérir, pour se constituer en authenticité. La *irre* (ténèbres, égarement, confusion, aliénation) est invincible. Le *Dasein* est un mystère. Mystère impénétrable, puisque la liberté essentielle, fondement de notre être, est à la fois et en même temps essence du vrai et essence du faux. Or, c'est quelque chose que nous ne pouvons comprendre, car s'il en était ainsi, il se pourrait — pure possibilité à évoquer — que l'essence elle-même ne soit pas *vraie*, mais *fausse*, ce qui voudrait dire que la distinction elle-même entre vérité, authenticité et fausseté, inauthenticité, soit fausse et que ce soit le quotidien, l'impersonnel, l'inauthentique, qui soit le véritablement authentique et que ce soit l'authentique qui soit illusion. Il est incompréhensible qu'une seule et même structure essentielle (le *Dasein*) puisse se réaliser sous deux modes incompatibles et rigoureusement opposés, qu'elle soit le fondement de la possibilité, c'est-à-dire pour Heidegger, l'essence de la vérité comme de la non-vérité. L'inconcevable deviendra mystère lorsque la liberté essentielle apparaitra comme *voilante* et *dé-voilante* comme vérité et non-vérité ensemble et à la fois. Alors, au lieu d'être tantôt dans la non-vérité et tantôt dans la vérité, nous serons toujours dans la confusion, le vertige et l'erreur. « L'essence de la vérité et de la non-vérité est mystère ». Ceci veut dire, indique Koyré, que « le *Dasein* lui-même est mystère. Et que le *Dasein*, notre propre *Dasein*, nous est devenu transcendant et aussi inintelligible que le moi intelligible et transcendant de Kant. Aussi, n'était-ce pas autre chose qu'une anthropologie que nous avait donnée *Sein und Zeit* (malgré l'affirmation du contraire), et la répudiation définitive de toute anthropologie, comme le dépassement de toute métaphysique que nous annonce la note liminaire de *Vom Wesen der Wahrheit*, n'implique-t-elle pas l'abandon des positions fondamentales de *Sein und Zeit* », selon Koyré.

La vérité illusion de l'être

C'est à l'histoire que désormais en appelle Heidegger. C'est dans l'histoire que se constitue la vérité et que se constitue le *sens* de l'être, puisque l'histoire elle-même n'est désormais que l'histoire de cette constitution. Cet appel à l'histoire ne semble pas autre chose qu'un effort désespéré de trouver une issue, d'où l'insistance dès *Sein und Zeit* sur l'historicité de l'homme et sur l'homme historique, sur l'identité de l'histoire humaine avec la philosophie. Car que peut bien être l'histoire ? Une série d'interrogations sans réponse. Et comment le sens de l'être, ce dissimulé unique, peut-il se dévoiler dans l'histoire si le *Dasein* est incapable de le faire ? La condition interne de la possibilité de l'histoire n'est rien d'autre que la temporalité du *Dasein*. L'essence de l'histoire est donc dans le *Dasein*. Or rien n'est moins individualiste que la philosophie de Heidegger. Car si le *Dasein* est essentiellement *mon Dasein*, ce moi ou cette ipséité, n'est jamais un moi ou une ipséité isolée. Le *Dasein* est essentiellement un *Mit-sein*, une coexistence ; l'homme est toujours avec d'autres hommes. La solitude, dit Heidegger, est un mode de la coexistence. Mais en même temps, note Koyré, rien ne peut être plus individualiste que la philosophie de Heidegger. Bien que nous vivions avec d'autres hommes, nous mourons seuls. En d'autres termes, c'est seulement sur le plan de l'existence inauthentique que le *Dasein* se trouve engagé dans un *Mit-sein*. Sur le plan de l'authenticité au contraire, dans son existence *pour la mort* il est tout seul ; tellement seul qu'il n'est plus dans la solitude, ou si l'on préfère, il est si seul qu'aucune absence ne vient plus rompre sa solitude essentielle. (Nous sommes très éloignés de l'exégèse évangélique de Jean Greisch sur le *mitsein,* totalement contrariée par l'analyse de Koyré). Dans l'authentique, il n'y a plus de contact humain, il n'y a pas de commerce authentique entre les *ek-sistants*. Les autres sont toujours là, mais aussi, des objets de détachement. Ce qu'un *Dasein ek-sistant* peut faire pour les autres, c'est de les laisser être ce qu'ils sont. Il n'y a pas de commerce ni de communication authentique, car bien que la parole (*Rede*) soit un des attributs constitutifs du *Dasein*, la parole en tant que langage figure seulement (chez Heidegger) sur le plan de l'inauthenticité : conversation, bavardage, etc. Jamais elle ne sert à un commerce entre les êtres, jamais elle ne s'élève au dialogue. La parole de l'existence authentique est silence. Comment dans ces conditions-là pourrait-il y avoir une histoire, interroge Koyré ? Il ajoute : L'histoire n'est pas silence.

Le phénomène de la vérité s'est révélé à nous dans la coïncidence du visé et du révélé, du *dé-voilement* et du *dé-voilé*. Et c'est dans cette même coïncidence que s'est révélé à nous, le phénomène de l'Être. C'est dans et par le *Dasein* que s'accomplit cette révélation et c'est la structure essentielle du *Dasein* (liberté *ek-sistante* qui laisse les choses être ce qu'elles sont) qui s'est révélée à nous, comme condition essentielle de cette révélation. Illusion. Mais alors, poursuit Koyré, « c'est l'illusion qui se dissipe et non l'Être et la dissimulation de la dissimulation nous ramène au point de départ. Preuve que nous avons fait fausse route en identifiant l'essence aux conditions de possibilité et en cherchant dans autre chose qu'elle-même, les conditions de la possibilité de la vérité, vu que c'est elle — la vérité » qui est la condition de possibilité de toutes les conditions de possibilité.

La différence ontologique

Heidegger distingue *l'étant* (*das Seinde*) de *l'être de l'étant* (*das Sein des Seinden*). *L'étant* recouvre tous les objets et toutes les personnes. L'être de *l'étant*, c'est le fait que tous ces objets et toutes ces personnes *sont* (apparaissent avec le temps). L'être ne s'identifie avec aucun de ces *étants* ni même avec l'idée de *l'étant* en général. En un certain sens, il n'est pas : s'il était, il serait étant à son tour, alors qu'il est l'événement même d'être, de tous les *étants*. L'originalité de Heidegger consiste à maintenir avec une netteté, jamais prise en défaut, cette distinction. L'être n'est pas un étant. On ne peut donc pas le saisir à partir de traits constitutifs communs et de traits spécifiques qui lui sont propres (per *genus proximum et differentiam specificum*). Mais Heidegger entend prouver qu'on peut le saisir autrement, par le fait que nous en comprenons la signification à tout moment. *La compréhension de l'être est la caractéristique et le fait fondamental de l'existence humaine.* Ce qui ne veut pas dire que cette compréhension ne soit explicite ni authentique. L'étude de l'homme nous fait découvrir l'horizon à l'intérieur duquel le problème de l'être se pose, car c'est en lui que la *compréhension de l'être se fait*. Le problème de l'être que nous pose Heidegger nous ramène à l'homme, car l'homme est un étant qui comprend l'être. Cette compréhension de l'être est elle même l'être, elle est le mode d'existence, elle est l'ontologie.[17]

---

17 Emmanuel Levinas, *En découvrant l'existence avec Husserl et Heidegger.*

La différence ontologique est définie par Jean Greisch, comme une distinction entre l'être et les *étants*, qu'il différencie de la distinction entre les *étants*, la *différence ontique*.

Le *Dasein* comprend l'être pour exister et se rapporte à *l'étant*. « La distinction de l'être et de *l'étant* est là, de manière latente avec le *Dasein* lui-même et son existence. La distinction fait partie de son existence. C'est seulement parce qu'elle se temporalise toujours à partir de la temporalité et avec elle, parce qu'elle est d'une certaine manière projetée, c'est-à-dire dévoilée, que cette distinction peut être connue, questionnée et appréhendée conceptuellement. La distinction de l'être et de *l'étant* est là *préontologiquement*, autrement dit, sans un concept de l'être, elle est présente de façon latente à travers l'existence du *Dasein*. Et en tant que telle elle peut devenir *différence expressément comprise*. ... Nous nommons *différence* ontologique la distinction de l'être et de *l'étant*... » (*GA*, 24, 454).

L'expression la plus forte de la différence ontologique est de la comparer à la différence abyssale qui sépare l'infinité de l'être, de la finitude de l'être humain.

TEMPS ET ÊTRE

La théorie du Temps

Heidegger écrit : « Le sens et le fondement du souci en tant qu'être de l'existence est le temps ou plutôt la temporalité (*Zeitlichkeit*) » (*Sein und zeit*, 305). Ce n'est pas le temps qui peut être compris au travers de l'être ou même de l'existence, mais ce sont plutôt ces derniers qui le sont par le temps. L'existence est une concrétion du temps ; c'est-à-dire le temps lui-même, ayant reçu une expression précise. Le temps comme fondement de l'être, joue le même rôle que l'*idée*, l'*essence*, la *catégorie* jouent dans les conceptions idéalistes.

« La temporalité est un processus de sortie de soi-même dans son essence propre » (*Sein und Zeit*. 328). Le temps ne peut être saisi en dehors des phénomènes du futur, du présent, du passé qui sont ses extases, dans l'unité desquelles il se temporalise. De ces extases, le futur est toujours premier dans la temporalité et ce n'est que dans l'avenir qu'elle se dépasse et se transcende perpétuellement.

Heidegger, à la suite de Bergson et de Husserl, distingue plusieurs espèces de temps. Il oppose trois manifestations de la temporalité : 1) le temps primordial (*Ursprüngliche Zeit*) qui est purement qualitatif, dans lequel les extases de la temporalité se réalisent de la façon la plus pure et la plus intense. 2) le temps mondial (*Weltzeit*) qui se laisse déterminer et mesurer. 3) Le temps vulgaire, temps de l'existence banale où la quantité prédomine sur la qualité. Chez Heidegger comme chez Bergson, l'opposition entre le qualitatif et le quantitatif sert à différencier le temps pur et le temps mesuré.
Heidegger toutefois n'admet pas que la quantification du temps revienne à une spatialisation. Le temps mondial et le temps vulgaire étant quantifiables, ils ne sont pas pervertis par des schémas spatiaux. Une autre différence avec Bergson tient à ce que pour Heidegger, le temps primordial et purement qualitatif est un temps fini et limité. La temporalité pure rend possible l'angoisse et se manifeste par elle. Le temps primordial est le fondement même de l'*être pour la mort*, il se temporalise dans l'extase de l'avenir.
Heidegger rattache le temps primordial au temps historique. Le temps mondial se temporalise sous l'aspect du passé et le temps vulgaire sous celui du présent. Dans le temps mondial et le temps vulgaire, les autres modes de temporalisation se perdent : dans le temps vulgaire le passé s'oublie et l'avenir s'ignore ; dans le temps mondial, le présent se dissout dans le passé et le passé se projette dans l'avenir. Seul le temps primordial contient en soi le présent et le futur sans les perdre. Les extases du présent et du passé s'incorporent de façon harmonique dans l'extase de l'avenir. Le véritable présent et le véritable passé sont donc unis au véritable avenir. En général, tous les problèmes existentiels, en particulier ceux qui concernent la compréhension, la connaissance, la vérité, etc., et ce qu'on appelle les problèmes épistémologiques, trouvent leur solution en envisageant leur rapport avec les diverses temporalisations extatiques.
L'être de l'existence humaine est, selon Heidegger, essentiellement historique. L'histoire est un secteur de l'être-même et ce secteur est identique à l'existence humaine. Toutefois si l'homme est un être historique, c'est en tant qu'il est limité et voué à la mort. « L'être pour la mort c'est-à-dire le caractère fini de la temporalité,

est le fondement véritable du caractère historique de l'existence humaine (*Dasein*) ». (*Sein und zeit,* 386) Le monde objectif fondé sur le temps quantifié se réalise dans la tradition (Überlieferung) qui s'attache au passé et se manifeste dans la répétition (*Wiederholung*), qui est asservie au présent.

L'être-pour-la-mort

Jean Greisch tient pour évident, le fait que le *Dasein* ne puisse être conçu comme un système clos, à partir du moment où son être est défini par le souci. Le devancement de soi, principale caractéristique du souci, connote une ouverture incompatible avec la fermeture du système. Cette ouverture se maintient jusqu'à la fin, même à l'article de la mort ; le *Dasein* ne peut pas ne pas se soucier, se projeter vers des possibles.
« La mort, comme fin du *Dasein* est la possibilité la plus propre, absolue, certaine et comme telle indéterminée, indépassable du *Dasein* » (*Sein und zeit*, 258-259).
« Son mourir, tout *Dasein* doit nécessairement à chaque fois le prendre lui-même sur soi. La mort, pour autant qu'elle soit, est toujours essentiellement mienne... Dans le mourir, il apparait que la mort est ontologiquement constituée par la mienneté de l'existence » (*Sein und zeit*, 240). Le *Dasein* se caractérise par son état perpétuel d'inachèvement, plus exactement de non-totalité qui ne prend fin qu'avec la mort. « L'interprétation ontologique immanente de la mort précède toute spéculation ontico-transcendante sur celle-ci — là est l'essentiel » (*Sein und zeit*, 248).
« La mort attend le *Dasein* comme sa possibilité la plus propre, absolue, indépassable » (*Sein und zeit*, 250.)
Le thème cartésien de la certitude se rencontre à propos de l'*être-pour-la-mort*. L'expression ultime, indépassable, définitive de cette certitude se trouve dans ces lignes : « Lorsque la résolution, en devançant, a repris la possibilité de la mort dans son pouvoir-être, l'existence authentique du *Dasein* ne peut plus être dépassée par rien » (*Sein und zeit*, 307).
L'être pour la fin veut dire que la fin nous *attend* et qu'à tout moment de notre vie nous avons déjà un rapport à cet événement

qui n'a pas encore eu lieu et dont nous ne savons pas quelle forme il prendra. La fin attend le *Dasein*, elle le guette « La mort attend le *Dasein* comme sa possibilité la plus propre, absolue, indépassable… La mort est une possibilité d'être que le *Dasein* a lui-même à assumer. Avec la mort, le *Dasein* se précède lui-même » (*Sein und zeit*, 250). Le devancement de soi qui caractérise le souci, trouve ici sa vérification la plus extrême : « le moment structurel du souci a, dans l'*être-pour-la-mort*, sa concrétion la plus originaire ». (*Sein und zeit*, 251.) Et en cette matière, le souci est évidemment inséparable de l'affection fondamentale de l'angoisse.

« Le mourir se fonde, quant à sa possibilité ontologique, dans le souci ». (*Ibid.* 252.)

Le mourir qui est essentiellement et *irremplaçablement* mien, est perverti en un événement survenant publiquement et qui arrive au *On*. Le discours relatif à la mort porte ainsi la marque de l'*esquive recouvrante*, dont l'un des symptômes est le comportement de dénégation qui pousse les proches du mourant à se retrancher derrière des paroles de consolation faussement rassurantes. Dans la mesure où ce genre de discours est collectivement pratiqué, on devra parler d'une véritable aliénation ou d'un refoulement collectif : « Le *On* empêche le courage de l'angoisse de la mort de se faire jour » (*Ibid.* 254).

Le « devancement dans la possibilité » est un mode de compréhension que Heidegger définit : « Le comprendre ne signifie pas primairement fixer du regard un sens, mais se comprendre dans le pouvoir-être qui se dévoile dans le projet » (*Sein und zeit*, 263). Il définit ce devancement par quatre traits connotés par une certaine idée d'authenticité :

1) « La mort est la possibilité la plus propre du *Dasein*. L'être pour celle-ci ouvre au *Dasein* son pouvoir-être *le plus propre*, où il y va purement et simplement de l'être du pouvoir-être du *Dasein* ». (*Sein und zeit*, 263.)

2) « La possibilité la plus propre est absolue ». L'être-pour-la-mort a un pouvoir de singularisation extrême : « L'absoluité de la mort comprise dans le devancement singularise le *Dasein* vers lui-même » (*Ibid.*)

3) *L'indépassabilité* : « la possibilité la plus propre, absolue, est indépassable ». L'indépassabilité est synonyme de liberté finie. Le

devancement peut en effet librement se réaliser dans la possibilité extrême du sacrifice de soi qui réalise authentiquement ce dont le suicide est la caricature. Le don libre de sa vie représente ainsi « une possibilité authentique d'exister comme *pouvoir-être-total* ». (*Ibid.* 264)

4) *La certitude* : il s'agit d'une certitude existentiale et non *épistémique*, qu'il faut comprendre comme modalité particulière du devancement : « C'est seulement dans le devancement que le *Dasein* peut s'assurer de son être le plus propre dans sa totalité indépassable ». (*Ibid.* 265). Heidegger souligne que cette certitude se substitue à la certitude du *cogito* cartésien. Le *cogito* cartésien dit : *cogito ergo sum*, le *Dasein* heideggérien dit : *sum moribundus* (*GA*, 20, 437). Heidegger précise que la certitude du cogito ne peut pas être mise en concurrence avec la certitude existentiale du *Dasein* : « Cette certitude que je suis moi-même dans mon devenir-mourant est la certitude fondamentale du *Dasein* lui-même et c'est un authentique énoncé existential tandis que le *cogito ergo sum* n'en est une qu'en apparence » (*GA*, 20, 437).

Phénoménologie de la mort comparée : Heidegger et Levinas

Le *Dasein* éprouve, avant tout savoir, qu'il est livré à la mort, dans l'affection de l'angoisse qui manifeste son pouvoir révélateur propre. Le sens existential du mourir n'est pas fonction d'un savoir quelconque.
Aussi passionnante que soit l'analyse du rapport du *Dasein* à la mort, l'absence de l'Autre s'impose, criante, qu'il s'agisse du souci de l'autre, de l'angoisse pour l'autre, de la mort de l'autre. (Levinas)
Dominique Janicaud (*Heidegger en France*) part sans doute de la même observation lorsqu'il décide de comparer deux pensées si proches et en même temps si opposées : Heidegger et Levinas. Heidegger pense que l'homme est un semblable, il se tient à mes côtés... il défile (*Es marschiert zuzamen*). L'homme est un semblable qui relève de l'*être-dans-le-monde*, du *comprendre-le-*

monde. Quant à l'Autre, il est un concept logique. Il s'agit de penser *l'être-autre* non seulement de façon formelle, mais en lui donnant un certain contenu.

Janicaud délimite les oppositions : « Entre Heidegger et Levinas il faut repenser la distance sans exclure la proximité qu'implique le souci partagé d'une phénoménologie de l'originaire. » La pierre d'achoppement entre Levinas et Heidegger est le souci éthique, qui chez Heidegger reste celui d'une l'ouverture indéterminée qui n'interdit ni ne prescrit ; il a la neutralité du dégagement des conditions de possibilité d'un séjour sur cette terre, contraint par une phénoménologie qui ne singularise ni le visage du prochain ni celui de Dieu. C'est cette indétermination que Levinas cherche à rompre.

Chez Levinas, la phénoménologie est marquée par la transcendance à l'égard de tout séjour, par le retour de la singularité humaine réaffirmée dans l'altérité de l'Autre. Janicaud souligne que « la manière dont l'Autre dépossède le Même est ce qui fait de l'éthique de Levinas une éthique de l'originaire qui rompt avec les médiations kantiennes ou hégéliennes ».

L'ontologie heideggérienne est reconnue en sa radicalité de philosophie première, mais par là même rejetée, parce qu'elle réduit l'Autre au même : « L'ontologie comme philosophie première est une philosophie de la puissance ». À l'opposé, chez Levinas, c'est la transcendance métaphysique, c'est la subjectivité, c'est l'éthique qui se voient non seulement revalorisées, mais absolument affirmées dans une extériorité radicale et antérieure à toute récupération identitaire. Pour Levinas, Heidegger autrefois si admiré est devenu le penseur emblématique d'une pensée de la totalité, de la guerre et de la violence, dans une insoutenable complicité avec le nazisme (*Op. cit.* 202). Au terme d'une confrontation extrêmement serrée et subtile, dans *Autrement qu'être,* Levinas montre que *l'être-avec-les autres* heideggérien est rabattu sur le rapport au monde, « c'est-à-dire sur la tension entre l'inauthenticité de la dispersion dans le *On* et la réappropriation résolue de *l'être-pour-la-mort.* » La relation à la mort est comprise d'une façon entièrement différente. « Appel de la sainteté précédant le souci d'exister », l'exigence radicale d'exister pour autrui s'annonce comme une éthique du sacrifice s'imposant à toute appropriation. Le sens du temps et de la mort prend chez Levinas une tout autre dimension que chez Heidegger : celle du désintéressement de l'amour et du sacrifice. L'évènement d'être est arraché à l'obsession de l'authenticité d'une mort solitaire. C'est un mourir ensemble qui devient la priorité absolue.

Dans *Autrement qu'être,* Levinas indique que la pensée, responsable devant l'infinité de l'Autre, outrepasse l'ontologie et même la différence ontologique. À celle-ci, Levinas oppose l'altérité encore plus originaire de la subjectivité infinie, transgressant l'obsession de l'anonyme *il y a,* pour retrouver le sens de la Justice et la transcendance absolue de Dieu *non contaminée* par l'être. (*Op. cit.* 262)

La Critique levinassienne de la totalité ontologique dans l'horizon de *Sein und Zeit* a pu s'exprimer au cours de la *Conférence de Bucarest* (2002). Cristian Ciocan, en particulier, a développé l'idée de Levinas, selon laquelle la mort est l'évènement qui fissure l'identité égoïste d'une subjectivité totalisante ouvrant la voie vers l'autre. Chez Levinas, la mort est conçue comme ce qui brise la totalité. Comme une fracture de la totalité ; l'expérience de la mort met en question l'identité de l'ego, sa persistance en soi. La mort suspend la tendance centripète d'un *Dasein* autocentré.

L'altérité fait irruption à partir du phénomène de la mort, minant cette forme précaire d'identité ; la mort est appelée à disloquer l'identité égoïste et à ébranler la possession de soi. Loin d'être la marque de l'identique et du propre, la mort conserve pour Levinas la marque d'une radicale altérité.

Dans *Être et temps*, Heidegger soumet l'ontologie de la mort à l'exigence la plus importante qui est celle de la *Jemeinigkeit* : le fait d'être à chaque fois mien dirige l'interprétation du phénomène de la mort. La mort est une manière d'être, un mode essentiel de l'être du *Dasein*, un *être-pour-la-fin* (*Sein zum Ende*), qui demeure toujours possible, imminent et indépassable. Ainsi, est-elle la possibilité la plus propre qui constitue l'être du *Dasein défini par le possible. Le Dasein* se trouve seul face à sa mort, esseulé, dans et par son être mortel. Il interrompt toute relation intersubjective avec le *Dasein* concret et déterminé des autres.

Face à la mort, le *Dasein* en s'esseulant se retire de l'espace de la dispersion, du divertissement. Il s'unifie, il devient un et seul, fermant toutes les fenêtres vers autrui. Ce qui se constitue par la mort, c'est le propre, l'identique, la totalité ou selon Levinas — le Même. Dans *Le temps et l'autre*, Levinas propose plusieurs phénomènes qui délimitent la constitution génétique du sujet, entre identité et altérité : entre autres, la souffrance comme attestation de la solitude ontologique et comme anticipation de la mort ; la mort comme évènement inassimilable qui fracture l'identité et la puissance du sujet ; l'avenir de la mort comme marque essentielle de l'altérité ; le temps comme trace de l'autre. La mort manifeste la limite du possible. Levinas renverse la formule heideggérienne selon laquelle la mort est « la possibilité de l'impossibilité » de l'existence, en disant qu'elle est au contraire, l'impossibilité de la possibilité en général.

Cette conversion que la mort met en scène — de l'activité à la passivité, du pouvoir à l'impuissance et de la maitrise du sujet à la dépossession de toute volonté de domination — laisse place à la survenance de l'autre. Cette suspension du pouvoir du sujet met en lumière la vulnérabilité constitutive de l'homme et lui découvre une dimension plus originaire de son soi, masquée habituellement par le volontarisme égoïste.

Au contraire pour Heidegger, l'être pour la mort est acte, conscience de soi, volonté, lucidité et pouvoir. Le *Dasein* devient pour la première fois lui-même, en se rapportant à la mort. Il devient maître de soi-même et de son destin.

Pour Levinas, la mort appartient à un avenir marqué par l'altérité ; un avenir inassumable dans le sujet de la mort n'est pas la marque du propre et de l'identique, mais c'est la trace de ce qui est absolument différent, de ce qui est Autre. C'est seulement par une fracture dans la structure du Même que la trace de l'Autre peut surgir. C'est de cette manière que la mort et son avenir inassimilable reçoivent la première trace de l'altérité.

« Cette approche de la mort indique que nous sommes en relation avec quelque chose qui est absolument autre, quelque chose portant l'altérité, non pas comme une détermination provisoire [...], mais quelque chose dont l'existence même est faite d'altérité. (Levinas, *Totalité et infini*, 63).

Chez Heidegger, la compréhension ontologique de la possibilité suprême comporte une désincarnation de la mort, qui relève à son tour de l'absence du problème de la vie et du corps vivant, dans l'analytique du *Dasein* — d'où l'absence du problème de la souffrance. Le *Dasein* est un noyau ontologique de possibilités sans commune mesure avec le vivant et le corporel. La mort est pour Heidegger la possibilité pure de *l'être-pour-la-mort* qui est accessible seulement à la compréhension angoissée devant la finitude essentielle de *l'être-au-monde*.

Pour Levinas, la mort propre reçoit son sens à partir de la souffrance d'un sujet essentiellement incarné. Le rapport à la mort ne peut avoir pour Levinas, le caractère de la compréhension de ce qui est compris et assimilé. Nous n'avons aucune expérience de ce qu'est la mort, car elle ne se donne pas dans un *maintenant* sur lequel le sujet aurait une prise. « La relation à mon propre mourir n'a pas le sens de savoir ou d'expérience — fût-ce au sens de pressentiment » (Levinas, *Le temps et l'autre*, 59).

Si au début de *Totalité et infini*, la mort propre semble n'être interrogée que du point de vue ontologique, sa dimension et sa signification éthique font irruption par le thème de la violence, de l'hostilité, de l'agression. Dans ma propre mort, je suis exposé à la menace du crime devant un autre inconnu ; dans la mort de l'autre, je suis celui qui est toujours l'assassin potentiel, coupable de la mort de l'autre, responsable pour elle. En opposition avec Heidegger, Levinas affirme que « la solitude de la mort ne fait pas disparaitre autrui, mais se tient dans une conscience de l'hostilité » (Levinas, *Totalité et infini*, 211). Devant ma mort, je ne suis pas devant moi-même, comme le voyait Heidegger, mais devant un autre inconnu et menaçant : « je ne suis pas en face du néant, mais en face de ce qui est contre moi » (*Ibid.* 210).

Ainsi, être mortel ne signifie pas un être pour la mort, mais un être exposé à la violence, un être contre la mort, un être pour la vie. La mort vient de l'autre, qui est Caïn quand je ne peux être que son frère Abel. Le rapport — l'autre comme vulnérable et moi comme celui qui menace autrui — soulève le problème de l'être mortel de l'autre. Le sens de la mort de l'autre peut-il être déduit du sens de la mort propre, ou est-ce au contraire à partir d'une compréhension véritable de la mort des autres que nous pouvons déchiffrer quelque chose concernant la mort et la vie propre ? Ceci est une transposition de la tension archaïque autour de la mort que Zénon expose dans les *Dialogues de Platon*, dialogue de Parménide et Socrate.

Pour Heidegger, la mort première est la mort propre, tandis que la mort de l'autre n'est qu'un thème substitutif qui n'intervient que pour illustrer la possibilité ou l'impossibilité de comprendre la mort propre. Chez Levinas, ce n'est pas la mort propre qui reçoit le statut de mort première, mais la mort d'autrui : « La mort de l'autre, c'est la mort première » (Levinas, *Dieu, la mort, le temps*).

Levinas a toujours envisagé avec méfiance le rôle secondaire accordé à l'autre homme dans le projet de l'analytique du *Dasein*, entrainant la signification mineure de la mort d'autrui dans l'ontologie heideggérienne. Le rapport à l'autre chez Heidegger, désigné par l'existential *Mitsein*, représentant *l'étant concret* qui est l'homme autre, est soumis aux exigences ontologiques neutres de la question de l'être, constituant ainsi une intersubjectivité neutre, inapte à décrire authentiquement la relation frontale de l'un à l'autre. C'est, chez Heidegger le soi authentique qui peut authentifier dans sa finitude, le rapport avec les autres et l'autrui comme tel : il devient ainsi la conscience de l'autre. Pour Levinas, la hauteur infinie du visage d'autrui est la source de droit du sens : autrui est celui par lequel le sujet peut parvenir à l'authenticité.

L'autre en tant que visage est un étant tout à fait paradoxal : d'abord, il est celui qui, de par son essence, ne se laisse pas complètement maitriser et posséder : « ... malgré l'étendue de ma domination et de sa soumission, je ne le possède pas » (Levinas, *Éthique et infini*). Il est celui qui m'échappe par sa mort même à ma coercition, à ma violence. « L'autre est le seul étant dont la négation ne peut s'annoncer que totale : un meurtre » (Levinas, *Totalité et infini*, 172-173).

Même si je ne suis pas le tueur, la mortalité de l'autre m'est adressée à moi. Le fait primordial d'être en dette n'est pas, comme chez Heidegger, le *Schuldigsein* comme *être-fondement* nul, d'une nullité qui est finalement *culpabilité* ontologique face à soi-même. La première culpabilité est celle d'abandonner l'autre à sa mort et elle surgit de l'appel que le visage d'autrui m'adresse d'une manière incontournable. La mort fracture l'identique et le propre pour laisser surgir l'altérité.

Chez Heidegger, c'est l'identique au contraire qui est mis en lumière, le phénomène de la mort venant fissurer la domination négative de l'altérité. La mort est mise en jeu, seulement pour recouvrer le *Dasein*, dispersé dans différentes formes d'aliénation ou d'altération, et pour le remettre, restauré, à sa résolution et son appropriation de soi.

Finitude de l'existence temporelle

Karl Löwith[18] préconise pour comprendre l'arrière-plan historique de la philosophie heideggérienne, de la relier à un mot de Rilke et à un mot de Van Gogh. « À force de croire au progrès et à l'humanité, remarque Rilke (*Briefe* 1914-1921, 89), le monde bourgeois a oublié les dernières instances de la vie humaine, à savoir qu'elle a été dépassée d'avance et à jamais par la mort et par Dieu. » La mort n'a pas dans *Sein und Zeit* d'autres significations que celle d'une « instance indépassable » de notre être et de notre pouvoir. Chez Heidegger, il n'est plus question de Dieu ; il avait été trop théologien, ajoute Löwith, pour pouvoir encore, comme Rilke, conter des *Histoires du Bon Dieu*. La mort est pour lui, le néant qui révèle la finitude de notre existence temporelle ou, comme il disait dans ses premiers cours de Fribourg, sur la *facticité* historique. Quant à Van Gogh, il est le peintre dont l'influence après l'autre guerre a été la plus profonde en Allemagne. « Depuis des années, écrivait Heidegger à Löwith en 1923, un mot de Van Gogh me poursuit : je ressens de toutes mes forces qu'il en est de l'histoire des hommes comme du blé : quand on n'est pas mis en terre pour fleurir, qu'importe, on sera moulu pour faire du pain. Malheur à celui qui ne sera pas broyé. »[19]

18 *Implications de la philosophie de l'existence chez Heidegger*
19 Voir *l'évangile selon Saint Jean*, XII, 24. « Amen, amen, je vous le dis : si le grain de blé tombé en terre ne meurt pas, il reste seul ; mais s'il meurt, il porte beaucoup de fruits ».

Comprendre le Temps

Dans la première section de *Sein und Zeit*, le *Dasein* est compris comme *être-au-monde* et comme souci ; dans la seconde, le souci est conçu dans son authenticité, comme le sens de l'être du *Dasein,* comme temporalité. Dans la troisième section, la tâche est de penser la temporalité du sens de l'être. Le but du questionnement est le sens de l'être. Ce qui est visé c'est l'être ; ce qui est interrogé c'est *l'étant*, et en particulier le *Dasein*.

Une fois la temporalité saisie comme le sens de l'être du *Dasein*, il reste à accomplir le pas décisif : proposer à la pensée, à partir de cette temporalité la temporalité de toute compréhension de l'être, autrement dit la temporalité du sens de l'être.

Comment interpréter ce mode de temporalisation de la temporalité ? Y a-t-il un chemin qui conduit du temps originaire au sens de l'être ? Le temps se révèle-t-il lui-même comme horizon de l'être ? Il faut poser la question relative *au temps et à l'être* ; c'est sur ces interrogations que s'achève la partie publiée de *Sein und Zeit* qui reste à l'état de fragment. La recherche mise en route n'a pas atteint son but, écrit Pöggeler (*La pensée de Heidegger*). La tentative de Heidegger pour reconduire jusqu'à son fondement la doctrine de l'être, au moyen d'une ontologie fondamentale a échoué. Dans l'élaboration de la troisième section, Heidegger a essayé de saisir la temporalité du *Dasein* dans l'unité de ses *ek-stases* (à-venir, être-passé, être-présent) pour pouvoir ainsi l'interpréter comme temporalité de la compréhension de l'être. Il n'est pas venu à bout de cet essai, constate Pöggeler. Il subsistait cette question décisive : comment la compréhension de l'être est-elle « l'horizon transcendantal de la question relative à l'être » ? Comment faut-il entendre la transcendance, le dépassement de l'être par-delà *l'étant* ? Heidegger écrit : « est sens ce en quoi se tient la compréhensibilité de quelque chose » (*Sein und zeit*, 151). Le sens de l'être est donc, ce en quoi réside l'intelligibilité de l'être. Mais comment intelligibilité de l'être et compréhension de l'être appartiennent-elles l'une à l'autre ?

la démarche de *Sein und Zeit* n'est pas une progression linéaire qui va en droite ligne vers son but lointain, elle consiste, plutôt, à aller et venir, à parcourir un cercle. Bien des choses sont ajournées, remises à plus tard (357, 230, 357, 160) : la détermination nouvelle du logos, la relation de l'espace et du temps (349, 368). Plus d'une question ne pourra être élucidée que plus tard, ainsi la question de l'oubli du monde par la pensée occidentale, celle de la relation de l'être et de la vérité, celle de l'être du temps (100, 357, 406). Heidegger dit par la suite que dans l'élaboration de la troisième section de *Sein und Zeit*, la pensée n'avait pu réaliser sa percée « à l'aide du langage de la métaphysique ». Quelle langue parle donc *Sein und Zeit* ?

La conférence de 1924 — *le concept de temps* — définit la tâche de « comprendre le temps à partir de lui-même ». Avec cette formule, Heidegger prend congé de la tradition métaphysique illustrée par Platon et surtout Plotin, pour laquelle la seule manière d'envisager le temps était de le penser à partir de l'éternité.

À la question *qu'est-ce que le temps*, phénoménologiquement inadéquate, il préfère la question : *qui est le temps*. On revient à l'énigme du *je suis* qui existe dans le temps. C'est donc en prenant en considération les modalités temporelles de cet existant que la question de la nature du temps pourra avancer. Le temps des horloges, objectivement mesurable, ne fournit pas la réponse à notre question. Cette réponse doit rendre plus compréhensibles les divers modes de l'être temporel.

Quel rapport y a-t-il entre l'exigence de *parler temporellement du temps* et la question du sens de l'être ? Qu'il y ait un rapport essentiel est la thèse formulée explicitement dans *Sein und Zeit* — les questions du temps et de l'être, ne fait aucun doute pour Françoise Dastur ; elles ne sont nullement séparées, elles sont absolument inséparables.

LA TECHNIQUE

Les origines métaphysiques de la technique

Le tournant est la révélation du caractère intrinsèquement temporel de l'être, qui consiste en un renversement de priorité entre l'être et le *Dasein*. Le tournant advient aussi dans la réalité, sous forme de la disparition de l'objet comme du sujet, à savoir de toute instance comprise comme présence subsistante.

Cette déconstruction de la présence prend le sens de la calculabilité intégrale de tout ce qui est. Cette calculabilité intégrale constitue le déploiement de l'être de la technique moderne, *das Wesen der Technik* et détermine ce que Heidegger nomme « la radicale inhumanité de la science d'aujourd'hui qui abaisse l'homme au rang d'élément disponible et ordonnable pour une pensée qui pense par modèles et dont le caractère opérationnel ne connait pas de bornes » (Heidegger, *Zeichen*).

Ce que Heidegger a nommé en 1936 dans les *Beiträge zur philosophie*, le tournant dans l'*Ereignis*, s'annonce d'abord sous la figure de ce qu'il nomme *Gestell* (L'essence de la technique).

La calculabilité intégrale est l'achèvement de ce projet qui transforme toute chose en *Gegen-stand* (Ob-jet) pour un sujet

« maitre et possesseur de la nature » (Descartes *Discours de la méthode* 168); mais le caractère *démesuré* du projet calculatoire rejaillit sur le sujet lui-même et a pour effet cette mutation du phénoménal qui ne peut plus se donner sous la figure du vis-à-vis, lequel n'a plus aucun visage et ne peut plus être représenté. Ce qui annonce paradoxalement l'ère de la calculabilité intégrale, c'est l'incalculabilité de l'*Ereignis* (la co-appartenance de l'être et de *l'étant*) lui-même, c'est-à-dire le fait que la nature comme le monde humain se soustraient à toute prise en vue. Cette fin de la science moderne prend aussi l'allure d'une fin de l'histoire qui doit être pensée, selon Heidegger, comme le fait de sortir du rêve métaphysique de la présence subsistante, qui est en même temps, oubli de la temporalité de l'être (*Question IV*, p.92).

Pour Heidegger, l'ère du dépassement de la métaphysique est aussi celle de sa domination absolue (*Essais et conférences*, 81). Nous sommes au stade de la métaphysique achevée, c'est-à-dire réalisée. Cet achèvement de la métaphysique, Heidegger le comprend comme « le déclin de la vérité de *l'étant* », c'est-à-dire comme le fait que « la manifestation de *l'étant* et du seul étant, perd l'exclusivité » (*Ibid*. 82).

Nietzsche, le dernier métaphysicien, opère cette clôture, car avec la volonté de puissance, c'est la vérité même du sujet qui apparait, à savoir le fait qu'il se veut lui-même inconditionnellement comme unique réalité et seul étant véritable. Lorsque la volonté apparait au premier plan et lorsqu'elle prend la forme de la volonté de volonté, il n'y a plus de destin : « la volonté de volonté durcit toute chose et conduit dans l'absence de destin ». (*Ibid*. 91.) Ce qui s'installe alors, c'est le règne de la calculabilité intégrale et de l'organisation de toutes choses dans la non-historicité et l'absence de finalité qui caractérise le *nihilisme absolu* c'est-à-dire le plus extrême oubli de l'être (*Ibid*. 107). Comme le vide de l'être qui en résulte ne peut jamais être comblé par la plénitude de *l'étant*, la seule issue possible consiste à organiser sans cesse *l'étant*, de manière à rendre possible la mise en ordre permanente d'un monde devenu non-monde, puisqu'il ne règne plus en tant que présence objective, non objective, de l'éclaircie de l'être, la technique se révélant ainsi être paradoxalement « l'organisation de la pénurie » (*Ibid*. 92). Cette domination de la volonté de volonté fait apparaitre « le non-sens d'une action humaine posée comme absolu » (*Ibid.* 117). C'est ce stade de la métaphysique achevée que Heidegger nomme « époque de la technique », en donnant un sens à ce terme qui englobe au-delà de la production de machines, tous les autres domaines de *l'étant*, la culture, la politique et même la nature devenue objet. (*Ibid.* 92)

La technique moderne place l'homme dans une position telle qu'il peut tout aussi bien se livrer à la frénésie de domination que se rendre attentif à la part qu'il prend au dévoilement. C'est parce que le règne de la pensée opératoire s'étend sur tout le domaine de *l'étant*, et concerne donc l'homme lui-même qui se trouve requis par le *Gestell*, que s'annonce, dans sa mise en danger, cette entre-appartenance de l'homme et de l'être que Heidegger a dès le départ nommée *Da-Sein,* et qu'il propose, après le tournant de penser en propre sous le nom d'*Ereignis* (qui signifie dans la traduction qu'en donne Françoise Dastur : le rapport entre l'être et l'essence de l'homme dans une co-appartenance).

L'art et la technique

La pensée de Heidegger sur l'essence de la technique est, selon J.-F. Courtine (Conférence *Heidegger, l'art et la technique*, févr. 2014), redevable à deux essais de Jünger : *totale Mobilmachung 1930* et *Der Arbeiter 1932*. Jünger considère avec une grande acuité le monde moderne dominé par la technique. Il en analyse certains traits de la technique moderne sous l'angle de la « mobilisation du monde par la figure du Travailleur ». Cette figure (*die Gestalt*) du « Travailleur » (*Der Arbeiter*) est un nouveau type humain propre à l'époque moderne. La figure du « Travailleur » est, ainsi que devait le remarquer Heidegger, « une sobre dénomination de ce que Nietzsche appelle le surhomme ». (GA, 90, 257) Pour Jünger, le bouleversement issu de la Grande Guerre exigeait un nouveau regard et avec la guerre industrielle, c'est le « caractère de puissance inhérent à la technique » qui aura pour conséquence de transformer le monde d'un côté, en un « gigantesque chantier perpétuel » et de l'autre, en un « musée ». Dans cette perspective, une mobilité sans limites et un incessant affairement organisationnel créent « un mode de vie qui ressemble à une course mortelle [...] » (J.-F. Courtine, *Op. cit.*)

Mais la réflexion heideggérienne se distingue de celle de Jünger. Influencée par la lecture de Nietzsche et par ses analyses du *nihilisme* comme trait de l'époque contemporaine. Heidegger adapte certains aspects de la description de Jünger, à sa propre conception de l'histoire métaphysique entendue comme « histoire de l'être » (*Seinsgeschichte*). Il en ressort alors un concept clé, celui de *Machenschaft* — un mot qu'on traduit généralement par *machination, manœuvre, manigance*, qui désigne en fait le règne de l'efficience, de la faisabilité. (On retrouve le même terme repris dans les réquisitoires antisémites dans l'acception plus probable de *manigance*). La *Machenschaft* annonce, dans le cheminement heideggérien, le fameux *Gestell* (dispositif) qui désigne à partir de la fin des années 1940 « l'essence de la technique » (*Das Wesen der Technik*). Heidegger insiste sur un paradoxe surprenant, à savoir : le déferlement planétaire de la toute-puissance de la technique aurait son noyau dans une *décision* de la philosophie grecque, qui apparait dans les œuvres de Platon et d'Aristote (non sans une certaine violence herméneutique). Cette décision tiendrait au fait de penser la *nature* à l'horizon de la *technè* (le savoir-faire, l'art). Heidegger commente l'*Antigone* de Sophocle en s'appuyant sur le mot *Machenschaft* comme ce qui s'annonce à nous avec le mot *savoir* (*Wissen*) qui « consiste à pouvoir mettre en œuvre l'être à ce stade ; la puissance ou le pouvoir violent du "savoir" ne dégénère pas encore en puissance sans mesure, en violence déchaînée, ou en sauvagerie barbare. C'est en ce point que se noue le lien entre la réflexion sur la *Machenschaft* et le savoir d'un côté, et la pensée heideggérienne de l'œuvre d'art de l'autre ». La surpuissance initiale de la nature, vidée de sa puissance propre, est au terme du processus, supplantée par la *puissance de sommation* du *Gestell*. Cette puissance n'est pas le fait de quelques-uns, ceux qui croient pouvoir en contrôler le déchaînement. Le danger qui menace l'homme est qu'il n'atteigne pas son *propre* (ni dans son agir, ni dans sa parole ni dans le rapport aux choses) et soit exproprié de son être.

Le Gestell

C'est durant l'été 1950 que Heidegger donna sa conférence sur *La question de la technique* et qu'il prononça cette formule devenue célèbre : *le questionnement est la piété de la pensée.*
Ces réflexions touchaient aux angoisses de l'époque. On dénonçait l'illusion que la technique était devenue notre véritable destin et Kafka était présenté comme l'écrivain critique de la technique et du monde administratif. En 1953 paraissait *Le Meilleur des mondes* d'Aldous Huxley, suivi la même année du livre d'Alfred Weber, *Le troisième ou le quatrième homme,* dépeignant l'horreur d'une civilisation technique d'homme-robot. La même année paru un ouvrage : *La perfection de la technique*, dont l'auteur Friedrich Georg Jünger, frère d'Ernst Jünger, pressent un monde technique qui conduirait à une « humanité nouvelle » réalisée sous l'aspect d'un travailleur évoluant dans un paysage « à la géométrie de lumière glaciale ». De tels hommes, selon Ernst Jünger, ne réagiront pas. Un cœur aventureux cherche la froideur.
« Le *Gestell* est une invention humaine, mais nous avons perdu notre liberté à son égard. Le règne de l'arraisonnement (*Gestell*) nous menace de l'éventualité qu'à l'homme d'être refusé de revenir à un dévoilement plus originel et d'entendre ainsi l'appel d'une vérité plus initiale ». (*La question de la technique*)
La vérité la plus initiale de Heidegger, c'est la vérité du regard libre porté sur les choses, qui les laisse être. Laisser fleurir l'arbre ou trouver le chemin qui permet de sortir de la caverne de Platon afin que dans l'éclaircie ouverte de l'être, *l'étant* puisse avoir un surplus d'étant.
Si l'on reproche à Heidegger son manque de *crédibilité*, il répondra que la crédibilité est une catégorie de la pensée technique ; celui qui pense en termes de crédibilité reste pris dans le *Gestell*. Heidegger ne croit plus qu'il existe une solution *crédible* au problème de la technique. « Aucun calcul, aucune action humaine ne peut apporter de lui-même et par lui-même un tournant dans l'ordre du monde actuel ; ne serait-ce que parce que l'action humaine est marquée par cet ordre du monde et lui est soumise. Comment pourrait-elle alors être maîtresse d'elle-même ? » (*Ibid.*) Le renouveau sera un événement du destin ou n'aura pas lieu.

Le tournant du péril est un événement soudain. Dans le tournant, l'éclaircie de l'essence de l'être s'illumine soudain. Cette illumination soudaine est l'éclair. (*Die Technik und die Kehre,* 1962, 43)

Dans le semestre d'été 1940, Heidegger fait référence à la capitulation française, dans son cours sur Nietzsche. « Nous sommes les témoins d'une loi mystérieuse de l'histoire qui veut qu'un jour un peuple ne soit plus à la hauteur de la métaphysique qui est née de sa propre histoire [...] Au sens de la métaphysique de Nietzsche, seul le surhomme est à la hauteur de l'"économie machinale" [...] il a besoin d'elle pour instaurer son pouvoir inconditionné sur la terre ». Cela signifie, en d'autres termes, que l'Allemagne s'est révélée plus cartésienne que la France, nation cartésienne par excellence. Ce n'est que dans l'Allemagne totalitaire d'Hitler que s'est formée une humanité à la hauteur de la technique moderne. L'Allemagne a vaincu parce qu'elle a pleinement — surhumainement — réalisé ce que la modernité avait de monstrueux. « L'Allemagne est victorieuse parce qu'elle s'adonne plus résolument que d'autres à la monstruosité de la technique [...] cette conséquence implacable de l'oubli de l'être, nul ne la pousse au même degré que nous ! » (*In* R. Safranski, *Heidegger et son temps,* 345)

Le *Gestell* est une invention humaine, mais dit Heidegger, nous avons perdu notre liberté à son égard. Le règne de l'arraisonnement par la technique nous menace de l'éventualité qu'a l'homme que puisse lui être refusé la possibilité de revenir à un dévoilement plus originel et d'entendre ainsi l'appel d'une vérité plus initiale. C'est ce que déclare Heidegger dans *La question de la technique (Qu'est-ce que la technique ?,* 1958). Le temps n'est plus celui de la gloriole qu'affichait Heidegger parlant du même sujet en 1940. Cela faisait quelque temps que sa sympathie pour l'aventure des conquêtes du national-socialisme ne faisait plus aucun doute, sauf pour les inconditionnels aveugles ou indifférents à cette impardonnable ignominie.

Heidegger ne cesse de dire dans ses cours que la philosophie menace de devenir totalement superflue dans le moment présent, celui de « l'utilisation sans illusions du "matériau humain" au service de la suprématie inconditionnée de la volonté de puissance. L'une des conséquences de la guerre est qu'on croit désormais en Allemagne, "avoir dépassé le stade de l'appartenance au peuple des poètes et des penseurs" » (*GA*, tome 54, p.179).

Heidegger, Gagarine et nous

Levinas[20] pense que la technique est certes dangereuse, mais que les ennemis de la société industrielle sont la plupart du temps des réactionnaires.
Ils oublient ou détestent les grands espoirs de notre époque. Car jamais la foi dans la libération de l'homme n'était plus forte dans les âmes. Elle ne fait qu'un avec l'ébranlement des civilisations sédentaires, avec l'effritement des lourdes épaisseurs du passé..., avec les fissures qui lézardent toutes ces choses encombrantes et obtuses auxquelles s'adossent les particularismes humains. Il ajoute : il faut être sous-développé pour les revendiquer comme raisons d'être et lutter en leur nom pour une place dans le monde moderne. Levinas écrit : « Je pense à un prestigieux courant de la pensée moderne issu d'Allemagne et qui inonde les recoins païens de notre âme occidentale. Je pense à Heidegger et aux heideggériens. On voudrait que l'homme retrouve le monde. Les hommes auraient perdu le monde. Ils ne connaitraient plus que la matière dressée devant eux, objectée en quelque façon à leur liberté, ils ne connaitraient que des objets. [...] Retrouver le monde, c'est retrouver une enfance pelotonnée mystérieusement dans le Lieu, s'ouvrir à la lumière des grands paysages [...] c'est sentir le mystère des choses [...] des souliers éculés d'une paysanne [...] L'Être même du réel se manifesterait de derrière ces expériences privilégiées, se donnant et se confiant à la garde de l'homme. Et l'homme, gardien de l'Être, tirerait de cette grâce son existence et sa vérité. »
La doctrine est subtile et neuve, dit non sans humour, Levinas. Tout ce qui, depuis des siècles, nous apparaissait comme ajouté par l'homme à la nature luirait déjà dans la splendeur du monde. L'œuvre d'art — éclat de l'Être et non pas invention humaine – antéhumaine. Le mythe se parle dans la nature elle-même.

---

20 *Difficile Liberté, Essai sur le judaïsme.*

La nature est implantée dans ce langage premier qui, en nous interpellant, fonde seulement le langage humain. Il faut que l'homme puisse écouter et entendre et répondre. Mais entendre ce langage et y répondre, ne consiste pas à se livrer à des pensées logiques érigées en système de connaissance, mais à habiter le lieu ; la plante n'est pas assez plante pour définir l'intimité avec le monde. « Un peu d'humanité éloignerait de la nature, beaucoup d'humanité nous y ramènerait. L'homme habiterait la terre plus radicalement que la plante qui n'en tire que les sucs nourriciers. La fable que dit le langage premier du monde suppose des liens plus fins, plus nombreux et plus profonds ».

La voilà donc l'éternelle *séduction du paganisme*, par-delà l'*infantilisme de l'idolâtrie*, depuis longtemps surmonté. Le sacré filtrant à travers le monde — le judaïsme n'est peut-être que la négation de cela. « Détruire les bosquets sacrés — nous comprenons maintenant la pureté de ce prétendu vandalisme. Le mystère des choses est la source de toute cruauté à l'égard des hommes. »

« L'attachement au *Lieu*, sans lequel l'univers deviendrait insignifiant et existerait à peine, c'est la scission même de l'humanité en autochtones et en étrangers. Et dans cette perspective, la technique est moins dangereuse que les génies du *Lieu*.

La technique supprime le privilège de cet enracinement et l'exil qui s'y réfère. [...] La technique nous arrache au monde heideggérien et aux superstitions du *Lieu*. » Dès lors, une chance apparait : apercevoir les hommes en dehors de la situation où ils sont campés, laisser luire le visage humain dans sa nudité. Socrate préférait à la campagne et aux arbres, la ville, où l'on rencontre les hommes. Le judaïsme est frère du message socratique.

« Ce qui est admirable dans l'exploit de Gagarine [...] c'est l'ouverture probable sur de nouvelles connaissances et de nouvelles possibilités techniques, c'est le courage et les vertus personnelles de Gagarine, c'est la science qui a rendu possible l'exploit et tout ce que cela suppose d'esprit d'abnégation et de sacrifice. Mais ce qui compte peut-être par-dessus tout, c'est d'avoir quitté le *Lieu*. Pour une heure, un homme a existé en dehors de tout horizon – tout était ciel autour de lui, ou plus exactement, tout était espace géométrique. Un homme existait dans l'absolu de l'espace homogène. »

Le judaïsme a toujours été libre à l'égard des lieux. Il resta ainsi fidèle à la valeur la plus haute. La Bible ne connait qu'une Terre Sainte. Terre fabuleuse où l'on ne s'enracine pas sans condition. « Que le Livre des Livres est sobre dans ses descriptions de la nature ! — Pays où coulent le miel et le lait ». Le paysage se dit en termes alimentaires. « C'était alors la saison des premiers raisins » (Nombres 13-20).

« Le tamarin que planta Abraham à Beer-Sheba, l'un des rares arbres *individuels* de la Bible et qui surgit dans sa fraicheur et dans sa couleur pour charmer l'imagination au milieu de tant de pérégrinations, à travers tant de déserts. Mais attention ! Le Talmud redoute que nous nous laissions prendre à son chant [...] et que nous y cherchions le sens de l'Être. Il nous arrache à nos rêves ; Tamarin est un sigle ; les trois lettres qu'il faut pour écrire son nom en hébreu sont les initiales de Nourriture, Boisson et de Logis, trois choses nécessaires à l'homme et que l'homme offre à l'homme. La terre est pour cela. L'homme est son maitre pour servir les hommes. Restons maitres du mystère qu'elle respire. C'est sur ce point que le judaïsme s'éloigne le plus du christianisme... Le judaïsme n'a pas sublimé les idoles, il a exigé leur destruction. Comme la technique il a démystifié l'univers. Il a désensorcelé la nature. Il heurte par son universalité abstraite imagination et passions. Mais il a découvert l'homme dans la nudité de son visage. »

Du coup, l'exploit de Gagarine ouvre de nouvelles possibilités à une humanité sachant désormais se libérer du Lieu. À l'extrême opposé de l'enracinement heideggérien, le judaïsme exige la destruction des idoles et la démystification des attachements locaux. Janicaud relève que dès la préface de *Totalité et infini*, c'est Heidegger que vise Levinas lorsqu'il écrit : « On n'a pas besoin de prouver par d'obscurs fragments d'Héraclite que l'être se révèle comme guerre ». L'ontologie est pensée comme saisie primordiale de la totalité, affirmation de la maitrise sur *l'étant*, expression abstraite de la violence et valorisation de la guerre. L'être lui-même neutralise toute relation à l'Autre dans un savoir impersonnel. En affirmant la priorité de l'être sur l'étant, l'ontologie heideggérienne subordonne la relation avec quelqu'un à la relation avec l'être impersonnel permettant la domination de l'étant : elle subordonne la justice à la liberté.

L'HERMÉNEUTIQUE PHILOSOPHIQUE DE HEIDEGGER

Les contributions à la philosophie (Beiträge zur philosophie)

Ces contributions composées entre 1936 et 1940 représenteraient selon Nicolas Tertulian, un mouvement de repli par rapport à l'histoire immédiate, une renonciation aux ambitions politiques et même une incontestable résignation quant à l'efficacité historique de la philosophie.
Loin d'exprimer une désaffection ou un renoncement, les *Beiträge zur philosophie* exaltent « la décision » (*die Entscheidung*), écrit Tertulian (*les Temps modernes*, févr. 1990). Heidegger craint en effet que la décadence ne l'emporte sur le pouvoir de décision et redoute « la destruction des possibilités de décision par le cours irrésistible du déracinement qui nous menace ».
Il esquisse une charte du futur et le profil de ceux qui sont

appelés à l'incarner. Il les appelle « ces êtres prédestinés par leur excellence » ou « les hommes du futur », parmi lesquels il distingue trois catégories : ces rares individualités (*jene wenigen Einzelnen*), ces membres plus nombreux de l'alliance (*jene zahlreicheren Bündischen*), ces nombreux adeptes de la communauté solidaire (*jene vielen Zueinanderverwiesenen*). À l'avant-garde se situe une élite très restreinte composée de rares et solitaires esprits qui ont accès à la « noblesse de l'Être » (*der Adel des Seyns*). L'entente qui unit ces catégories entre elles est organique. Les catégories morales ou existentielles anthropologiques sont inopérantes pour appréhender la qualité particulière de cette élite combattante.

Sa mission primordiale est de fonder la communauté du peuple en lui faisant part de la vérité de l'Être. Un aristocratisme *sui generis* imprègne cette vision heideggérienne du grand tournant ; les décisions historiques doivent être prises dans la solitude et dans l'invisibilité, loin de la scène bruyante de *l'opinion publique*, au-delà de l'emprise de la foule, protégées du *toucher plébéien* contre *ce qui est vulgaire et bas*, contre le caractère de masse et le confortable.

Heidegger entend fonder la révolution sur une vision incomparablement plus élevée que l'interprétation vulgaire du national-socialisme, écrit Tertulian. Moins vulgaire, peut-être, mais qui demeure néanmoins une adhésion indiscutable à l'univers nazi. La célébration du sacrifice, l'éloge de l'inconditionnel, l'exigence du dépouillement de soi afin de recevoir l'impulsion de l'Être et la volonté de faire éclater les anciennes catégories de l'individu libéral évoquent le mouvement national-socialiste. Les critiques que formule Heidegger sont dirigées contre la vulgarisation du national-socialisme dont il veut préserver l'authenticité contre toute compromission.

Karl Löwith a pu dire dans un texte de 1940 que la décision de Heidegger de rejoindre Hitler dépasse de loin l'accord avec l'idéologie du programme du parti, il fut et resta un national-socialiste ; qu'il ait été à la marge, comme le dit Tertulian, n'efface pas le ralliement au socle commun de théories qui en constitue le fondement. Le désaveu du libéralisme qui est un des piliers de l'idéologie nazie, le rejet de la libre confrontation des conceptions du monde, sont tenus par Heidegger pour manifestation de l'arbitraire et la perte du sens philosophique authentique. « Car

même dans la conception "libérale" du monde... il y a encore cette manière d'ergoter en ce sens qu'elle exige qu'on laisse à chacun son opinion. Cependant, ce laisser-aller est l'esclavage du *hasard*. »
Aux côtés de la démocratie et du libéralisme, le communisme figurait parmi les hantises de Heidegger dans les années 30. Sa sévère condamnation de la démocratie s'appuyait sur la conviction que la philosophie des valeurs, qui fondaient le mouvement démocratique, se trouvait à des extrémités opposées à une véritable compréhension de l'histoire et des puissances créatrices qui la régissent. « L'Europe veut toujours se cramponner à la démocratie et ne veut pas apprendre à voir que cette dernière serait sa mort historique. Car la démocratie n'est, comme Nietzsche le dit clairement, rien d'autre qu'une variété du nihilisme, c'est-à-dire de la dévaluation des valeurs les plus hautes. »
C'est ce qu'il écrivit dans son premier cours sur Nietzsche en 1937. Les formules méprisantes sur la démocratie furent supprimées par Heidegger de l'édition de son *Nietzsche* paru en 1961, ultime concession inavouée faite à une nouvelle conjoncture sociohistorique. Démontrer la caducité des anciennes conceptions du monde et éveiller le sentiment de détresse en démolissant tout ce qui peut l'occulter était selon Heidegger la condition primordiale pour préparer les décisions historiques à venir.
Il n'exclut pas une filiation possible entre le bolchévisme, le judaïsme et le christianisme, car la glorification du règne de la raison dans le marxisme s'accorde avec la morale égalitaire du christianisme. Or, ainsi que Nietzsche l'avait montré, le christianisme s'enracinait dans la morale juive, produit de la révolte des esclaves.
Les différents exemples disponibles, précédemment cités, montrent bien que les jugements du philosophe sur l'histoire contemporaine découlent rigoureusement de sa pensée fondamentale sur « la vérité de l'Être ». Selon Heidegger la pensée théologique et ontothéologique, en particulier le christianisme, est essentiellement ancrée dans une pensée de type causal. L'accès à la vérité de l'Être exige l'abandon de la sphère causale et du principe de raison suffisante. « La nécessité sous sa forme la plus grande se passe toujours des béquilles du "pourquoi" et du "parce que", et de l'appui du "à quelle fin" et du "pour cela" (*Grundfragen der Philosophie*).

Certains commentateurs voient dans les opus posthumes *Beiträge zur Philosophie* (parus en 1989, composés entre 1936 et 1940), l'expression d'une déception profonde à l'égard du national-socialisme. « Les contemporains, quant à eux, que l'on peut à peine mentionner pour se détourner d'eux, restent exclus du savoir concernant les voies de la pensée : ils se réfugient dans de nouveaux contenus et se procurent, en ayant recours à des concepts de "politique" et de "race", des ornements de façade, inconnus jusqu'ici, puisés dans l'attirail de la philosophie d'école. » Dans les *Beiträge*..., le philosophe dévoile avec une clarté qui ne se retrouve pas dans ses écrits antérieurs, la portée de son engagement dans l'histoire. Les concepts les plus spéculatifs de sa pensée, à commencer par la différence entre l'Être et *l'étant*, sont directement impliqués dans cette résolution d'ébranler les assises mêmes de l'Occident. Il désigne lui-même non seulement la guerre mondiale, mais aussi la révolution mondiale comme les grands défis lancés à la pensée de l'Occident. En déplorant le fait que depuis deux mille ans l'homme occidental n'a su créer aucun Dieu et en exprimant son mépris pour les religions et les Églises existantes qui entraînent l'Occident dans sa chute, il entend faire du rapprochement ou de l'éloignement des dieux par rapport à *l'étant*, l'expérience cruciale de la future histoire de l'Occident. La finalité de cette démarche est de déposséder l'homme de la folle illusion de son autonomie et de lui inculquer le sentiment d'être sous la dépendance de l'Être, en faisant d'une transcendance qui se dévoile et se cache en même temps la puissance qui régit la marche de l'histoire.

« Le peuple allemand peut attendre dans le calme inspiré par la paix du commencement son heure de plénitude » (*Hölderlin Hymn*, 1942), écrit Heidegger à l'entrée en guerre des États-Unis. Heidegger investit sa pensée d'une vocation historique qui exprime le destin de l'Allemagne et assure le salut de l'Occident, le danger étant de voir l'essence originaire du peuple allemand dévoyée de sa vocation et retomber dans les pièges tendus par les autres formes de civilisation, produits de l'ancienne métaphysique. En 1943, aux moments les plus difficiles de la guerre, à la veille de la catastrophe, il continue d'exalter l'invincibilité de l'Allemagne, ce peuple historique qui « si somme toute une victoire est en

cause, a déjà vaincu » (*Parménide,* 1942-1943). Jusqu'à la fin de la guerre, il délivre imperturbablement le même message de salut, en proférant les mêmes vaticinations. « La planète est en feu... L'être de l'homme est disjoint. C'est seulement des Allemands que peut venir la prise de conscience historique, pourvu qu'ils trouvent la spécificité allemande et la conservent. » (*Heraklit*)
Pour Nicolas Tertulian, la défaite de l'Allemagne à la fin de la Deuxième Guerre mondiale a été aussi la défaite pour la pensée de Heidegger ; la victoire est revenue aux formes de vie et de civilisation auxquelles il a opposé une fin de non-recevoir : à la démocratie et au libéralisme, à l'américanisme et au socialisme, au christianisme et aux messages de l'Église. L'auteur pense que si Heidegger n'a jamais renié ses vues politiques c'est parce qu'elles étaient liées aux fondements de sa pensée. Dans son premier cours après la guerre, *Was heist Denken ?* en 1951-1952, il donne les citations de Nietzsche qui constituent autant d'attaques contre la démocratie et l'esprit libéral, ainsi qu'un éloge à peine voilé de l'État autoritaire et des figures charismatiques associées au Surhomme de Nietzsche.
Jaspers et Löwith ont eu l'intuition exacte d'une convergence en profondeur entre la spéculation sur l'être et ses vues sur la société de son temps, y compris ses vues politiques. Avec la documentation dont on dispose aujourd'hui, il n'est plus possible de dissocier ces deux aspects en feignant de ne pas voir que dans son mouvement le plus profond, la pensée de Heidegger implique une attitude précise à l'égard de l'histoire contemporaine.

Une synthèse philosophique

Dans une conférence donnée au *Club Maintenance* en 1946, il est confié à Jean Wahl* un rôle d'éveilleur et à Georges Gurvitch (*Les tendances actuelles de la philosophie allemande - 1948*), la responsabilité de premier introducteur de Heidegger en France qui, pour autant, ne masque pas ses sentiments. Il déclare en effet : « Chez Heidegger, qui n'est pas un penseur honnête, mais un habile constructeur et calculateur, dépourvu de scrupules intellectuels, aussi bien que moraux, la philosophie de l'existence a perdu sa

sincérité négative ; elle n'est devenue qu'un moyen, employé avec dextérité, pour passer d'une philosophie scolastique par laquelle il avait commencé à la philosophie nazie. » (In D. Janicaud, *Heidegger en France*, 94) Jean Wahl a été beaucoup plus discret l'égard de Heidegger, lorsqu'il fait allusion à « l'erreur politique » de 1933 : « on est amené à dire que Heidegger en tant qu'homme a été inférieur à Heidegger philosophe, au moins à un certain moment » (Jean Wahl, *Introduction à la pensée de Heidegger*). Heidegger serait coupable d'une faiblesse psychologique ; il a manqué de caractère. Cette observation est-elle encore valide, après la découverte du contenu des *Cahiers noirs*, de l'antisémitisme virulent qui s'y trouve exprimé ?
À la suite d'une entrevue avec Heidegger, Maurice de Gandillac* conclura : « Quel que soit son génie, comment ne pas mesurer le contraste entre les exigences mêmes de sa philosophie et l'attitude mollement évasive de l'homme en situation ? » (*Les Temps modernes*, 4 janv. 1946)
À partir de 1946-1947, on regarde de plus près non seulement ce qui concerne le dossier de l'engagement politique, mais aussi la spécificité de la pensée de Heidegger.
Ce qui frappe particulièrement dans sa pensée c'est la présence, à côté de son *existentialisme temporaliste*, d'un irrationalisme fortement accentué et d'une tendance non moins forte à la dialectique. Heidegger pourtant se déclare hostile à ces deux principes : « L'irrationalisme comme antipode du rationalisme ne parle qu'en louchant des phénomènes à l'égard desquels son adversaire est aveugle ». Quant à la dialectique, elle n'est que la manifestation des embarras philosophiques. L'hostilité manifeste de Heidegger contre une certaine espèce d'irrationalisme (romantique) et une certaine espèce de dialectique (hégélienne) reste profondément irrationaliste et profondément dialectique. L'irrationalisme profond de la philosophie de Heidegger s'attache à sa conception du *délaissement* et du *malaise* de l'existence humaine, symbolisés dans *l'angoisse*. L'angoisse annonce l'abîme, *hiatus irrationalis* qui sépare *l'infini positif* de l'Absolu imprédicable et opaque, lui servant de fondement. L'angoisse de Heidegger est l'acte dans lequel s'offre le caractère impénétrable et opaque de l'Absolu, de l'Un, en tant qu'*abîme*, en tant que limite

insurmontable de l'infini positif et qualitatif même. On ne sait pas encore s'il y a un élément supérieur au temps primordial et si Heidegger trouvera cet élément dans l'Absolu, dans l'Un. C'est toutefois uniquement par cette voie que les conceptions de l'angoisse, du délaissement et du temps primordial limité, prennent un sens précis. C'est une dialectique de l'existence qui s'annonce dans la conception de l'existence comme une totalité qui englobe les contraires, en tant qu'éléments nécessaires, qui se fondent réciproquement : de la fuite et du retour à soi-même, de l'On anonyme et de l'individualité insubstituable, de la peur et de la résolution résignée. Cette dialectique de l'existence trouve son fondement dans la dialectique du temps. Le temps primordial ne s'oppose-t-il pas au temps mondial et au temps vulgaire qu'il dépasse ? Vient s'ajouter une dialectique de l'histoire qui n'est qu'une manifestation d'une dialectique de la morale. Dans la philosophie existentielle de Heidegger se rencontrent et s'unissent : le positivisme des essences de Husserl ; l'émotionnalisme de Scheler et ses tentatives d'élargir le domaine de la description phénoménologique ; l'irrationalisme de Lask ; l'effort pour dépasser l'opposition entre l'idéalisme et le réalisme de Hartmann. Plus largement, Gurvitch voit ici, se confronter la philosophie de la durée de Bergson, la « philosophie de la vie » de Nietzsche jusqu'à Dilthey, le kantisme dans son fondement le plus profond, l'opposition platonicienne contre la séparation de l'idée et de l'existence, le culte hégélien de l'humanité, l'existentialisme irrationaliste de Kierkegaard, et à travers lui la tradition de Fichte et de Schelling. Ces courants sont unis par Heidegger dans une philosophie très personnelle, proclamant l'existence comme le fondement unique et universel de la philosophie, l'analyse directe de cette existence se chargeant de résoudre le problème pratique d'unir une théorie pure et la sagesse de fonder tout être sur le temps.

La philosophie de Heidegger vérifie les tendances de la philosophie allemande dans l'effort de synthèse entre le mouvement phénoménologique et la tradition de l'idéalisme postkantien.

Le commencement de la philosophie occidentale

La lecture du cours de l'été 1932 renvoie aux *Réflexions II* dont Peter Trawny est l'éditeur. L'impression du commencement sur le plan de l'histoire mondiale s'impose. Faut-il rompre avec la philosophie parce qu'elle se trouve au stade final d'une histoire déterminée, en cours d'affaiblissement, ou parce qu'elle est déjà elle-même tellement affaiblie que sa continuation est exclue ? Les deux branches de l'alternative se rejoignent en fin de compte : la philosophie académique de l'époque était aussi faible que l'époque elle-même. Une conséquence pouvait être l'*abandon,* mais il devait en advenir autrement — cette cessation devrait être accomplie en un *ultime effort.* Le déroulement pauvre en commencement de l'histoire de la philosophie *après les Grecs* devait être abandonné et porté à sa fin. À partir de cet *avènement,* une *ouverture du commencement*, un *recommencement* pourrait prendre naissance : c'est du moins l'interprétation que donne Peter Trawny (*La Liberté d'errer*) de la pensée de Heidegger sur le *commencement.*

Heidegger résume ainsi le récit de « l'histoire de l'estre » : « Premier commencement : lever (Idée), machination. Autre commencement : évènement ». Deux commencements et une fin sont reliés et sont caractérisés comme « machination ». La *machination* est la métaphysique arrivant à sa fin qui est surmontée ou plutôt résolue dans « l'évènement ». La machination comme forme finale de la métaphysique empêche le repos en un lieu dans lequel il est possible de faire l'expérience de la « vérité de l'estre ». La *machination*, c'est-à-dire la technique moderne, en quelque sorte l'adversaire de l'ouverture. La *machination* doit disparaitre, s'autodétruire afin que l'Autre puisse advenir.

En 1941, Heidegger estime que *tout impérialisme* (tous les protagonistes de la guerre) conduit à un « suprême accomplissement de la technique ». Il prévoit le dernier acte des évènements qui verra *l'humanité actuelle disparaitre.* Cela pourrait être « la première purification de l'être de sa plus profonde défiguration par la prédominance de *l'étant* ». Les Grecs et les Allemands, selon Heidegger, incarnent à la fois le commencement et la fin. Les Grecs ont marqué le *commencement de la philosophie occidentale*. Heidegger voyait devant lui le paysage de sa pensée : les Grecs — le « premier commencement »; les Allemands — « l'autre commencement ». Tout ce qui a rattaché Heidegger au national-socialisme provient, selon Peter Trawny, du récit du *premier commencement* chez les Grecs et de *l'autre commencement* chez les Allemands. La révolution était depuis le début pour Heidegger la mission des Allemands qui consistait à répondre du destin de l'Occident.

Les temps modernes

La manière d'habiter le monde était celle des *commencements* telle que Heidegger l'imagine, pour la Grèce antique : « *l'étant* est l'épanouissement de ce qui s'ouvre, de ce qui, en sa présence, s'éprend de l'homme comme du présent, c'est-à-dire comme de celui qui s'ouvre lui-même à la présence des présents en la laissant entendre, l'entendant ainsi lui-même. *L'étant* n'accède pas à l'être en ce que d'abord l'homme regarderait *l'étant*, mais bien plutôt c'est l'homme qui est regardé par *l'étant*, par ce qui s'ouvre à la mesure de la présence auprès de lui rassemblée. ... Voilà l'essence de l'homme pendant la grande époque grecque. » (Heidegger, *Les chemins qui ne mènent nulle part*, 82).
Pour Safranski (*Heidegger et son temps*), Heidegger est convaincu que l'homme des temps modernes est prisonnier de ses projets et qu'il éprouve ce qui lui résiste comme un écart, un accident, un hasard. Ainsi, le mystère du monde disparait, la plénitude, l'abîme, le destin, la grâce. Ce n'est que là où *l'étant* est devenu un objet de représentation que *l'étant* subit en un certain sens la perte de l'être. Son diagnostic est que l'époque moderne est parvenue au stade de la confrontation la plus brutale de projets concurrents d'appropriation du monde : l'américanisme, le communisme, le national-socialisme. Toutes ces positions fondamentales s'opposent de manière tranchée sur le sol commun de l'enchantement de l'époque moderne par la technique. Pour ce combat, l'homme engage la violence sans retenue du calcul, de la planification et de la discipline de toute chose.

MÉTAPHYSIQUE DE L'ANTISÉMITISME

Weltlos – L'être sans monde

Donatella Di Cesare* (*Heidegger, les Juifs, la Shoa*) rappelle que Heidegger parle explicitement de la *Weltlosigkeit des Judentum*, « l'absence de monde du judaïsme » (Überlegungen VII-IX, 97).
La *Weltlosigkeit* pourrait figurer la diaspora, la condition juive de l'errance, l'absence de sol, l'impossibilité de faire corps avec la terre, l'exil jusque dans la langue, l'hétéronomie, l'irréductible étrangeté. Rosenzweig reprend la légende du *peuple juif* dont l'histoire commence avec l'ordre divin de quitter le pays de sa naissance et de partir dans un pays que Dieu lui montrera. L'exil n'est pas la cité du néant, mais la demeure d'Israël qui devient « un peuple dans un exil » (Rosenzweig, *L'Étoile de la rédemption*, 354). En quel sens le judaïsme qui serait caractérisé par l'« absence de monde » peut-il en même temps être mondial ? La réponse consiste à considérer la condition ontologique du déracinement

comme une condition politique qui aurait permis aux Juifs de se répandre et d'infiltrer les nations tout en demeurant étrangers et inassimilables à celles-ci. Ce qui rendrait possible en même temps le maintien entre eux de relations internationales et déchainerait le besoin de revanche, la volonté de pouvoir sur le monde. Ce point de vue préfigure la domination du monde qui est également une accusation : celle de la *machination*.

Quel est le sens de *weltlos* ? Heidegger fait une comparaison entre l'homme qui est *weltbildend*, « ordonnateur du monde », l'animal qui est *weltarm*, « pauvre en monde » et la pierre qui est *weltlos*, « sans monde » (*Les Concepts fondamentaux de la métaphysique*, 267). La pierre n'a pas accès à *l'étant* et n'a donc pas accès au monde.

L'antisémitisme métaphysique

Le Juif serait donc comme la pierre — *Weltlos*. Plutôt que sans monde, il serait *im-monde,* impur parce que sans monde, sans la mondanéité de l'existence. Le Juif serait pétrifié, inassimilable à l'histoire de l'être, il menacerait de pétrifier l'être. Heidegger soumet à une critique semblable aussi bien la définition de l'identité que le concept d'essence. Il s'interroge sur les Juifs de façon métaphysique parce que cette façon répond aux questions : qu'est-ce que c'est (*ti esti*) ? Qu'est-ce que le Juif ? Quelle est son identité ? Quelle est son essence ? Heidegger partage la préoccupation qui sera celle des lois de Nuremberg. C'est aussi l'obsession de Carl Schmitt* qui se résout dans la tautologie : « Le Juif est le Juif ». Heidegger soulève la question philosophique qu'il pose dans le cadre de l'histoire de l'être. Elle se rattache à la tradition qui a réfléchi sur le rapport du Juif à l'être et sur sa place dans l'histoire de l'Occident. « La métaphysique du Juif donne lieu au Juif métaphysique » (Di Cesare, *Op. cit.* 238), une figure absconse à laquelle sont attribuées de manière abstraite les qualités censées appartenir à l'*idée* du Juif fantasmatique qui endosse les représentations passées, les cauchemars du présent et les visions du futur.

L'idée métaphysique du Juif le définit selon une série « d'oppositions séculaires qui l'excluent, le repoussent dans l'apparence, le relèguent dans l'abstraction sans âme et progressivement dans le néant. » (*Ibid.*) Si le Juif est rejeté dehors, s'il est condamné au néant, c'est parce que le philosophe inauthentique le décide. Les Juifs réels cèdent la place au *Jude*, le Juif en soi dont on cherche à découvrir l'essence. Ainsi, à côté du substantif encore trop concret, apparait l'adjectif substantivé, *das Jüdische*, qui en condense la quiddité, selon les règles linguistiques de la philosophie allemande. De la même façon, *Judentum* ne renvoie pas au judaïsme historique, c'est le terme qui relève d'une abstraction supplémentaire où tous les caractères attribués aux Juifs se fondent dans un collectif substantivé, qui prenant l'apparence d'un sujet se comporte comme s'il ne faisait qu'un, un agent inquiétant, hostile, menaçant (Maurice Olender, *Race sans histoire*).

L'être sans sol

La *Bodenlosigkeit* (l'absence de sol) ne nomme pas explicitement les Juifs, mais c'est la prétendue caractéristique des Juifs d'en être dépourvus qui les condamne à l'inexistence.
Heidegger déplore à propos de l'homme d'aujourd'hui : « La décadence et la diablerie de l'absence de sol de sa science dans la puissance » (*GA*, 94, 99). Dans les textes nazis, *Teufel* et *Bodenlos* sont associés aux Juifs ; on lit dans *Mein Kampf* : « *l'hypocrisie complète et dépourvue de sol de la juiverie* »[21]. Dès lors, la connexion dans le même syntagme de deux de ces attributs, *Teufel* et *Bodenlose*, suffit à évoquer le Juif innommable. Heidegger ajoute deux corrélats majeurs de *Judentum* : la science — qui est enjuivée par l'esprit de calcul et la quantification — et la Puissance, impure par rapport à *Macht*. Dès lors, l'extermination devient une lutte pour la survie, et le bourreau un héros salvateur de son peuple.
Dans les premiers *Cahiers noirs* édités en 2014, trois lignes argumentatives se superposent et se contredisent : l'argument ontologique dispose que, privés de sol, les Juifs, simples *étants*

---
21 (Hitler, *Die ganze bodenlose verlogenheit des Judentums*, 252)

transitoires, sans contact avec l'Être et sans-patrie, ne meurent pas, puisqu'ils n'existent pas vraiment. D'où l'interrogation lors de la conférence de Brème en 1949 : *Sterben Sie* ? (Meurent-ils ?) À ce négationnisme ontologique, s'ajoute à présent la thèse explicite que les Juifs se sont auto-exterminés : la technique enjuivée par leur esprit de calcul s'est retournée contre eux dans l'industrialisation qui les a dissipés en cendres. Les nazis n'auraient été que des instruments temporaires, non leurs bourreaux. Toutefois leur auto-extermination relève de la nécessité d'un « nettoyage de l'être ».

TROISIÈME PARTIE

PENSER ET AGIR : LA CRITIQUE DES FAITS ET L'HERMÉNEUTIQUE DES TEXTES

On peut, comme Françoise Dastur (*Heidgger et la pensée à venir*), juger simplificatrice la conception selon laquelle on oppose les actes à la pensée, et admettre néanmoins qu'il est fort possible qu'une telle opposition n'ait jamais existé en réalité. Heidegger lui-même l'a suggéré dans *Être et temps* lorsqu'il montre que le comportement théorique n'est jamais dépourvu d'action et que le comportement pratique de son côté n'est jamais aveugle et possède lui-même sa propre vue. (*Sein und zeit*, 69) Comme l'écrit la philosophe (*Heidegger et la pensée à venir*, 119), si l'être de l'homme est, comme il l'affirme, essentiellement défini comme souci, alors la pure observation d'un quelconque étant n'est pas moins exempte de *souci* qu'une action politique, de sorte que, comme il le déclare au début de la *Lettre sur l'humanisme*, il est nécessaire de prendre conscience que « la pensée agit en tant qu'elle pense » et que « cet agir est probablement le plus simple en même temps que le plus haut, parce qu'il concerne la relation de l'être à l'homme. »

Mais tous les philosophes n'éprouvent pas autant d'embarras ; Jean Beaufret et Pierre Aubenque*, par exemple, font partie de ceux qui considèrent les critiques impertinents comme des empêcheurs de philosopher en rond.

Entre le nazisme et la question de l'être, y a-t-il une commune mesure, à tout le moins un passage, s'interroge Dominique Janicaud. Il observe que si Heidegger peut être aujourd'hui si radicalement suspecté, c'est qu'il a lui-même opéré la réduction de sa philosophie au plus petit commun dénominateur nazi. On le constate, poursuit le philosophe, en relisant ses proclamations politiques et appels de 1933-1934, où « l'on est consterné de retrouver certains concepts-clés de *Sein und Zeit (Dasein, Eigentlichkeit, Entscheidung entre autres)* ». Il conclut que Paul Veyne a raison d'affirmer que « notre penseur a accroché ses opinions nazies à sa philosophie ». Il demeure l'incompréhensible aux yeux de Janicaud : comment une pensée désormais aussi suspecte et considérée comme *philonazie*, a-t-elle pu à ce point masquer sa vraie nature ; « Heidegger est-il le plus grand illusionniste de l'histoire de la pensée ? » Sartre ne s'y trompait pas en écrivant : « C'est le même homme qui philosophe et qui choisit en politique ». Heidegger a justifié philosophiquement son engagement et même son adhésion au national-socialisme, dans des textes sans jamais renier plus tard sa prise de position, aussi, Philippe Lacoue-Labarthe affirme-t-il avec raison que l'engagement de Heidegger est d'une absolue cohérence avec sa pensée.

C'est un processus d'idéologisation qui a rapproché progressivement Heidegger du nazisme, pense Habermas (*Heidegger, l'œuvre et l'engagement*). Il demeure, ajoute-t-il, qu'une idéologie pauvre, barbare et criminelle, ne permet pas de comprendre une pensée inspirée. L'incroyable méprise fut d'avoir surestimé les pouvoirs de la pensée et le rôle du penseur qui, à force de prendre rendez-vous avec les siècles futurs, se fourvoie totalement quant au présent. Et Janicaud de conclure : « à se vouloir plus heideggérien que Heidegger, on se livre à une périlleuse enchère ; on ennoblit une horreur qui sans doute doit rester sans nom et garder tout le poids de son absurdité criminelle ».

Heidegger a été le seul philosophe qui se soit déclaré pour Hitler remarque Karl Löwith, qui fait également état de sa perplexité devant la question la plus brûlante, qui est de savoir si sa décision politique engage sa philosophie. Il juge, quant à lui, que la politique et la philosophie de Heidegger ne se séparent pas, et que son nihilisme devait inévitablement le mener au nazisme.

On notera également l'article d'Éric Weil dans le n° 22 des *Temps modernes* (*Le cas Heidegger*) dans lequel il analyse l'attitude et la pensée de Heidegger par rapport à la situation historique effective et démontre l'inanité d'une volonté obstinée à distinguer l'homme, le citoyen Heidegger, du philosophe.

En philosophie comme ailleurs, à l'instar de ce qu'écrivait Rilke, « la gloire n'est finalement que la somme de tous les malentendus qui se réunissent autour d'un nouveau nom ».

Pour tenter de faire de la lumière sur la question, si tant est que les documents récemment publiés — qui sont sans équivoque — laissent encore place à un doute sur l'innocence de Heidegger, nous allons faire comme si la question de la *différence*, entre ses actions et sa pensée se posait encore pour des irréductibles qui tiennent sa philosophie pour vierge de tout empreinte nationale-socialiste, miraculeusement indemne de toute contamination fasciste.

HEIDEGGER ET LE NATIONAL-SOCIALISME — LES ACTES

Éléments biographiques

Considérons ce que nous rapportent les témoins, historiens et philosophes, et qui concerne le comportement de Heidegger, avant, pendant et après la Deuxième Guerre mondiale, au travers de ses écrits et de ses discours.

Durant l'été 1945, Hugo Ott[22] observe que Heidegger est encore plus profondément empêtré dans cette idéologie hölderlienne qui lui renvoie une image mythifiée de lui-même, solennel prophète de temps obscurs. Dans un article destiné à la *Neue Zürcher Zeitung*, l'historien écrit : « Les efforts de Heidegger pour minimiser à l'extrême son rectorat et pour le faire quasiment oublier, au profit d'une attitude "résistante", doivent être

---
22 Martin Heidegger, *Éléments pour une biographie.*

considérés comme un échec. Ces efforts font injure à la grandeur de sa pensée philosophique ». La même année, Heidegger écrivait à Stadelmann, alors professeur d'histoire et doyen intérimaire de l'université de Tübingen — qui l'invitait à occuper une chaire de philosophie devenue vacante : « Tous pensent aujourd'hui le déclin. Mais nous, Allemands, ne pouvons pas décliner, car nous ne nous sommes pas encore levés et notre tâche pour l'instant, est de traverser la nuit. » Autour de lui, tout était chaos, ruine, détresse, expulsion, culpabilité. Tandis qu'en France, surtout à Paris, Heidegger était estimé comme un philosophe à la mode, ses compatriotes de l'université de Fribourg se tenaient à couvert — ils ne voulaient plus en entendre parler.

Sous le titre *Faits et réflexions*, Heidegger en 1945, rédigeait une plaidoirie, à décharge, formulant point par point les éléments justifiant sa non-collaboration avec le parti national-socialiste, en réponse à l'acte d'accusation dressé contre lui par la Commission française de dénazification. La diffusion du document fut très rapide dans l'espace francophone et anglophone. Hugo Ott, qui s'était engagé, en Allemagne, dans des recherches à la suite de cette publication, constatait que la diffusion des chefs d'accusation notifiés à Heidegger se faisait très lentement, après filtrage — de larges secteurs demeurant hermétiquement verrouillés, particulièrement en France.

Des recherches menées, il résulte que la ligne d'argumentation de Heidegger, telle qu'elle est exposée dans *Faits et réflexions* est indéfendable, tant du point de vue chronologique et factuel, que dans ses fondements. Par exemple, Heidegger n'a pas accédé au poste de recteur, plus ou moins par hasard, et en se sacrifiant en quelque sorte au nom de l'université de Fribourg — soi-disant pour lui éviter le pire, ainsi qu'il le prétendait. Cette promotion obéissait au contraire à un plan pour un petit groupe de professeurs d'université, nationaux-socialistes, dont Heidegger était l'homme de confiance, et le lien avec le ministère de Karlsruhe. La date de son entrée au N.S.D.A.P.[23] avait été fixée selon des considérations tactiques. Heidegger était lié depuis longtemps au mouvement national-socialiste par le biais de groupuscules d'étudiants. Il connaissait le chef de l'organisation étudiante passée sous le contrôle du parti, ainsi que le chef de la VIe région du *Deutscher Studentenbund*. Le poète René Schikele, citoyen français et poète allemand, résidant à Badenweiler, note dans son journal que « dans les milieux universitaires fribourgeois, on raconte qu'Heidegger ne fréquente plus que les nationaux-socialistes (je ne peux pas le croire, il faudra que je le demande à la prochaine occasion). » Abordant la question de la culpabilité allemande posée par Jaspers dans son ouvrage de 1948, Heidegger relativise le problème : « La culpabilité du particulier demeure, et demeure d'autant plus que le particulier est plus seul. Mais la question du mal n'est pas arrivée à son terme. Elle ne fait qu'entrer dans sa véritable phase mondiale ». La question du mal était représentée pour Heidegger par Staline et la Russie bolchevique. Cette phrase met en fureur Jaspers qui répond : « Les questions m'assaillent : cette vision des choses, par son imprécision, hâte-t-elle notre ruine ? L'apparente grandeur de ces visions n'occulte-t-elle pas ce qu'il est possible de faire ? Comment se fait-il que vous émettiez quelque part un jugement positif sur le marxisme, sans simultanément formuler clairement que vous reconnaissez la puissance du mal ? Et cette puissance ne doit-elle pas être saisie par chacun de nous là où elle nous est présente et pour celui qui parle, par le fait qu'il parle clairement et concrètement ? Cette puissance du mal en Allemagne n'est-elle pas aussi ce qui a constamment grandi et ce qui, en fait, prépare Staline : le travestissement et l'oubli du passé ? » Dans la *Lettre sur l'humanisme*, Heidegger énonce clairement l'argument : quiconque tente — comme c'est le cas pour Heidegger — de pénétrer par la pensée dans la vérité

---

[23] Nationalsozialistische Deutsche Arbeiterpartei, désigné sous le sigle N.S.D.A.P. est le Parti national-socialiste des travailleurs allemands, souvent dénommés simplement Parti nazi. Fondé en 1920, il est arrivé au pouvoir le 30 janv. 1933 avec la nomination de son chef, Adolf Hitler, au poste de chancelier du Reich par le maréchal Paul von Hindenburg, président du Reich. Le terme nazi (abréviation de nationalsozialistisch) est utilisé en référence aux membres de ce parti ou aux adhérents de l'idéologie politique du national-socialisme, couramment désignée par l'abréviation nazisme.

de *l'Être*, a trouvé le lieu, la retraite où l'on ne se soucie plus des « préceptes pour la vie active », et de ce fait, ledit penseur n'est donc plus concerné par ce qui touche aux actions des hommes, ni même par ceux qui auraient une faute à assumer.

Qui savait que derrière le héraut de la vérité de l'Être, se profilait l'homme Heidegger dans son existence réelle, l'homme que sa langue philosophico-poétique, aux obscures tonalités, travestissait plus qu'elle ne dévoilait.

Heidegger, recteur de l'université de Fribourg du 22 avril 1933 jusqu'au 23 avril 1934, fait parler de lui, en particulier à la suite de l'entretien accordé en 1966 au *Spiegel* qui ne sera publié que fin mai 1976 — après sa mort, ainsi qu'il l'avait demandé — et qui précéda le compte-rendu de *Faits et réflexions*, publié en 1983. On peut y lire la phrase suivante : « Pour ceux (rien qu'eux) à qui cela fait plaisir de garder les yeux fixés sur ce qu'a de fautif, à leur jugement, mon rectorat, voici ce qui peut être recensé. En soi, c'est tout aussi insignifiant que de fouiller sans résultat parmi des tentatives et des mesures à ce point inconsistantes, dans le mouvement d'ensemble qu'est la volonté de puissance planétarisée, qu'elles ne méritent pas même d'être nommées une misère. » On remarque la formulation relative, réduisant ses exhortations au soutien à Hitler à de misérables « tentatives inconsistantes ». Heidegger veut caractériser sa faute, ni plus ni moins, comme une simple erreur d'appréciation, faite à un certain moment et qui ne peut intéresser que les amateurs de potins.

Cette déclaration constitue en fait une accusation directe contre ceux qui arpentent, avec l'esprit critique, les chemins difficiles de l'histoire de son rectorat, fautif ou pas, selon leur appréciation. Il ne s'agit pas de n'importe qui, mais de Heidegger, guide spirituel dont la parole fut entendue, l'éclaireur dont le cheminement constitue un appel et un modèle.

Heidegger, dont le passé militaire peu brillant, était raillé par beaucoup d'universitaires anciens combattants bardés de décorations — avait été météorologue dans les Ardennes — prétendait néanmoins s'être trouvé devant Verdun, au milieu des combats, et s'autorisait à écrire en 1943, après Stalingrad, à son élève Karl Ulmer, posté sur le front de l'Est, que la seule existence digne d'un Allemand était alors d'être au front, au poste le plus avancé du péril. C'était tout à fait dans l'esprit du Discours de rectorat, dans lequel se trouve formulée « la résolution du corps des étudiants allemands de faire face au destin allemand en son urgence la plus extrême ». Cependant Heidegger n'était pas à même de supporter l'héroïque existence du front. Un monde séparait les grandiloquentes démonstrations de force, verbales, et leur mise en pratique dans l'action militaire. Le 23 nov. 1944, la *fédération des professeurs du Reich* du parti se mobilisa dans le but de soustraire Heidegger à ses obligations militaires. L'ex-directeur du Kaiser Wilhelm Institut de Berlin, Eugen Fischer, télégraphia au Gauleiter de Salzbourg pour lui demander d'exempter Heidegger du service armé, étant donné sa qualité de penseur exceptionnel, irremplaçable pour sa nation et le parti. Service armé que Heidegger avait néanmoins glorifié dans son style emphatique : « La magnificence pourtant et la grandeur de ce départ, nous ne la comprenons entièrement que si nous portons en nous le profond et ample consentement d'où la vieille sagesse grecque a puisé cette parole : Tout ce qui est grand se tient dans la tempête [...] » (Platon, *Politique*, 497d, 9). Traduction et interprétation toute personnelle de la phrase de Platon, aujourd'hui encore controversée. En réalité, Platon avait dit : « Tout ce qui est grand est fragile ». Heidegger se mit en sécurité à Messkirch et fit établir un certificat médical recommandant son éloignement du théâtre des opérations.

Durant son rectorat, Heidegger demanda à l'un de ses assistants de confectionner un code des professeurs qui s'inspirerait du code des officiers, pièce qu'il fit envoyer à Berlin. Le propos était d'imposer des motivations sublimes pour introduire une juridiction d'honneur reflétant bien la confusion qui régnait dans l'idéologie nationale-socialiste – ce code recommandait l'élimination de la corporation des professeurs, des médiocres et les dégénérés. « Le corps des étudiants allemands est en marche. Et ceux qu'il cherche, ce sont les dirigeants par lesquels il veut élever sa propre destination jusqu'à la vérité fondée et sue, et la placer dans la clarté de la parole et de l'œuvre qui l'interprète et l'effectue » (*Discours du rectorat*). Heidegger a depuis longtemps perdu le contact avec la réalité, s'il ne l'a jamais eu. Il apparaîtra dans un proche avenir que la direction n'était pas entre les mains du

recteur Heidegger, mais entre celles des S.A. et de leurs instances étudiantes du parti. Il n'est cependant pas anodin de constater la place centrale qu'occupe dans le discours de rectorat, le mot combat. Selon Heidegger, ce mot devrait être entendu dans son sens *héraclitéen* ; il demeure que le discours de rectorat est d'une ambiguïté telle qu'il est incompréhensible. Prononcé en mai 1933, il fut également compris par un petit nombre de personnes, tant était grande la difficulté de compréhension, difficulté inhérente à la fois à la philosophie et à la langue de Heidegger. Il prononcera un discours au début du semestre d'hiver 1933-1934 devant les étudiants fribourgeois dans lequel il déclare : « Que croisse sans cesse en vous le courage de vous sacrifier pour sauver l'essence et pour élever la force la plus intime de notre peuple dans son État. Que les règles de votre être ne soient pas des dogmes et des idées. Le *Führer* lui-même et à lui seul *est* la réalité allemande, présente et future, et sa loi. Apprenez à savoir toujours plus profondément : désormais toute chose exige décision et tout acte responsabilité. *Heil Hitler.* » Cette déclaration ne fut jamais retirée par son auteur. À l'occasion de son adhésion au N.S.D.A.P., Heidegger écrivit au responsable des universités à Karlsruhe : « Je vous remercie du fond du cœur pour vos vœux de bienvenue à l'occasion de mon adhésion au parti. Nous devons maintenant tout engager pour conquérir le monde des clercs et des érudits, pour le nouvel esprit politique national. Ce ne sera pas une passe d'armes facile. *Sieg Heil.* Martin Heidegger. »
Peut-on encore soutenir qu'un professeur de philosophie, recteur d'une université, s'adresse ainsi au corps professoral, à ses propres étudiants, en faisant totalement abstraction de ses pensées et indépendamment de ses convictions philosophiques ?
Dans une circulaire du 27 avril 1933, Heidegger invitait tous les professeurs à participer à la manifestation de la journée du travail national : « [...] ce que l'heure présente nous commande. L'édification d'un Nouveau Monde spirituel pour le peuple allemand est la tâche la plus essentielle de l'Université allemande. C'est un travail national de la plus haute signification et de la plus haute importance. » (Archives universitaires de Fribourg)
Robert Wagner, *Reichsstatthalter* (Gouverneur) de Bade, responsable du décret badois sur les juifs, dont plusieurs

professeurs de l'Université de Fribourg furent les victimes, fut honoré par Heidegger, d'une lettre en ces termes : « Ravi de votre nomination comme *Reichsstatthalter*, le recteur de l'Université de Fribourg salue le führer de la Marche natale d'un *Sieg Heil*, combattant. Heidegger. »

Avec la délation, on atteint le fond de l'abjection. On connaît au moins deux exemples qui, hélas, intéressent notre philosophe : l'affaire Staudinger où Heidegger dénonce les idées politiques pacifistes du chimiste, en 1914, et l'affaire Baumgarten. En 1934, Jaspers eut connaissance par la veuve de Max Weber d'un rapport sur le professeur Eduard Baumgarten, établi par Heidegger et remis le 16 décembre 1933 à une association nazie. Durant l'hiver 1933-1934, lorsque Heidegger prétendra avoir mûri la décision de renoncer au rectorat et donc à son engagement politique, il rédigea un rapport accablant, qui n'était en fait qu'une dénonciation, adressée à l'association des professeurs nazis de Göttingen. Heidegger écrit : « Baumgarten était ici tout, sauf un national-socialiste » faisant ainsi preuve de la plus grande maîtrise des critères exigibles en la matière. Il s'agissait en fait de l'attribution au professeur Baumgarten de la chaire d'histoire ecclésiastique de la faculté de théologie catholique. Heidegger écrivit au ministère, à Karlsruhe : « Comme dans toutes les futures propositions de nomination, il se pose d'abord la question de savoir quel candidat offre le plus de garanties d'imposer la volonté éducative nationale-socialiste. Attendu que d'un point de vue catholico-dogmatique, l'Église est au-dessus de l'État, la volonté de l'État populaire sera nécessairement subordonnée à la volonté ecclésiastique dans toute éducation catholique [...] C'est pourquoi au fond toute évaluation des candidats d'un point de vue politique est caduque. » (Archives nationales de Fribourg). Une telle argumentation exprimait l'aversion de Heidegger pour la philosophie chrétienne dont il était pourtant issu. Jaspers le reprochera à Heidegger dans sa première lettre de 1949 dans laquelle il dénonce en particulier ce que Heidegger disait de la coupable fréquentation par Baumgarten du « juif Fränkel », titulaire de la chaire de philologie à l'Université de Fribourg. Consulté par la commission d'épuration constituée par les forces d'occupation françaises sur une éventuelle réintégration de

Heidegger à la chaire de philosophie, Jaspers ne mâcha pas ses mots dans le rapport qu'il adressa à cette commission et dont Heidegger eu connaissance sans que cela suscite, de sa part, de contestation.

D'autres lumières sur la personnalité de Heidegger viennent d'Herbert Marcuse, ancien assistant de Heidegger, qu'il rencontra en 1947 et de la correspondance qui en résulta. Dans sa lettre du 28 août 1947, Marcuse traitait de la problématique de l'unité de la pensée et de l'existence chez Heidegger. Il évoquait la profonde souffrance des Juifs et s'il admettait qu'un philosophe puisse se tromper en politique, celui-ci devrait alors reconnaitre ouvertement son erreur. Marcuse crut bon d'ajouter : « Mais il ne peut pas se tromper sur un régime qui a tué des millions de Juifs, et uniquement travestir en son contraire sanglant, tout ce qui était attaché aux notions d'esprit, de liberté et de vérité. » Heidegger, pour Marcuse, s'était identifié à un régime qui avait envoyé à la chambre à gaz des millions de ses coreligionnaires. Heidegger répondit que ce sont là des griefs légitimes, mais il ajouta qu'il suffisait de remplacer « Juifs » par « Allemands de l'Est » pour que cela s'applique exactement de la même façon à l'un des Alliés. Heidegger anticipait ce qu'on a appelé, par la suite, la *querelle des historiens* en 1986.

Marcuse en conclut que le refus de se rétracter devait s'expliquer chez Heidegger par sa conception particulière de la vérité. Si nous comprenions la vérité à partir de la notion heideggérienne d'*essence*, il n'y avait rien à rétracter. La vérité dans le sens traditionnel ne pouvait atteindre les hauteurs où évoluait un Heidegger.

Avant le discours du rectorat, dans les semaines qui précédèrent, Heidegger définit de nouveaux critères. Il ne pensa pas alors à convoquer le Conseil de l'Université pour débattre de problèmes centraux de la *mise au pas* de l'institution ; celle-ci était déjà, soumise au *Führerprinzip*. La démocratie corporative était une structure dépassée et vermoulue, incapable de supporter l'édifice nouveau. Dès lors, Heidegger eut à s'accommoder des graves discordes qui l'opposaient principalement à la faculté de médecine et à la faculté des sciences juridiques de l'Université de Fribourg. Le vice-recteur Sauer nota dans son journal : « Heidegger donne l'impression de vouloir agir selon le *führerprinzip*, il se sent apparemment *philosophe né* et guide spirituel du nouveau mouvement, le seul grand penseur prédominant depuis Héraclite. » Pour atteindre les objectifs politiques, scientifiques, *historiques*, et combattre dans les règles, il fallait que l'université soit une base de départ, un début. Avant la passation des pouvoirs de recteur, Heidegger, le 20 avril 1933, aurait télégraphié à Adolf Hitler le message suivant : « Je sollicite respectueusement l'ajournement de la réception prévue du bureau de l'Association des universités allemandes, jusqu'au moment où la direction de l'Association sera assumée dans l'esprit de la mise au pas particulièrement nécessaire en son sein. » La mise au pas était une notion parfaitement claire. Elle signifiait l'alignement de toutes les institutions de tous les domaines sur le principe de la soumission totale de l'État et de la société au *Führer*. Ce télégramme valut à Heidegger d'être gravement mis en cause en 1945. Hugo Ott conclut de ses déclarations faites à cette époque qu'elles sous-entendaient de sa part, la croyance en une sorte de national-socialisme privé. Il ajoute que les conférences que Heidegger donna à Heidelberg et à Kiel (fin juin-début juillet 1933) lui valurent la réputation d'un représentant particulièrement radical du mouvement. Son objectif semblait être, en effet, de devenir l'un des *führers* spirituels du mouvement national-socialiste en matière de politique scientifique, voire l'autorité suprême dans ce domaine. En août 1933, de nouveaux statuts de l'Université entrèrent en vigueur dans le *Land* de Bade, en vertu desquels le recteur était nommé *führer* de l'université par le ministre de l'Enseignement sans que soit accordé à l'université le moindre pouvoir d'intervention ni même le simple droit de proposition. Il n'était pas prévu de limitation de durée des fonctions. Le recteur nommait suivant le *führerprinzip*, les doyens des facultés. Josef Sauer, vice-recteur de l'Université de Fribourg, notait dans son journal : « Fin des universités... Et c'est ce fou de Heidegger qui nous a joué ce tour, lui que nous avons élu recteur, pour qu'il nous apporte la nouvelle spiritualité de l'Université. Quelle ironie ! Nous n'avons rien d'autre à faire pour l'instant qu'espérer que les autres universités allemandes [...] ne copient pas [...] cette marche vers l'abîme... »

Les nouveaux statuts de l'université, dont Heidegger avait à assumer pleinement la coresponsabilité, puisaient, à n'en pas douter, aux sources mêmes de sa pensée et de son action.

En 1945, il prétend s'être aperçu, dès le semestre d'été 1933, que l'évolution politique n'allait pas dans la direction qu'il avait souhaitée, rendant alors incompréhensibles les déclarations publiques du *führer*-recteur à l'automne 1933 – l'appel aux étudiants fribourgeois du 3 nov. 1933 et à nouveau, dans un journal étudiant, l'appel pour les élections au Reichstag du 12 nov. 1933, vote qui était un plébiscite sur la politique d'Hitler, qui consistait à élire une liste unitaire et approuver le retrait de l'Allemagne de la Société des Nations.

Le recteur de Fribourg mêla à la politique hitlérienne, sa propre philosophie et certains des thèmes du discours du rectorat servirent à concocter un discours philosophique de politique intérieure et extérieure. N'étaient-ce pas là prix des fourvoiements publics par lesquels le philosophe compromit sa pensée ? Mais était-ce vraiment un fourvoiement ? Heidegger n'a pas retiré un mot à ces phrases. Il n'a pas renié parce que dans la compréhension qu'il a de sa pensée, il n'était pas exposé à l'erreur ; ce risque ne menace que ceux qui ne l'ont pas écouté, lui, le prophète de l'Être. Aussi Levinas pensait-il avec raison : « On peut pardonner à beaucoup d'Allemands, mais il y a des Allemands à qui il est difficile de pardonner. Il est difficile de pardonner à Heidegger » (E. Levinas, *Quatre lectures talmudiques*, 56).

Pendant les vacances de Noël 1933, Heidegger parvint à la décision d'abandonner le rectorat à l'issue du semestre d'hiver. Il avait voulu occuper une position dirigeante, dans la nouvelle organisation de l'Université du Reich, mais en novembre, le parti imposa ses propres vues sur la direction de la Conférence des recteurs et l'édification du système de l'Université. Le parti, à cet effet, avait hissé au sommet des militants médiocres, mais vieux et fidèles. *Le Reichsverband der Deutschen Hochschulen* (Fédération nationale des universités allemandes) fut créé ; son *führer*, un professeur de psychiatrie, nomma le recteur d'Iéna, *führer* de la Conférence allemande des recteurs. Le nom de Heidegger n'était plus à l'ordre du jour nulle part. Il avait échoué dans sa prétention de guider l'Université allemande dans le nouveau Reich et de mettre ainsi en œuvre la volonté de « remplir la mission spirituelle historique du peuple allemand, en tant que peuple ayant connaissance de soi dans son État ».

« L'échec du rectorat est une écharde dans ma chair », dira Heidegger à Jaspers en 1935. Il déplore que son discours ait été totalement passé sous silence. Dans sa lettre au rectorat en 1945, il écrit : « Le discours du rectorat, dont le tirage ne fut pas plus élevé que celui de mon discours inaugural de 1929, n'était pas encore épuisé en 1934. » On note que pour Heidegger lui-même, ce discours n'est ni un fourvoiement, ni un égarement, ni une erreur ; il dit le vrai, le problème vient uniquement de l'absence de discernement de ses auditeurs.

Heidegger était-il national-socialiste ? La question est rhétorique au regard de ce que l'histoire nous apprend de ses propos et de ses écrits, empreints d'une adhésion complète et sans réserve à la doctrine nationale-socialiste. Peu importe le degré de son obédience, seuls comptent son enseignement et l'usage qu'il fit de sa notoriété de philosophe, quand bien même dans l'introduction à la nouvelle édition du discours du rectorat, les noms de *national-socialisme*, *Führer*, *chancelier du Reich* ou *Hitler* ont été effacés.

On sait pourtant combien Heidegger s'entendait à manipuler ces notions dans ses autres discours, appels et écrits. La dernière allocution fut prononcée par Heidegger, le 30 nov. 1933, à Tübingen : « *L'Université dans l'État national-socialiste* ». Le journal de Tübingen, la *Tübingen Chronik* du 1er déc. 1933, en fit un compte-rendu complet dans lequel étaient examinés le style, l'idée maitresse, l'argumentation de nombreux passages de l'allocution, dont l'authenticité ne peut être mise en doute. « L'un des plus forts champions du national-socialisme parmi les intellectuels allemands » — c'est ainsi qu'on présentait Heidegger — baissait à présent les bras : selon lui, on parlait des étudiants politiques, des facultés politiques, mais cela n'était rien d'autre que des vieilleries rafraichies, tout au plus, le reflet extérieur de certains résultats de la révolution, au milieu d'une vie intellectuelle encore entièrement orientée vers l'ancienne et paisible intériorité. Mais il annonçait que la révolution n'était pas terminée et avait fait place à l'évolution comme le disait le *Führer*. Selon l'article en question, Heidegger proclama à nouveau : « Non seulement la révolution dans l'Université allemande n'est pas terminée, mais elle n'a même pas encore commencé. Et si dans l'esprit du *Führer*, l'évolution est là, alors elle ne pourra se faire que dans la lutte et par elle. La révolution dans l'Université allemande n'a rien à voir avec un changement dans les apparences. La révolution nationale-socialiste est, et sera toujours plus, l'entière métamorphose de l'éducation des hommes, des étudiants et du corps des jeunes professeurs qui viendra à leur suite. » Heidegger revenait ensuite sur la notion de lutte et concluait : « Nous, hommes d'aujourd'hui, nous nous dressons au cœur de la lutte qui mènera à la nouvelle réalité. Nous ne sommes que transition, sacrifice. Comme combattants de cette lutte, ce qu'il nous faut c'est une génération tranchante, qui n'est plus attachée à rien de personnel, qui se forge au fond du peuple. La lutte ne concerne pas des personnes et des collègues, non plus que des apparences vides et des mesures générales. Toute lutte véritable porte des traits durables de l'image de ceux qui la mènent et de leur œuvre. Seule la lutte déploie les vraies lois portant réalisation des choses ; la lutte que nous voulons est celle de cœur à cœur, d'homme à homme. »

Son rectorat avait échoué de l'intérieur, rejeté vers lui-même, coupé de l'édification de l'œuvre nationale des Allemands, renvoyé à sa quête du sens de l'histoire, Heidegger trouve une réponse chez Hölderlin auquel il s'identifie et consacre, dès lors, sa pensée. C'est en juillet 1945 que fut engagée la procédure d'épuration contre Heidegger. Son principal accusateur, le professeur Adolf Lampe, insista sur le fait que la réputation internationale de Heidegger devait être considérée comme une circonstance aggravante. « Tout d'abord parce que sa parole a un impact loin au-delà des murs de l'université, et même loin des frontières du Reich et est donc devenue un soutien essentiel des tendances au développement dangereux du national-socialisme ; d'autre part, parce que l'on doit exiger, comme allant de soi de la part d'un intellectuel de sa réputation, une attitude hautement responsable, y compris dans les questions de politique universitaire. » Adolf Lampe attira l'attention sur le fait que pendant son rectorat, Heidegger s'en était tenu de façon si radicale au Führerprinzip que toute collaboration constructive au sein du Conseil était vouée à l'échec.

C'est sur l'appui des Français que Heidegger pouvait davantage compter que sur celui des Allemands qui s'employaient à découvrir dans son rectorat des éléments à charge ; c'est ce qui apparait dans une lettre écrite à Stadelmann au cours de l'été 1945. Il fut donc conseillé à Heidegger de s'occuper de philosophie française. [24]

Adolf Lampe, Walter Eucken et le vice-recteur Franz Böhm, membres de la commission d'épuration, adressèrent au rectorat des rapports circonstanciés dans le but d'empêcher la réintégration de Heidegger à l'université. L'argument principal

---

24 « Rapport de la commission d'épuration politique, septembre 1945 ; membres MM les professeurs von Dietze (Président, Ritter, Oehlkers, Allgeier, Lampe. »« Le philosophe et professeur Martin Heidegger vécut, avant les bouleversements de 1933, dans un univers intellectuel complètement apolitique, mais entretint des relations avec [...] Ernst Jünger, qui annonçait la fin de l'ère bourgeoise-capitaliste et l'avènement d'un nouveau socialisme allemand. Il attendait de la révolution nationale-socialiste un renouveau spirituel de la vie allemande sur une base populaire et un sauvetage de la culture occidentale face au péril du communisme. Il croyait en la mission historique d'Hitler, qui était de provoquer le tournant spirituel qu'il entrevoyait. [...] L'adhésion au parti fut étroitement liée à sa prise en charge du rectorat, à quoi l'avait poussé des amis et des admirateurs... en mettant sur le même plan que le "service du savoir", le "service du travail" et le "service de défense" pour les étudiants, il fournissait à la propagande nazie le moyen d'exploiter son discours sur un plan politique. [...] le parti utilisa comme moyen de propagande bienvenu, le seul fait qu'un intellectuel de son rang ait adhéré et qu'il célébrât la victoire du parti dans des discours publics. [...] Heidegger [...] a facilité la tâche du parti en poussant son enthousiasme jusqu'à monter les étudiants contre leurs professeurs qualifiés de "réactionnaires". Il espérait ainsi promouvoir ses propres programmes de réforme et acquérir au sein du parti, une position forte qui lui aurait permis de conserver sa propre ligne et, le cas, échéant, d'infléchir l'évolution interne du parti dans un sens favorable. [...] la majorité des professeurs fut profondément blessée par ses circulaires souvent maladroites et ressenties comme prétentieuses, et ils passèrent à l'opposition ; par ailleurs, le parti se détachait d'autant plus de lui qu'il commençait à se rendre compte de l'antagonisme interne entre les objectifs politico-scientifiques de Heidegger et les siens. Même le fait qu'il apporta une coopération zélée à la réforme des statuts de l'Université, dans le sens du nouveau Führerprinzip et à l'introduction dans la vie universitaire de signes extérieurs de l'hitlérisme (par exemple, le salut dit "salut allemand"), qu'il humilia ou sacrifia des personnalités antinazies et même participa directement par des appels dans la presse, à la propagande électorale nationale-socialiste, même cela ne changea rien à cet éloignement mutuel. C'est ainsi que son rectorat se termina dès la fin du semestre d'hiver 1933-1934, par un grave accrochage avec le ministre de l'Éducation Wacker, motivé par des raisons en partie politiques, en partie administratives. [...] En dépit de ce divorce tardif, il ne fait aucun doute que Heidegger a mis sciemment au service de la révolution nationale-socialiste l'aura de son nom [...] et a, ainsi notablement contribué à justifier cette révolution aux yeux du monde intellectuel allemand, à accroitre les espoirs placés en elle et à rendre singulièrement plus difficile la sauvegarde de la science allemande dans les bouleversements politiques. » (in Hugo Ott, *Op. cit.* 330 à 332)

tenait à la responsabilité de Heidegger dans les premiers temps du troisième Reich, considérée comme si considérable qu'aucun autre membre de l'Université ne pouvait être mis en cause si Heidegger s'en sortait sans grand dommage. Or deux recteurs avaient déjà été touchés (il s'agissait des recteurs Metz et Süss), plusieurs professeurs de la faculté de médecine avaient été radiés et même internés dans des camps français, dans des conditions extrêmement dures. C'est une insulte, disaient-ils, que le corrupteur intellectuel Heidegger, qui a dévoyé tant de jeunes intellectuels, soit traité avec tant de ménagement [...] Böhm, futur ministre de l'Éducation du Grand-Hesse menaça de se démettre de son vice rectorat si Heidegger était réintégré dans ses fonctions, ou était seulement mis à la retraite. Il ajouta : « je ressens avec amertume le fait que l'un des auteurs intellectuels les plus responsables de la trahison politique des universités allemandes [...] recteur d'une grande université allemande [...] a mal orienté le gouvernail politique et a prêché de vive voix et avec un fanatisme intolérant, des doctrines fallacieuses et funestes — doctrines sur lesquelles, à ce jour, il n'est jamais revenu — qu'un tel homme, donc, est uniquement touché par une mesure de "mise en disponibilité" et apparemment ne ressent même pas le besoin de répondre des conséquences de ses actes responsables. » (Lettre au rectorat, du 9 oct. 1945, in Hugo Ott, *Op. cit.*).
Devant la proposition faite à Heidegger, par la *Revue Fontaine*, de prendre position sur la situation actuelle, de traduire et publier en France un texte, Eucken, Lampe et Böhm s'indignent : « Je n'ai pas entendu au cours de la dernière séance du Conseil que M. Heidegger ait ressenti et ait exprimé l'absolue impossibilité d'une telle participation aux évènements actuels. Force nous est donc, comme auparavant, de conclure que M. Heidegger — contrairement à la présomption du présent rapport de notre commission d'épuration — n'a en aucun cas fait l'expérience profonde de ce revirement radical de sa pensée politique, revirement qui avait été au moins considéré comme acquis. Sans ce préalable nous ne pouvions, ni ne devions, absoudre aussi largement M. Heidegger des conséquences de son attitude en tant que premier recteur de notre université sous le troisième Reich, comme ce fut le cas lors du vote final de la commission. »

(Legs Lampe *Ibid.*) L'argumentation de Lampe consistait à dire que si Heidegger pensait « qu'il était appelé, lui, précisément, à avoir aujourd'hui une parole d'explication et d'orientation sur les malheurs répandus sur le monde par Hitler et ses partisans aveugles ou criminels », alors il n'y avait que deux possibilités : ou Heidegger avait conscience de l'importance de sa faute, « lorsque, en utilisant la force brutale, il a conduit notre Université sur la voie du national-socialisme et que, s'appuyant sur sa réputation de philosophe internationalement connu, il a aveuglé et dévoyé des milliers et des milliers d'êtres », ou Heidegger était encore aujourd'hui « aveugle sur la réalité, à un point tout simplement effroyable ». (In Hugo Ott, *Op. cit.*)
La commission d'épuration créée par le gouvernement militaire français édicta une décision le 28 déc. 1946 interdisant à M. Heidegger d'enseigner et de participer à toute activité de l'Université.

Un peuple historique

Le désaveu du libéralisme qui est un leitmotiv des idéologies conservatrices de l'époque est un des piliers de l'idéologie nazie. La libre confrontation des conceptions du monde, considérée comme une des caractéristiques de l'ère libérale, est tenue par Heidegger pour une manifestation de l'arbitraire et de la perte du sens philosophique authentique. « Car même dans la conception "libérale" du monde... il y a encore cette manière d'ergoter en ce sens qu'elle exige qu'on laisse à chacun son opinion. Cependant ce laisser-aller est l'esclavage du *hasard* ». (*In* Nicolas Tertulian, *Les Temps modernes*, févr. 1990)
Déjà dans le Discours de rectorat, il avait exprimé son mépris pour la tradition universitaire de *liberté académique*, dénonçant sa stérilité et approuvant son abolition par le pouvoir nazi : « La liberté académique, dont on chante les louanges, est chassée des universités, car cette liberté était inauthentique parce que seulement négatrice. Elle signifiait avant tout insouciance, laisser-aller des intentions et des penchants, liberté irresponsable de faire ou ne pas faire. » (*L'auto-affirmation de l'Université allemande* — 1933.)

La théorie moderne des idéologies est considérée par Heidegger comme un des derniers avatars de la doctrine platonicienne des Idées qui aurait inauguré l'occultation de la vérité originaire de l'Être.
Dans sa lettre à Herbert Marcuse du 20 janv. 1948, répondant à son correspondant qui lui demandait de préciser sa position à l'égard du nazisme, Heidegger énonçait les raisons de son adhésion au national-socialisme : « À propos de 1933 : j'attendais du national-socialisme un renouveau spirituel de la vie tout entière, une réconciliation des antagonismes sociaux et un sauvetage de l'existence occidentale des périls du communisme. » Aux côtés de la démocratie et du libéralisme, le communisme et la pensée qui l'inspire, le marxisme, figuraient parmi les hantises de Heidegger dans les années 30. Il est évident qu'il n'aurait pu voir dans le national-socialisme *un renouveau spirituel de la vie tout entière* s'il n'avait pas considéré les autres courants de pensée et formes de civilisation qui dominaient la scène historique comme des manifestations des forces hostiles à l'esprit ; il se devait de les rejeter en tant qu'expressions d'une réduction de l'esprit à l'impuissance.
Le philosophe entendait fonder la révolution sur une vision incomparablement plus élevée que l'interprétation vulgaire du national-socialisme. La célébration du sacrifice, l'éloge de l'inconditionnel, l'exigence du dépouillement de soi afin de recevoir l'impulsion de l'Être et la volonté de faire éclater les anciennes catégories de l'individu libéral évoquent le mouvement de 1933. Les critiques qu'il formulait étaient dirigées contre la vulgarisation du national-socialisme dont il avait l'intention de préserver l'authenticité contre une pratique compromettante. Karl Löwith a pu dire, dans un texte de 1940, que la décision de Heidegger de rejoindre Hitler dépasse de loin son adhésion à l'idéologie et au programme du parti. Il fut et resta un national-socialiste en marge. Il pouvait risquer dans ses cours des remarques amères sans que son appartenance substantielle au national-socialisme, en tant que mouvement de protestation et de négation animé par une croyance, en soit altérée. Car l'esprit du national-socialisme avait moins à faire avec le national et le social qu'avec cette résolution et ce dynamisme qui rejettent toute discussion et entente parce qu'ils se fient uniquement à eux-mêmes, au pouvoir spécifique allemand.

Quelques années après avoir mis un point final aux *Apports à la philosophie* (*Beiträge zur Philosophie* - 1989), Heidegger désavouait les théologiens favorables au régime aussi bien que les opposants pour leur incapacité d'accéder au *caractère sacré* de la patrie (*das Heilige des Vaterland*), et il leur associait les biologistes et les spécialistes de la préhistoire censés divulguer la théorie des races ; il les réunit sous le signe d'un péché commun, *l'intellectualisme*, leur reprochant l'abaissement de ce qu'il appelait « la dignité cachée de l'être le plus spécifique de la patrie », pour conclure que tous ces gens-là « ne pensent allemand en aucun cas ».
L'entrée en guerre des États-Unis lui donna l'occasion de manifester ses ressentiments à l'égard de l'*américanisme* ; l'initiative américaine serait le dernier acte américain de « cette Amérique qui n'a pas d'histoire et se détruit elle-même. » Il avait déjà, auparavant, mis en garde ses compatriotes contre la menace que faisait peser sur leur identité, l'esprit moderne dont l'américanisme était la forme la plus corrompue. Il projetait le combat de l'Allemagne, dans l'aura du commencement, sur la grande scène de l'histoire de l'Être ; les Américains sont « ceux qui sont privés de commencement » (*das Anfanglose*), car leur civilisation n'est qu'une mixture de « l'esprit bourgeois démocratique » et de christianisme, tandis que le peuple allemand « peut attendre dans le calme inspiré par la paix du commencement, son heure de plénitude » (*Hölderlin Hymne*, 1942). Heidegger investissait sa pensée d'une vocation historique, censée exprimer le destin de l'Allemagne et le salut de l'Occident. Le grand danger était de voir l'essence originaire du peuple allemand, dévoyée et détournée de cette vocation retomber dans les pièges tendus par les autres formes de civilisation, produits de l'ancienne métaphysique. Aux moments les plus difficiles de la guerre et à la veille même de la catastrophe, le philosophe continuait d'exalter l'invincibilité de l'Allemagne, de la parer généreusement des concepts fondamentaux de sa réflexion, à partir desquels, indiquait-il en 1943, « il faut savoir que ce peuple historique, si, somme toute, une victoire est en cause, a déjà vaincu et est invincible » (Heidegger, *Parmenides*, 1942-1943). Jusqu'à la fin de la guerre, il poursuivra la marche inexorable des évènements, en délivrant imperturbablement le même message de salut et en proférant les mêmes vaticinations. « La planète est

en feu — disait-il dans son cours de 1943-19644 sur Héraclite. L'être de l'homme est disjoint. C'est seulement des Allemands que peut venir la prise de conscience historique, pourvu qu'ils trouvent la spécificité allemande et la conservent. » (*Heraklit*)
Il projetait sur la scène de l'histoire, le rêve de la résurrection d'une *polis* mythique, fondée sur la présence des Dieux et dont l'*essence allemande* serait la seule héritière légitime. N'échappaient au bannissement ni le classicisme allemand (celui de Goethe et de Schiller) ni le grand idéalisme allemand (celui de Hegel, en premier). Goethe est un malheur, disait-il dans un cours de l'époque (*GA*, 54, 108). On pourrait dire, avec Nicolas Tertulian, que la défaite de l'Allemagne dans la Deuxième Guerre mondiale a été aussi une défaite pour la pensée de Heidegger ; « la victoire est revenue aux formes de vie et de civilisation auxquelles il opposait une fin de non-recevoir, à la démocratie et au libéralisme, à l'américanisme et au socialisme, au christianisme et aux messages de l'Église ». S'il n'a jamais renié ses vues politiques, c'est parce qu'elles étaient trop liées aux fondements de sa pensée. Dans son premier cours donné après la guerre, en 1951-1952, *Que signifie penser ? (Was heist Denken ?)* on retrouve à travers des citations de Nietzsche, les anciennes attaques contre la démocratie et contre l'esprit libéral, ainsi qu'un éloge à peine voilé de l'État autoritaire ainsi que des figures charismatiques associées au Surhomme de Nietzsche.

Discours et plaidoyers contre la raison pour la violence

Éric Weil, dans un article paru en juillet 1947 dans *Les Temps modernes* (*Le cas Heidegger*), procède à une analyse critique de l'attitude et de la pensée de Heidegger par rapport à la situation historique effective. Weil distingue la personne du citoyen Heidegger et ce qui concerne le philosophe et la philosophie heideggérienne.
Le cas du citoyen Heidegger est au fond simple, écrit Weil : « Il a approuvé la prise du pouvoir par Hitler, il n'a pas été gêné outre mesure par toute l'histoire de la première année du Reich millénaire,

il a approuvé publiquement la rupture avec la S.D.N., il a pesé de tout son poids moral sur ses étudiants et sur l'opinion publique de son pays pour que Hitler constitue l'avenir de l'Allemagne, et il a été déçu en voyant que ce Reich pouvait se dispenser de ses services, puisqu'il n'avait besoin d'aucune philosophie du tout ». Weil ajoute que « si Hitler avait compris quelque chose à la philosophie, cette vérité — telle que pensée par Heidegger — lui aurait rendu de meilleurs services que son biologisme, puisqu'elle aurait été capable de tout justifier, absolument tout » et de plus, elle lui aurait été plus utile parce que plus convenable pour sa propagande à l'étranger. Seulement Hitler n'avait pas besoin d'un *Führer* de l'Esprit allemand et Heidegger a eu tort de présenter pour sa défense cette ingratitude, cette brouille entre le *Führer* et lui, que Heidegger n'avait pas voulue. En revanche, « il aurait eu une défense excellente s'il avait voulu dire que lui, philosophe de la décision, s'était décidé, en pleine responsabilité, pour ce qu'il avait pris pour le destin, que depuis il avait compris que ce destin n'était que la farce sanglante de la non-responsabilité, du refus de la responsabilité, la trahison de toute authenticité, le subterfuge pur et méprisable d'une volonté de puissance primitive et, par là même, négatrice de tout "être-soi-même", que ce risque était un "aller au-devant de la mort", mais de la mort des autres — en un mot qu'il avait compris. Mais il n'a pas compris qu'il a agi et qu'il en est responsable sur le plan de l'action, sur lequel, dans ce monde, les hommes sont pesés et jugés. » (Éric Weil, *Les Temps modernes*, n° 22, juill. 1947)

Telle est la contradiction majeure de Heidegger, que relève Éric Weil : il s'est engagé sur le plan de l'action politique, il a présenté son choix comme l'expression d'une décision pour ainsi dire absolue, et une fois placé devant les conséquences effectives de ses décisions sur le plan de l'action, c'est-à-dire de la politique et de l'histoire, il se retire de ce plan et élude sa responsabilité concrète. Au fur et à mesure que le temps passe, le dossier Heidegger ne cesse de grossir. On n'a pourtant pas l'impression que des pièces essentielles font défaut ou des documents qui apporteraient encore de nouveaux arguments dans un sens ou dans l'autre. La possibilité n'est toutefois pas exclue que l'on retrouve autre appel enflammé en faveur du *Führer*, qu'une autre lettre apparaisse à un

non-Aryen ou à un collègue suspect de tiédeur envers Hitler.
Éric Weil estime difficile de croire qu'un philosophe ait pu s'engager et inviter des étudiants à s'engager dans un mouvement politique sans en connaitre les textes fondateurs et sans les prendre au sérieux. À Hegel, le maitre de l'option pour la raison, au point que la liberté se confonde avec la raison, Heidegger préfère l'option contre la raison, pour la violence.
Même l'œil le plus exercé et le plus bienveillant ne trouvera rien dans les écrits ou discours de Heidegger, qui contredise l'action hitlérienne. « C'est le langage nazi, la morale nazie, la pensée nazie, le sentiment nazi ».
On trouve chez Heidegger les bases, philosophiquement solides, qu'il propose de mettre à la disposition du parti : « vérité de l'être-ouvert, de ce qui rend sûr, clair et fort, un peuple dans son action et dans son savoir. Une volonté qui délimite l'exigence du savoir. Et de là, enfin, sont mesurées les limites à l'intérieur desquelles la question et la recherche authentique doivent se fonder et se légitimer. De cette origine provient pour nous la science. Elle est liée dans la nécessité de l'existence nationale (*Völklisch*) responsable devant elle-même... Savoir (*Wissend-sein*) signifie pour nous : avoir puissance sur les choses en clarté et être décidé à l'action. Nous nous sommes détachés de l'idolâtrie d'un penser sans sol ni puissance. Nous assistons à la fin d'une philosophie qui le sert » (Heidegger, Appel du 10 nov. 1933).
Mais Heidegger ne s'intéresse pas à ce procès qu'il aurait pu soutenir contre Hitler, et il a raison, affirme Weil (*Le cas Heidegger*) : « la maison est en faillite, le patron est mort ». Mais il serait surprenant qu'il aspire maintenant au rôle de « mauvais serviteur des ennemis du patron, parce que celui-ci n'a pas apprécié à leur juste valeur les moyens qu'il mettait à la disposition de l'entreprise ». Il y a eu brouille, c'est entendu ; mais ce n'est pas Heidegger qui l'a voulue. Il n'a pas obtenu ce qu'il demandait, au moins implicitement, la place de *Führer* de l'Esprit allemand ; mais c'est une affaire entre Hitler et lui. Ce qui dans cette affaire est effrayant, aux yeux de Éric Weil, ce n'est pas tant ce que Heidegger a fait d'abord et n'a pas fait ensuite, c'est sa défense. « Un professeur de philosophie descend dans l'arène ; cela est bien. Il se trompe ; cela est humain, surtout quand on est professeur. Il déclare avoir été du bon

côté ; c'est en cela que Heidegger devient un cas représentatif d'une bonne partie des Allemands ». Heidegger raisonne ainsi : « la lutte pour la Grande Allemagne, parfait ; la dictature, pas un mot de réprobation ; la rupture avec la S.D.N., applaudissements frénétiques ». Mais Heidegger a été contre le matérialisme biologique. Il a critiqué la philosophie de Rosenberg. Certes, personne ne lui a demandé de risquer sa vie dans une entreprise désespérément dangereuse ; mais il devrait comprendre qu'il ne pouvait pas se replier sur la position de l'homme de science ni se draper dans l'innocence du Philosophe détaché des affaires de ce monde. Et puisqu'il ne veut pas comprendre cette part qu'il a eue dans une guerre superflue et ainsi doublement atroce, tout ce qu'il allègue n'est que faux-fuyants et trompe-l'œil « Il a voulu ce qu'a voulu Hitler ; aujourd'hui il demande qu'on oublie, non pas qu'on pardonne, comme si la terre entière ne puait pas le cadavre, grâce à l'homme par le nom duquel il a juré et fait jurer ses étudiants. Est-il donc prêt à recommencer demain à la seule condition qu'on remplace le biologisme par sa "vérité" *ad usum tyranni* ? » (Éric Weil, *Op. cit.*)

La philosophie de Heidegger a énoncé l'essence de l'époque ; son principe « correspond à l'état radical de la situation réelle », et « la vérité de la présente existence allemande se trouve plus que jamais chez Heidegger, si la vérité du *Dasein* est réellement temporelle et historique », en d'autres termes, s'il n'y a pas d'Éternité. Il est vrai que s'il y a une Éternité et que cette Éternité est accessible à l'homme, la pensée du nationalisme absolu — c'est à cela que se réduit la *vérité* heideggérienne en politique — est illégitime et fausse : la foi transcendante, comme toute foi transcendante, exclut le relativisme éthique et interdit à l'homme, sinon de mourir, du moins de tuer ; Heidegger aurait interprété une mauvaise réalité et il en découlerait pour ceux qui sans faire le saut n'ont pas été d'accord avec sa philosophie de l'historicité et ses conséquences politiques, qu'ils auraient eu raison pour des raisons philosophiquement fausses. Condamner Heidegger, pense Eric Weil, serait alors comme si l'on voulait voir dans le thermomètre la cause de la fièvre. « Faut-il dire, que la faute de Heidegger a été d'être un bon philosophe, dans toute la mesure où une philosophie basée sur le temps et l'histoire peut être bonne, et qu'avec cette philosophie il ne pouvait pas ne pas être nazi ? » (Eric Weil, *Op. cit.*) Nous ne le croyons pas. La liaison entre existentialisme et nazisme a été illégitime chez Heidegger, d'après les principes mêmes de sa philosophie, et on commettrait une faute en établissant une relation de cause à effet, là où il n'y a qu'arbitraire affirme Éric Weil : « *La vérité* allemande ne peut pas être déduite de *Sein und Zeit* ».

1933, l'Allemagne quitte avec fracas la Société des Nations. Le *Führer* décrète des élections pour démontrer l'unité qui règne entre lui-même et les Allemands. Heidegger fait marcher les étudiants fribourgeois en rangs serrés jusqu'au local du scrutin. Le oui à Hitler lui paraît identique à l'affirmation de *l'être authentique*. L'appel électoral qu'il publie en tant que recteur est entièrement conforme au style national-socialiste et représentatif en même temps de la philosophie heideggérienne. « Hommes et femmes allemands ! Le peuple allemand a été appelé à l'élection par le *Führer* [...] il donne au peuple la possibilité la plus immédiate d'une décision suprêmement libre : il décidera s'il veut, lui, le peuple tout entier, son *Dasein* propre et authentique ou s'il ne le veut pas. [...] Le caractère unique de cette élection repose sur la simple grandeur de la décision qui doit s'y accomplir. L'inexorabilité du Simple et de l'Extrême ne tolère ni hésitation ni réticence. Cette décision ultime atteint l'extrême limite du *Dasein* de notre peuple. Et quelle est cette limite ? Elle consiste en cette exigence originelle qui pousse tout *Dasein* à préserver et à sauver son être authentique. [...] En vertu de cette loi fondamentale de l'honneur, le peuple conserve la dignité et la détermination de son essence. Ce ne fut pas l'ambition qui incita le *Führer* à quitter la "Ligue des Nations", ni la recherche d'une vaine gloire [...] ni le désir de violence, mais uniquement la claire volonté de l'autoresponsabilité inconditionnelle grâce à laquelle il peut porter et maitriser le destin de notre peuple. Il ne s'agit nullement de nous détourner de la communauté des peuples. Au contraire, en accomplissant ce pas, notre peuple se place sous l'empire de cette loi essentielle du *Dasein* humain que tout peuple doit suivre, de préférence à toute autre loi, pour peu qu'il veuille rester un peuple. [...] Notre volonté de responsabilité nationale veut que chaque peuple trouve et conserve la grandeur et la vérité de sa destination. [...] Le 12

nov., le peuple allemand en tant que Tout choisira son avenir. Celui-ci est lié au *Führer*. Le peuple ne saurait choisir cet avenir en votant "oui" pour de soi-disant considérations de politique extérieure sans inclure dans ce "oui", le *Führer* et le mouvement qui lui appartient d'une appartenance inconditionnelle. [...] » (Heidegger, Discours à l'occasion du référendum pour Hitler.)
Dans son discours inaugural à Fribourg (*Qu'est-ce que la métaphysique*, 1929), Heidegger parlait pour la première fois de l'ultime *grandeur* du *Dasein* qui consisterait en ce que celui-ci, *audacieux*, se dépensait sans compter; il fait à présent plus ample usage de la grandeur héroïque. Elle recouvre la décision d'Hitler d'user d'une solution audacieuse qui fait litière de tout lien contractuel et des fondamentaux juridiques.
Une semaine avant cet appel, Heidegger avait publié une harangue destinée aux corps estudiantins où il déclarait que la révolution nationale-socialiste apportait une *transformation totale au Dasein allemand,* et qu'il appartenait aux étudiants allemands, dans leur volonté de savoir, de s'en tenir à l'essentiel, à la simplicité et à la grandeur, d'être durs et authentiques en leur exigence, clairs et sûrs dans leur refus, de s'engager en combattants et d'accroître leur courage prêt au sacrifice pour sauver l'Essence et pour élever la force du peuple. Ce ne sont pas les idées qui doivent servir de règles au *Dasein* des étudiants. Hitler sera leur seule et unique loi. « Seul le Führer lui-même *est* la réalité allemande présente et future et sa loi ».

Protocole d'interprétation

Comment expliquer cette inflammation du *Geist*, s'interroge Derrida à propos de ce discours? *Sein und Zeit* était marqué par une prudence retorse qui retenait tout débordement. Comment Heidegger en est-il venu à la ferveur éloquente, édifiante, de l'autoaffirmation de l'université allemande? Chaque mot du titre de cette autoaffirmation est traversé, éclairé, déterminé par l'esprit. Elle ne s'entendrait pas si elle n'était de l'ordre de l'esprit, le mot français *ordre* désignant la valeur de commandement, la *Führung*. L'autoaffirmation veut être l'affirmation de l'esprit à travers la *Führung*. Le Recteur dit ne pouvoir conduire que s'il est lui-même conduit par l'inflexibilité d'un ordre, la rigueur directrice d'une mission (*Auftrag*). Celle-ci est spirituelle. Dès l'ouverture du Discours, Heidegger souligne l'adjectif « spirituel » (*geistig*) : « Prendre en charge le rectorat, c'est s'obliger à guider *spirituellement* cette haute école. Ceux qui suivent, maitres et élèves, ne doivent leur existence et leur force qu'à un enracinement commun véritable dans l'essence de l'université allemande. Mais cette essence ne parvient à la clarté, au rang et à la puissance, que si d'abord et en tout temps les guides (*Führer*) sont eux-mêmes guidés par l'inflexibilité de cette mission spirituelle (*Geistiges Auftrag*) dont la contrainte imprime au destin du peuple allemand son caractère historique propre. »

Au centre du Discours, Heidegger propose une définition de l'esprit qui se réfère à quatre déterminations :

1) Il y a d'abord le questionnement, le *Fragen* qui se manifeste comme la volonté de savoir et la volonté de l'essence. (Cette volonté est affirmée dans le Discours : « Vouloir l'essence de l'université allemande, c'est vouloir la science [...] en tant que peuple qui se sait lui-même dans son État. Science et destin allemand doivent dans cette volonté de l'essence, parvenir en même temps à la puissance ».

2) Il y a ensuite le *monde*, thème central de *Sein und Zeit*. Il marque la continuité profonde de *Sein und Zeit* au Discours.

3) Il y a encore, lié à la force, le thème de terre et sang : « *erd und bluthaften, Kräfte als Macht* ».

4) Enfin il y a surtout, en continuité avec *Sein und Zeit*, l'*Entschlossenheit* : la résolution, la détermination, la décision, qui permet l'ouverture à l'*Eigentlichkeit*, la propriété d'authenticité du *Dasein*.

Ces quatre déterminations de l'esprit sont : « L'esprit n'est ni la sagacité vide, ni le jeu gratuit de la plaisanterie (*Spiel des Witzes*) ni le travail d'analyse illimité de l'entendement, ni même la raison du monde, mais l'esprit est l'être-résolu à l'essence de l'être, d'une résolution qui s'accorde au ton de l'origine, qui est savoir. Le monde spirituel (*geistige Welt*) d'un peuple ce n'est pas la superstructure d'une culture, ni davantage un arsenal de connaissances et valeurs utilisables, mais c'est la puissance de conservation la plus profonde de ses forces de terre et de sang, en tant que puissance d'émotion la plus intime et puissance d'ébranlement la plus vaste de son existence. Seul un monde spirituel garantit au peuple la grandeur. La constante décision entre la volonté de grandeur d'un côté, et de l'autre le laisser-faire de la décadence (*des Verfalls*), donne son rythme à la marche que notre peuple a commencée vers son histoire future (*l'autoaffirmation de l'université allemande* 13-14) ».

La force à laquelle Heidegger fait appel est une force spirituelle, en particulier s'agissant du destin de l'Occident. Mais cette stratégie se retourne contre son *sujet* parce qu'on ne peut se démarquer du nazisme sous toutes ses formes qu'en *réinscrivant* l'esprit dans une détermination oppositionnelle. Cette contrainte s'exerce sur la plupart des discours qui, aujourd'hui, s'opposent au racisme, au totalitarisme, au nazisme, au fascisme, au nom de l'esprit, voire de la liberté de l'esprit, au nom de la démocratie ou des *droits de l'homme*. Ce fait n'est pas simplement un fait, il appelle à des responsabilités de *pensée* et d'*action* absolument inédites. Dans le Discours de rectorat, ce n'est pas un risque simplement couru, si ce programme paraît diabolique c'est qu'il n'y ait là rien de fortuit (Derrida, *Op. cit.* 67). Il capitalise le pire, à savoir deux maux à la fois : la caution au nazisme et le geste encore métaphysique. « Cette équivoque, écrit Derrida, tient de la ruse des guillemets dont on n'a jamais bonne mesure (il y en a toujours trop ou trop peu), avec son *Geist*, un esprit qui surprend toujours à revenir *ventriloquer* l'autre (*Ibid.* 66). De quelque manière qu'on interprète cette équivocité redoutable, elle est inscrite, pour Heidegger, dans l'*esprit*. »

Derrida poursuit : « Que le privilège conjoint de l'allemand et du grec soit ici absolu au regard de la pensée, de la question de l'être et donc de l'esprit, c'est ce que Heidegger implique partout. Dans l'entretien du *Spiegel*, il le dit d'une façon tranquillement arrogante, peut-être un peu naïve » (*Ibid.* 18). Dans notre langue, on dirait : sans beaucoup d'esprit. Dans l'interview, Heidegger fait mention de philosophes français qui « sans cesse » le lui confirment et il ajoute : « Quand ils commencent à penser, ils parlent allemand : ils assurent qu'ils n'y arriveraient pas dans leur langue ». On imagine la scène de ces confidences. *Ils* vont se plaindre de leur langue auprès du maître. Cette déclaration peut ne pas être sans vérité, si l'on admet que le sens de *Geist, Denken, Sein* et de quelques autres mots ne se laissent pas traduire et ne se pensent qu'en allemand, même si l'on est français. « Que peut-on dire et penser d'autre en allemand », interroge Derrida ? Mais l'assurance dogmatique, aggravée par le ton discourtois d'une déclaration proprement envahissante, dans ce qu'elle dit autant qu'en ce qu'elle montre, ferait douter à elle seule de son bien-fondé. « L'insolence n'est même pas provocante, elle sommeille dans la tautologie » (*Ibid.* 113).

Le Discours de rectorat et les Péripéties

Le Discours de rectorat concilie la catégorie existentielle-ontologique avec le moment historique, de telle sorte qu'il apparaisse que les buts philosophiques de l'une et de l'autre peuvent aller ensemble avec la situation politique, comme si la liberté de recherche devait et pouvait aller de pair avec le pouvoir politique. Le *service du travail* et le *service militaire* ne faisaient plus qu'un avec le *service de la connaissance,* de telle sorte qu'à la fin du cours, on ne savait plus s'il fallait s'attendre *aux Présocratiques de Diels ou à marcher avec les S.A.* (Karl Löwith, *Op. cit.*). C'est pourquoi Éric Weil pense que l'on ne peut pas juger ce discours comme purement politique, ni comme purement philosophique. « Il transpose la philosophie de Heidegger de l'existence historiale vers les Affaires allemandes ». Le discours débute par une remarquable contradiction : en opposition avec la menace proférée par l'État contre l'indépendance des universités, il traite de l'*affirmation de soi* des universités ; et au même moment, il rejette la forme *libérale* de l'auto-administration académique et la liberté, afin de les subordonner inconditionnellement au schéma national-socialiste de leadership et de continuité. Le recteur a pour devoir la conduite spirituelle des professeurs et des étudiants. Mais même lui — le *Führer* — est en même temps, celui qui est conduit par la *mission spirituelle de son peuple.* En quoi consiste cette mission spirituelle et par quels moyens cette mission doit-elle être accomplie demeure indéfini ? Cette mission est en fin de compte assignée par le destin l'accent étant mis sur son caractère inexorable.

Une maxime qui ne laisse aucune place à la discussion dispose que le destin du peuple est lié à la destinée des universités : la mission de l'université est la même que celle du peuple; la science allemande et la destinée allemande arrivent au pouvoir par le fait d'une *volonté essentielle*. Le vouloir de l'essence devient tacitement à niveau avec la volonté de puissance, étant donné que ce qui est essentiel du point de vue national-socialiste est la volonté en tant que telle. Prométhée est le symbole de la volonté occidentale, considéré comme le premier philosophe à suivre. Avec une telle volonté prométhéenne des Européens, des êtres opposés surgissent qui interpellent leur Être, et ce surgissement révolutionnaire est caractéristique de l'*esprit* qui faiblit face à la force supérieure du destin. Par conséquent, l'esprit n'est pas la raison universelle, ni la compréhension, ni l'intelligence, ni le moins du monde *esprit*; au lieu de cela, c'est la compréhension par la connaissance de l'essence de l'Être et le véritable monde spirituel est un monde du plus extrême et plus profond danger. Danger est l'authentique appel de l'être humain. C'est ce que dit Nietzsche dans Zarathoustra.

Avec une rigueur toute militaire, « il est demandé à l'étudiant qu'il s'approche comme quelqu'un qui veut savoir, du lieu du plus grand danger, qu'il marche dévoué, lui-même exposé, prêt, tenant le coup, et résolu à assumer le destin allemand qui s'incarne en Hitler » (Éric Weil, *Op. cit.*). L'engagement envers le *Führer* et le peuple, envers leur honneur et leur destin, est un devoir du savoir. À la question de Nietzsche, si l'Europe se veut encore, ou si elle ne se veut plus, Heidegger répond : « Nous nous voulons nous-mêmes, expression de la volonté d'affirmation de soi — non seulement celle de l'université, mais celle de la totalité du *Dasein* allemand — la force de la jeunesse du peuple allemand a déjà pris une décision positive. ».

Mais pour comprendre *la magnificence et la grandeur de cet éveil*, il faut se souvenir, de la sagesse du mot de Platon que Heidegger déforme d'une manière brutale (à la façon d'un roulement de tambour avec sa rhétorique héroïque) : « Tout ce qui est grand se tient dans la tempête ». La sagesse de Heidegger s'efface avec l'orage. « Quel jeune membre de la S.S. ou des "chemises noires" ne se serait pas senti lui-même concerné par cela, en supposant qu'il ait reçu une éducation philosophique suffisante, et qu'il puisse voir au travers de l'aura grecque environnant la très allemande tempête ? » (*Ibid.*) Selon Heidegger, même la communauté des professeurs et étudiants allemands est une communauté de combat, et ce n'est que par le combat que la connaissance avance et se sauvegarde. Au même moment, lors d'un cours, il déclare : « L'essence se dévoile d'elle-même au courage et jamais au seul regard, et la vérité peut être reconnue seulement si l'on exige de soi-même la vérité. L'ennemi n'est pas seulement *présent*, mais le *Dasein* doit créer son ennemi de sorte de ne pas demeurer impassible ». Cette phrase que rappelle Karl Löwith (*Op. cit.*) sonne lugubrement aux oreilles : il nous faut un ennemi pour nous tenir en éveil. Pour Heidegger, « tout ce qui est, en général, est gouverné par la guerre et là où la guerre et la domination ne sont pas l'essence, il y a pourriture ». Autrement dit : la guerre a un effet purificateur. Qui pourrait l'oublier ?

Le rectorat dura seulement un an. Après un certain nombre de déceptions et de difficultés, Heidegger abandonna sa *mission*, et put à nouveau s'opposer, à sa façon, et risquer des remarques amères dans ses cours, sans que cela paraisse le moins du monde incohérent avec son indéfectible adhésion au national-socialisme. C'est la même expression de puissance et de fermeté qui caractérise, le vocabulaire politique national-socialiste et celui de la philosophie de Heidegger. Le style des formulations apodictiques de Heidegger correspond au style dictatorial des politiques nazis. C'est simplement une question de degrés plutôt que de méthode qui distingue les *disciples*, et à la fin, c'est le destin qui justifie toute volonté, drapé dans le manteau onto-historique. Une semaine avant le discours pour les élections, Heidegger lança un appel aux étudiants dans lequel il déclarait que la révolution nationale-socialiste apportait « un bouleversement complet de notre *Dasein* allemand » ; les étudiants devaient dans leur volonté de connaitre, adhérer à ce qui est essentiel, simple et grand ; et ils devaient être dévoués et purs dans leurs exigences, aussi bien que clairs et certains dans leur refus, par rapport à une mobilisation agressive et un courage grandissant nécessaire pour sauvegarder l'essence et augmenter la puissance du peuple. Les *Idées* ne pouvaient pas tenir lieu de règles pour

le *Dasein* des étudiants ; au lieu de quoi, Hitler seul est leur loi :
« Le Führer seul est le présent et le futur de la réalité allemande
et la loi... Il est le seul des chanceliers du Reich à posséder une
vision ».

Un philosophe dans l'arène

Heidegger indique les bases d'après lui philosophiquement solides qu'il met à la disposition du parti : vérité est l'*être-ouvert* (ou visible : *offenbahrkeit*) ce qui rend sûr, clair et fort un peuple dans son action et dans son savoir. D'une telle vérité surgissent les limites de l'exigence du savoir et de cette origine provient la science. Elle est liée à la nécessité de l'existence nationale (*Völklisch*). *Savoir* (*Wissend-sein*) signifie pour nous : « avoir puissance sur les choses en clarté et être décidé à l'action. Nous assistons à la fin d'un penser sans sol, ni puissance, d'une philosophie qui le sert. » Karl Löwith a été un ami presque intime de Heidegger qui l'a *habilité*. C'est donc en parfaite connaissance de cause qu'il dénonce le lien réel et profond entre la pensée de son *maitre* et ce qu'il appelle « son erreur politique ». Lorsqu'on met en regard la fin de *Sein und Zeit* (en particulier le § 74 sur la constitution fondamentale de l'historialité) et les discours politiques de 1933, il y a entre eux une consonance que Löwith met en lumière : une « théorie de l'existence historique » et de la « décision résolue » face à l'« actualité temporelle », l'application de cette philosophie se faisant selon l'esprit historiciste de l'existentialisme. Contre l'intellectualisme académique ou culturel, Heidegger développe le pathos d'un radicalisme héroïque aux connotations religieuses, mais qui débouche sur un véritable nihilisme : « le nihilisme intérieur, le national-socialisme de cette pure résolution devant le Néant, restait d'abord caché sous certains traits qui permirent d'imaginer une préoccupation religieuse... » [25]

La correspondance entre la philosophie heideggérienne et l'aventure politique nationale-socialiste est à la fois profonde et secrète : elle est, souligne D. Janicaud (*Op. cit.*), d'une part, le symptôme significatif d'un mal qui ronge l'esprit

---

[25] K. Löwith, *Les implications politiques de la philosophie de l'existence chez Heidegger*, Les Temps modernes, nov. 1946

allemand, reflétant la crise de l'époque elle-même (le mode de pensée catastrophique), d'autre part, le fait que l'engagement heideggérien se révèle plus radical que « tout nazisme ordinaire ». Cette ambiguïté, une boutade d'étudiant la résume en mode plaisant : « Je suis résolu, seulement j'ignore à quoi. » (Fallait-il lire les présocratiques ou s'engager chez les S.A. ?) Löwith fait alors ce constat : « face à cette appartenance substantielle du philosophe au climat et aux modes de pensée du national-socialisme, il eut été inopportun de critiquer, ou d'excuser isolément sa décision politique, au lieu de l'expliquer à partir du principe de la philosophie heideggérienne. » (*Ibid.*) Karl Löwith cite quelques œuvres (le discours d'entrée en fonction du nouveau recteur, l'appel à l'université et au peuple allemand au moment des élections) qui sont caractéristiques du langage nazi, de la morale nazie, de la pensée nazie, du sentiment nazi. Toutefois, ce n'est pas de la philosophie nazie et c'est pour cela que Heidegger a cru pouvoir l'emporter. Mais il faut s'entendre : si Heidegger n'est pas un nazi orthodoxe, s'il a été critiqué à cet égard par ses maîtres, c'est pour avoir echappé au biologisme et non pour avoir récusé l'hitlérisme. On le juge sur sa défense politique et sur ce plan sa défense est non seulement faible, mais elle fait défaut. Heidegger a approuvé la prise de pouvoir par Hitler, nullement gêné par l'histoire de la première année du Reich millénaire. Tout ce dont il se plaint c'est que le nazisme ait été ingrat envers lui. Dans son appel du 10 nov. 1933, la volonté du peuple est « le départ d'une jeunesse purifiée et qui recroît (zurückwächst) dans ses propres racines... Le peuple regagne la vérité de sa volonté d'exister ».

Après lecture des derniers textes révélés, on ne peut plus soutenir que Heidegger a donné son adhésion au parti du bout des lèvres ; on est même obligé de reconnaitre, comme l'avait noté Löwith, que certains mots clés de ses appels politiques trahissent une troublante analogie terminologique avec le vocabulaire ontologique de *Sein und Zeit*. Restent les textes dans lesquels Heidegger proclame une allégeance inconditionnelle (et non pas conditionnelle) à Hitler.

Dès 1947, Éric Weil a magistralement discerné ce qu'il faudrait à la fois comprendre, du point de vue même de Heidegger, ce qu'il a cru devoir accepter en fonction des présupposés de sa pensée (ce qui ne diminue pas sa responsabilité), et resituer ses propos personnels dans leur contexte historique, sémantique, idéologique et même passionnel. Dans une lettre à Jaspers du 8 avril 1950, Heidegger reconnait que ses rêves politiques l'avaient abusé. Mais il ne voudra jamais reconnaitre que ses erreurs politiques étaient le fruit de ses rêves philosophiques. Il doit défendre sa compétence philosophique d'interprétation des évènements politiques et historiques. (R. Safranski, *Heidegger et son temps*, 249) Hitler lui inspira des idées philosophiques, et pour servir de théâtre aux évènements historiques, il dressa une scène imaginaire. La philosophie doit se rendre maitresse de son propre temps, avait-il écrit en 1930. Pour ne pas avoir à sacrifier son concept du pouvoir de la philosophie, il rejette par la suite la responsabilité de ses méprises, quant à la révolution nationale-socialiste, sur sa propre inexpérience en matière politique, au lieu de mettre en cause son interprétation philosophique des évènements. Plus tard, il transformera encore cette méprise en histoire philosophique, dans laquelle il s'attribuera un rôle grandiose : c'est l'être lui-même qui s'est égaré en lui, et à travers lui. Il a porté la croix de l'égarement de l'être.

Ce que Heidegger ne dit pas — mais qui donne tout leur sens à ses déclarations sur ses activités au cours de l'année 1933 — c'est que la révolution nationale-socialiste le galvanisait sur le plan philosophique. Il avait découvert dans la révolution de 1933 un événement métaphysique fondamental, une révolution métaphysique : « *un renversement complet de notre être-là allemand* » (Discours de Tübingen, 30 nov. 1933).

Robert Minder, germaniste, professeur au Collège de France, met le doigt sur le lien étroit entre le langage des appels de Heidegger en 1933 et la terminologie nazie : « Heidegger se vautre littéralement dans ce jargon, comme s'y vautrait la cohorte des *Blut-und Bodendichter*[26], prosternés devant Hitler ». Minder rappelle les éloges que Heidegger consacra à certains compatriotes mettant l'accent sur « les vertus de la terre et des morts » (Minder,

---

[26] Courant de la littérature sang-et-sol qui marque le retour à la nature dans la tradition des mythes païens germaniques qui joua un rôle important dans la création de la vision du monde nazie.

Langage et nazisme). Il considère Heidegger comme représentatif du « malaise de l'Allemagne actuelle » et impute au philosophe une double responsabilité : son « erreur » de 1933 et son abstention de l'après-guerre. Il résume le style de Heidegger à une suite de calembours ou de tics et déplore qu'il ait été sacralisé en France.

LA POLITIQUE ET LE NATIONAL-SOCIALISME DANS LA PENSÉE DE HEIDEGGER

Le relativisme éthique

La politique et la philosophie de Heidegger ne se séparent pas. Son nihilisme devait le mener au nazisme comme toute philosophie sans éternité y mène. S'il y a une éternité et que cette éternité est accessible à l'homme, la pensée du nationalisme absolu — ce à quoi se réduit la *vérité* heideggérienne en politique — est illégitime et fausse : la foi transcendante exclut le relativisme éthique et interdit à l'homme de tuer pour les choses de ce monde. Sinon, pense alors Éric Weil, ni Heidegger ni Hitler ne seraient plus coupables de ce que l'un a commis et l'autre approuvé et Karl Löwith ne serait juge que pour acquitter les inculpés aux dépens de la *fatalité* — ou de la philosophie sans éternité. « Faut-il dire que la faute de Heidegger a été d'être un bon philosophe dans

toute la mesure où une philosophie basée sur le temps et l'histoire peut être bonne et qu'avec cette philosophie, il ne pouvait pas ne pas être nazi ? » Éric Weil (*Op. cit.*) ne le croit pas. Ce que l'on est en droit de déclarer, c'est que la liaison entre existentialisme et nazisme a été illégitime chez Heidegger, d'après les principes mêmes de sa philosophie, et c'est commettre une faute d'établir une relation de cause à effet, là où il n'y a que de l'arbitraire. La *vérité* allemande ne peut être déduite de *Sein und Zeit*. L'existentialisme de Heidegger est une philosophie de la réflexion qui, comme telle, tend de l'individu vers l'Être et devient nécessairement philosophie transcendantale. Heidegger trompe ou veut tromper, s'il donne des raisons philosophiques à son choix politique. Philosophiquement, le philosophe transcendantal ne peut fonder sa décision politique, il peut au plus constater que certains choix lui sont interdits, s'il veut rester conséquent avec lui-même : par exemple, il ne peut pas souscrire à une théorie politique qui fait de l'homme, source de vérité, une chose dans le monde. Or en politique, le sujet n'est jamais l'individu, mais une communauté historique alors qu'en tant que philosophe transcendantal, il n'a aucun moyen qui lui permette de décider quelle est la communauté — peuple, État, race, humanité, civilisation — qui sur ce plan historique est la communauté décisive. La philosophie de la réflexion ne peut pas parler de temps et d'histoire, mais seulement de temporalité et d'historicité. Heidegger en identifiant la vérité historique concrète à la volonté du peuple allemand a fait un choix admissible dans sa philosophie — le nazisme devenant nationalisme radical. Le défaut de l'existentialisme heideggérien est donc, si l'on demande à la philosophie de mener l'homme à des conclusions historiquement et politiquement concrètes, de ne conduire à aucune décision, parce qu'elle mène seulement à *la* décision. La mettre au service du nationalisme radical est un acte arbitraire et gratuit, bien que non défendu, licite, puisque cette philosophie dissocie radicalement le philosophe de la possibilité qu'a l'homme, de vivre dans une réalité qu'en tant que philosophe, il doit s'interdire de comprendre autrement que dans sa forme.
Éric Weil (*Op. cit.*) considère qu'il y a des philosophies qui engagent le philosophe ; celle de Heidegger n'est pas du nombre. Elle n'est ni réactionnaire ni révolutionnaire, elle ne connait pas la politique.

Heidegger a falsifié sa philosophie, parce qu'il en a abusé pour lui extorquer une réponse politique qu'elle ne peut pas donner, vu qu'elle ne peut même pas poser la question.

On peut dire que cette philosophie est vraie en partie, vraie dans le sens que Hegel donne à ce mot : elle révèle une partie de la réalité allemande, dans laquelle il était possible, sans être pour cela nécessaire. Elle montre la réalité de l'individu isolé qui n'a plus ou n'a pas encore de tradition. L'individu isolé, qui se comprend comme tel, doit à la fois nier ce qui le transcende et ne peut pas renoncer à la transcendance qui devient une catégorie formelle de l'existence : un *existential*. Il se trouve en face de quelque chose aussi longtemps qu'il parle et pense, ce quelque chose ; ce transcendant, ne peut lui apparaitre que sous les espèces du Néant, de ce qui lui arrive et qui le nie, en un mot : de la violence. La contrepartie en est l'affirmation de la liberté formelle, de la décision formelle, de l'acceptation formelle d'un destin formel. Et c'est un fait que l'esprit allemand était ivre de *décisionnisme* longtemps avant Heidegger. Mais il n'en découle pas que le *décisionnisme* a dû mener au nazisme : la violence est un moment de la politique, elle n'en est pas nécessairement la totalité, et les hommes (non l'individu) peuvent vouloir la soumettre. Le bien et le mal ne se distinguent pas en politique, cette distinction n'a aucun sens pour le philosophe transcendantal de l'existence ; comme son pays, il peut devenir nazi sans y être poussé par sa philosophie, pas plus que son peuple n'y a été poussé par sa réalité.

Une philosophie falsifiée

Éric Weil (*Le cas Heidegger*) conclut de son examen de la philosophie heideggérienne, qu'elle exclut toute pensée de la responsabilité politique qu'elle est incapable de comprendre l'action, par conséquent qu'elle ne peut justifier l'engagement nazi. Il ajoute que contrairement à ce que pense Löwith, la philosophie de Heidegger n'est pas nazie.

En interprétant le rapport entre la philosophie de Heidegger et son engagement pour Hitler comme purement arbitraire, Éric Weil ne propose ni une défense de l'individu Heidegger, ni une défense de sa philosophie, mais il énonce un jugement philosophique qui souligne son échec à penser l'action, la politique, l'histoire, dans leur concrétion et qui échoue à penser le concept de la responsabilité politique, ignorant radicalement cette dimension de la réalité de l'homme.

La philosophie de Heidegger (antérieurement à 1933) est caractérisée comme « toute philosophie de la réflexion qui tend de l'individu vers l'Être » (*Ibid.*). La réflexion de l'individu vers un transcendant qui ne cesse de fuir, l'empêche de comprendre une réalité concrète. Pour Éric Weil, cette totalité concrète consiste d'abord à penser comme une communauté politique articulée selon différents moments, non seulement selon le moment de l'individualité de la personne juridique et de l'individualité abstraite, mais selon le moment de l'individualité concrète, selon le moment de l'homme dans la société du besoin et du travail, selon le moment du citoyen dans la dimension politique proprement dite et dans l'histoire concrète des communautés politiques. Mais pour penser cette totalité concrète et l'individu en elle, il faut penser du point de vue de la raison qui voit ces moments différents et veut concevoir la manière dont ils s'articulent dialectiquement en un tout concret. En revanche, une pensée toujours placée du pont de vue de l'individu ne bute que sur des abstractions exténuées : *l'étant*, l'être, le néant, la résolution qui maintient le *Dasein*, l'existant sur le plan de la possibilité en tant que possibilité. (« Plus haut que l'effectivité se tient la possibilité » (*Sein und zeit*, §7). Le « décisionnisme », « l'affirmation de la liberté formelle, de la décision formelle, de l'acceptation formelle d'un destin formel » n'aura conduit Heidegger qu'à se laisser fasciner par l'affirmation de ce que l'on peut nommer du point de vue de la raison, la *violence*.

L'existentialisme heideggérien constitue la dialectique vraie de l'individu qui veut se maintenir dans son être, tel qu'il le saisit immédiatement et finit par se trouver jeté par il ne sait qui, dans il ne sait quoi — à moins qu'il ne renonce à la réflexion comme à un résidu d'éternité et ne se tourne vers l'expression immédiate du sentiment, vers la poésie. Si l'on désire autre chose, il faut parler des hommes dans le monde, non pas de l'existence et de sa mondanité, il faut faire de l'individu le problème, non pas la base de la philosophie.

Sinon tout est permis à l'individu, conclut Éric Weil, et à tous les groupes parce que rien n'est « censé » : « liberté de tout, liberté pour n'importe quoi. »
On ne saurait qualifier la philosophie de Heidegger de fausse, simplement parce qu'il a adhéré au parti nazi, car pour prouver qu'elle est insuffisante, il faudrait démontrer qu'une philosophie de la totalité concrète peut réserver à l'individu la place à laquelle il ne renoncera jamais. L'importance de l'existentialisme heideggérien tient au fait qu'il a reposé cette question avec la vigueur que la philosophie ne possède qu'aux moments cruciaux de l'histoire. Ce mérite lui reste, quelle que soient les convictions politiques de son auteur et en dépit d'une attitude qu'on peut caractériser comme révoltante ou simplement grotesque, cela ne dispense personne de prendre sa philosophie au sérieux — fut-ce pour la réfuter.
Il faut, dit Éric Weil, écouter le philosophe Heidegger, même et surtout si l'on n'est pas d'accord avec lui.

Le philosophe gardien de l'être

Comment concilier l'homme et l'œuvre ? Le penseur peut-il être dissocié de l'acteur politique ? De quelle façon, jusqu'à quel point ? Qu'avait à voir cette proximité politique avec sa pensée ? C'est la question fondamentale, sans cesse reposée.
Pour le penseur Heidegger, l'avant de 1932 portait l'attente d'un tournant historique : « Réussira-t-on pour les décennies à venir, à ménager à la philosophie un sol et un espace ? Viendra-t-il des hommes portant en eux une lointaine injonction ? » C'est ce que Heidegger écrivait à Jaspers le 8 décembre 1932. Qui pouvaient bien être « ces hommes qui portent en eux cette obscure injonction » ? Que pouvait signifier cette « obscure injonction » ? Jaspers ne parvient pas à l'identifier. Hugo Ott (*Op. cit.*) nous rappelle que l'expression « lointaine injonction » revient par trois fois dans le *discours du rectorat* qu'il prononça le 27 mai 1933, en la reliant au début du surgissement de la philosophie grecque. « Le commencement a fait irruption dans notre avenir, il s'y dresse comme la "lointaine injonction" sur nous de rejoindre à nouveau sa grandeur. » Pour Heidegger

qui revient toujours à Hölderlin après 1936, l'histoire future demeurera toujours un avant.

Dans une lettre à Jaspers en date du 8 avril 1950, il écrit : « malgré la mort et les larmes, malgré la douleur et l'atrocité, malgré la détresse et le tourment, malgré l'absence de racines et le bannissement; dans cette absence de *Heimat*, ce n'est pas rien qui a lieu. Un avant y est en retrait dont il nous faut encore percevoir et capter les signes lointains, afin de les conserver pour un futur qu'aucune construction historique, surtout pas actuelle, qui pense partout sur le mode technique, ne décryptera. » Cette « *Heimatlosigkeit* », Jaspers ne sait qu'en penser, ni de cette « absence de patrie porteuse d'une attente mystique »; il écrira à Heidegger : « Ma frayeur s'amplifia lorsque je lus cela. Autant que je puisse penser, c'est pure rêverie, dans la lignée de tant de rêveries qui, chacune en leur temps nous ont abusés au cours de ce dernier demi-siècle. Êtes-vous en passe de jouer le prophète qui, par une science infuse, rend sensible le surnaturel, ou le philosophe qui détourne de la réalité ? »

Hugo Ott tient Martin Heidegger pour un « suborneur » — ne serait-ce que parce qu'il détourne de la réalité. Nous rencontrons sans cesse le grief selon lequel il aurait, par séduction de son langage, abandonné la rigueur conceptuelle pour agir en magicien. Les notions de culpabilité, de responsabilité et d'expiation s'intègrent à ses yeux, dans un système catégoriel tout à fait étranger au système traditionnel.

Hugo Ott rapporte que Karl Löwith est d'avis que la prise de position de Heidegger en faveur du national-socialisme s'accorde avec l'essence de sa philosophie et il s'en ouvre à Heidegger qui acquiesce sans réserve, expliquant que sa conception de l'historicité a été la base de son engagement. De même, il ne laisse subsister aucun doute sur sa foi en Hitler, convaincu de ce que le national-socialisme constituait la voie tracée pour l'Allemagne; il faudrait seulement « tenir bon », « assez longtemps ».

Heidegger a pris acte de son échec politique qu'il évoque avec Jaspers, comme étant l'« échec du rectorat ». Il reste néanmoins convaincu, jusqu'à la fin, que la vision mystique de l'essence du national-socialisme, comme celle de « la vérité intérieure et de la grandeur » du mouvement, lui étaient à lui seul réservées.

Heidegger ne fut pas pris au dépourvu par la vague brune qui déferla sur l'Allemagne : il avait noué des contacts avec les cadres nazis du mouvement étudiant à Fribourg de même qu'à Berlin et il tenait la perspective du bouleversement comme une nécessité pour sa pensée de l'historicité.

Hugo Ott nous rapporte que dans la polémique entre Heidegger et Marcuse, qui fut son étudiant, Heidegger formula sa position en 1933 de la façon suivante : « J'attendais du national-socialisme un renouvellement de toute la vie, une réconciliation des antagonismes sociaux et le sauvetage de l'être occidental face au péril du communisme. [...] À cela s'ajoute un appel électoral publié dans un journal d'étudiants. J'en considère aujourd'hui certaines phrases comme un déraillement. C'est tout. » L'essentiel était passé sous silence.

Dans le Discours de rectorat, Heidegger définit l'essence de l'Université allemande qui ne parviendra « à la clarté, à la hauteur de la puissance », que « si d'abord et à chaque instant, ceux qui dirigent, sont eux-mêmes dirigés par le caractère inexorable de la mission spirituelle qui force le destin du peuple allemand à prendre la marque typique de son histoire ».

Cela signifie pour le philosophe, gardien de l'Être, que les dirigeants spirituels du peuple — le corps enseignant de l'Université — doivent se porter effectivement « aux avant-postes du péril qui est la constante incertitude du monde », attendu que seul le monde spirituel garantit au peuple la grandeur. Ce monde spirituel d'un peuple est la puissance de la mise à l'épreuve la plus profonde des forces qui le lient à la terre et à son sang, comme puissance du plus intime éveil et du plus extrême ébranlement de son *Dasein*.

À partir de ces principes formulés dans le langage de l'Être, Heidegger développe son programme détaillé, programme qui se perdit dans le vide.

Hugo Ott note avec intérêt qu'au dos du programme de la cérémonie rectorale, Heidegger avait fait imprimer le texte du *Horst Wessel lied*, ainsi qu'une note décrivant en détail, le salut et l'attitude adoptée lors du *Sieg Heil*. Le recteur Heidegger adressait, au début du semestre d'hiver 1933/1934, aux étudiants fribourgeois la déclaration suivante : « Que croisse sans cesse en vous le courage de vous sacrifier pour sauver l'essence et pour élever la force la plus intime de notre peuple dans son État. Que les règles de votre être ne soient pas des dogmes et des idées. Le Führer lui-même et à lui seul *est* la réalité allemande, présente et future, et sa loi. Apprenez à savoir toujours plus profondément : désormais toute chose exige décision et tout acte responsabilité. *Heil Hitler.* » Heidegger a emprunté ses conceptions fondamentales sur *l'essence de la vérité* aux dogmes ecclésiastiques et théologiques; les *idées* sont celles de la théorie de Platon. Ne pas se soumettre à toute tradition philosophique et théologique occidentale.

Pour Herbert Marcuse, l'ancien élève de Heidegger, ce discours doit être rapporté à sa philosophie. Marcuse s'appuie sur cette phrase de Hegel : « Ce qui dans la vie est vrai, grand et divin, l'est à travers l'idée [...] Tout ce qui donne sa cohérence à la vie humaine, ce qui a de la valeur et trouve son application, est de nature spirituelle et ce royaume de l'esprit n'existe que par la conscience de la vérité et du droit, par la conception des idées. »[27] Pour Marcuse, il est hors de doute que Heidegger, comme chef de file de l'existentialisme philosophique, avait lui-même politisé sa philosophie et associé l'homme « au Führer et au mouvement qui lui était inconditionnellement dévoué », ainsi que Heidegger l'avait proclamé aux étudiants de Fribourg, le 10 nov. 1933. Heidegger n'a jamais retiré ses phrases, non plus que les autres. Comment un dieu ne se serait-il jamais trompé, lui qui réside sur les lieux de l'Être, et qui renvoie le peuple au destin de son essence? Comment pourrait-on reconnaitre coupable, le penseur qui est parvenu à proximité du lieu où l'Être est présent? Est-il autre chose que l'instrument dont la pensée s'est emparée?

S'interroge-t-on sur la nécessaire unité entre l'existence et la pensée de Heidegger, sur la coïncidence entre la personne et l'œuvre, sa vie, sa pensée, que l'on voit aussitôt apparaitre la distinction entre un Heidegger existential et un Heidegger existentiel; l'un qui analyse l'existence comme telle et en parle sur mode existential, l'autre qui, tout en analysant l'existential, vit sur un mode existentiel, par la décision. Mais où sont donc le Heidegger existentiel et l'ordre des valeurs par rapport auquel il se veut responsable? Quelle traverse permet de se dérober à cette responsabilité-là? À ces questions, il ne sera jamais donné de réponse satisfaisante.

---

27 Allocution aux étudiants lors de la leçon inaugurale à Berlin, en 1818.

L'introduction du nazisme en philosophie

Les discours heideggériens de 1933 attestent de l'allégeance inconditionnelle de Heidegger, devenu le recteur de Fribourg, à l'égard de ce qu'il nomme la nouvelle réalité allemande.[28] En lieu et place de la philosophie, il offre un « retour à l'essence de l'être » et à la communauté du peuple (*das Volk*) au *Führer* Adolphe Hitler. Après le discours du recteur adressé aux étudiants, sera entonné par tous, le *Horst-Wessel-Lied* (Hymne des S.A.). Heidegger proclamait le 11 nov. 1933 : « Nous sommes délivrés de l'idolâtrie d'une pensée sans fond ni autorité. Nous voyons la fin de la philosophie mise à son service. Nous voici certains de ceci : la lucidité tranchante, la sureté du questionnement simple et sans aucune complaisance en quête de l'essence de l'Être sont de retour. Le courage originel de croitre ou de périr dans l'affrontement avec *l'étant*, ce courage est le mobile le plus intime du questionnement d'une science liée au peuple [...]. Et ainsi nous proclamons, nous à qui la garde de la volonté de savoir de notre peuple doit être confiée à l'avenir, la révolution nationale-socialiste. Celle-ci n'est pas simplement la prise en charge d'un pouvoir existant déjà dans l'État par un autre parti ayant suffisamment grandi dans ce but. Au contraire, cette révolution bouleverse complètement notre existence d'Allemands. Désormais chaque chose exige de la décision, et chaque acte de la responsabilité. [...] Le choix que le peuple allemand a maintenant à faire, comme simple événement et indépendamment du résultat, est déjà ce qui atteste le plus fortement la nouvelle réalité allemande, celle de l'État national-socialiste [...] Cette volonté, le *Führer* l'a pleinement éveillée dans le peuple tout entier ; c'est elle qu'il a soudée pour en faire une unique décision. Nul ne peut s'abstenir le jour où doit se déclarer cette volonté. Heil Hitler ! » *(Schneeberger, 1962, doc. n° 132.)*

Heidegger, dans sa fonction de penseur et de gardien de la pensée, élevait Hitler à une position quasi surhumaine, lorsqu'il déclarait à l'intention des étudiants : « Le *Führer* lui-même et à lui seul est la réalité allemande, présente et future, et sa loi. »

Jaspers, à propos de ces discours, formulera un avis dans son rapport du 22 déc. 1945, dans lequel on peut lire : « J'admets

---

28 E. Faye, *Introduction du nazisme dans la philosophie*.

dans une certaine mesure l'argument — qui, par le fait, l'excuse — selon lequel Heidegger serait par nature apolitique et que le national-socialisme qu'il s'est composé n'aurait pas grand-chose à voir avec le vrai national-socialisme. Cependant, je voudrais, premièrement, rappeler le mot de Max Weber en 1919 : « Les enfants qui mettent le doigt dans la roue de l'histoire du monde sont broyés. » Deuxièmement, je voudrais nuancer un peu : Heidegger n'a surement pas percé à jour toutes les forces et tous les objectifs réels des *führers* nationaux-socialistes. Le fait qu'il crût pouvoir disposer d'une volonté propre le prouve. Mais sa façon de parler, ses actes, montrent une certaine parenté avec des phénomènes nationaux-socialistes qui rendent son erreur compréhensible. Baeumler, Carl Schmitt et lui sont des professeurs, très différents les uns des autres, qui ont tenté de se hisser intellectuellement à la tête du mouvement national-socialiste. Mais en vain, bien qu'ils y aient engagé une véritable aptitude intellectuelle, pour le malheur de la philosophie allemande. D'où un trait tragique, « le tragique du mal que je perçois avec vous. »

Hugo Ott dans son ouvrage (*Martin Heidegger, Éléments pour une biographie*) montre l'attachement si fondamental dans son œuvre à une certaine vision hölderlinienne de l'Allemagne future. Il y voit une idéologie *auto-mythifiante* à travers laquelle Heidegger tente de comprendre son époque et sa situation personnelle.

Il considère le Discours de rectorat comme une reconstruction de son propre passé qui ne tardera pas à devenir une *seconde nature*. Qu'il ait pu identifier les nazis à « des hommes portant en eux une lointaine injonction » constitue la première aberration éthique. Ott est aussi sévère pour le Heidegger de 1945 qui refuse de reconnaitre de manière explicite le fourvoiement de son engagement. Les lettres d'après-guerre montrent qu'il minimise toujours sa responsabilité. Hugo Ott souligne : « la rédemption et le pardon supposent l'aveu de la faute. »

Au cours de son rectorat, dans ses écrits politiques, il a uni le langage de sa philosophie aux vocables politiques de l'époque, voyant dans « Hitler, la réalité allemande présente et future ». En 1935, alors qu'il prétend critiquer le régime nazi, il continue à se référer au *national-socialisme* tel qu'il le conçoit. Le cours de 1935, *Introduction à la métaphysique*, évoque « la vérité interne et la grandeur du mouvement national-socialiste » que réfléchit la philosophie nazie.

Jean-Michel Palmier* écrit dans la postface du livre de Hugo Ott : « ... comprendre comment l'une des grandes figures intellectuelles du XXe siècle a pu, en 1933, donner sa caution au régime hitlérien, accepter que son nom soit utilisé par les nazis, couvrir comme recteur — par aveuglement ou par lâcheté — des actes qui auraient dû lui interdire toute compromission avec un tel régime... », des propos qui témoignent de l'exaspération produite par les procédés dilatoires qu'emploient les adeptes heideggériens inconditionnels, au mépris du constat irrécusable de la complicité du philosophe avec un régime criminel. Jaspers, sollicité comme expert devant la commission d'épuration, juge préférable — à moins qu'un renouveau se manifestât dans la pensée de Heidegger — de priver Heidegger de tout enseignement, dans l'intérêt de la jeunesse allemande.

Contre la démocratie et l'esprit libéral

Existe-t-il un rapport entre la pensée de Heidegger et son engagement en faveur du national-socialisme ? C'est la question sempiternelle que se pose aussi Nicolas Tertulian[29] à la suite de beaucoup d'autres nommés précédemment. La lecture des textes de Heidegger laisse apparaitre la condamnation sévère de la démocratie, convaincu, semble-t-il, que l'égalitarisme démocratique mène nécessairement à l'annihilation des plus hautes valeurs de l'esprit, avec la certitude que la philosophie des valeurs, qui fonde le mouvement démocratique, est aux antipodes d'une véritable compréhension de l'histoire et des puissances créatrices qui la régissent.

« L'Europe veut toujours se cramponner à la démocratie et ne veut pas apprendre à voir que cette dernière serait sa mort historique. Car la démocratie n'est, comme Nietzsche le dit clairement, rien d'autre qu'une variété du nihilisme, c'est-à-dire la dévaluation des valeurs les plus hautes. » C'est ce que Heidegger écrivait dans son

---

29 *Histoire de l'Être et révolution politique* – Les Temps modernes, févr. 1990.

premier cours sur Nietzsche en 1937, reprenant les formules les plus méprisantes de ce dernier sur la démocratie, et qui seront par la suite supprimées de l'édition du *Nietzsche* paru en 1961, concession inavouée faite à la nouvelle conjoncture sociohistorique. Démontrer la caducité des anciennes conceptions du monde et éveiller le sentiment abyssal de la détresse, en démolissant tout ce qui peut l'occulter, représentaient, selon Heidegger, les conditions primordiales pour préparer les décisions historiques à venir. Il n'excluait pas la possibilité d'une filiation entre le bolchévisme, le judaïsme et le christianisme, car la glorification du règne de la raison par le marxisme est en accord avec la morale égalitaire que prêche le christianisme. Or, ainsi que Nietzsche l'avait montré, le christianisme s'enracinait dans la morale juive, produit de la révolte des esclaves.

On retrouve à travers des citations de Nietzsche, les anciennes attaques contre l'esprit libéral, ainsi qu'un éloge à peine voilé de l'État autoritaire et des figures charismatiques associées au *Surhomme* nietzschéen.

Karl Jaspers, ainsi que Karl Löwith, a eu l'intuition exacte d'une convergence en profondeur entre la spéculation sur l'être et les vues de Heidegger sur la société de son temps y compris ses vues politiques. Aujourd'hui avec la documentation plus riche dont nous disposons, il n'est plus possible de dissocier ces deux aspects en feignant de ne pas observer que dans son mouvement le plus profond, la pensée de Heidegger implique une attitude précise à l'égard de l'histoire contemporaine.

Une lecture existentialiste politico-historique

Pour Karl Löwith[30], *Sein und Zeit* incarne une théorie de l'existence historique, et son application à une situation historique, ne pouvait être possible que parce que *Sein und Zeit* comprenait déjà une telle relation à l'actualité temporelle. C'est l'application

---

30 *Implications politiques de la philosophie de l'existence.*

politico-pratique, dans l'engagement effectif en faveur d'une décision déterminée, qui justifie ou condamne la théorie philosophique qui lui sert de fondement. Ce qui est vrai ou faux en théorie l'est aussi en pratique, surtout quand la théorie elle-même a son origine consciente dans l'existence historique et que son cheminement la ramène vers celle-ci.

Il n'y a pas d'alternative entre une défense de *l'importance philosophique* de Heidegger et une condamnation de son attitude politique. Pour Löwith, une pareille alternative n'a pas de sens précis, car l'importance historique de la philosophie heideggérienne repose sur le fait qu'il a assumé des responsabilités et des complicités politiques conformément à la thèse centrale de *Sein und Zeit* sur l'Exister historique : « Seul un étant... essentiellement futur de sorte que libre pour sa mort et se brisant sur celle-ci, pré-existentialiste eut se laisser rejeter vers son « Là » effectif, peut assumer sa propre déréliction et être dans l'instant « pour son temps » (*Sein und zeit*, §74).

Heidegger, paradoxalement, invite à ne pas céder au besoin répandu de se cultiver comme si l'on avait reçu l'ordre de « sauver la culture », au lieu de quoi, il faudrait, dans une désagrégation et une réduction radicale, dans une *destruction*, se convaincre fermement de « la seule chose nécessaire » sans s'occuper du bavardage et de l'agitation des hommes intelligents et entreprenants.

Dans cette recherche de la seule chose « nécessaire » et par là obligatoire, Heidegger s'oriente vers Kierkegaard, tout en refusant de se laisser confondre avec celui-ci ; le motif et le but de sa philosophie existentialiste n'étant pas d'attirer l'attention sur le fait chrétien, mais de dénoncer formellement l'existence « mondaine ». « Ma volonté, du moins, vise autre chose et ce n'est pas beaucoup : vivant dans la situation actuelle d'une révolution de fait, je poursuis ce que je sens "nécessaire" sans me soucier de savoir s'il en sortira une "culture" ou si ma recherche précipitera la ruine. » (Heidegger, Lettre de 1920.)

Il avait en horreur toute *philosophie de la culture*, ainsi que les congrès philosophiques ; le grand nombre de revues excitait son indignation. À la suite de la négation de principe de tout ce qui existait, ainsi que de tous les programmes de réforme, Heidegger mettait en garde ses étudiants contre une fausse interprétation de ses propres travaux, laissant entendre qu'il pouvait avoir quelque chose de *positif* à dire, ou des *résultats nouveaux* à montrer. « L'apparence s'établit que notre critique devrait opposer quelque chose qui corresponde en contenu à ce qui vient d'être nié et que notre travail serait destiné à une école ou tendance, qu'il pourrait servir de continuation et de complément ». Le travail... se limite à une destruction critique et rationnelle des traditions philosophiques et théologiques et reste « quelque chose d'à part et peut-être hors d'atteinte pour l'agitation du jour. » (Lettre de Heidegger, 1924)

Karl Löwith, dans son article de nov. 1946 (*Op. cit.*), reprend une observation qui parait empreinte à la fois de sévérité et d'humour : « À se voir placé au-delà de tout ce qui est mode ou ne l'est pas, le philosophe doit ressentir du contentement, car où les choses vieillissent si vite, il n'y a nécessairement pas assez de fond solide ». De cette attitude, naitra plus tard l'essai sur une *ontologie fondamentale*, c'est-à-dire sur une analyse de l'être ayant pour fondement l'existence temporelle, notre *Dasein*, à la fois historique et entièrement lié aux instants particuliers, le propos étant de détruire, à partir de cette position, l'histoire de la réflexion sur l'être, depuis les Grecs jusqu'à Nietzsche, et de la concentrer toute entière dans l'unique question du sens de l'Être, la plus simple la plus essentielle et la plus originelle des questions.

En 1925, il ne voyait la vie spirituelle que dans la théologie et singulièrement chez Karl Barth (*Commentaires à l'Épitre aux Romains*).

C'est à partir de la même origine que Löwith comprend la fascination extraordinaire que Spengler*, Barth* et Heidegger, malgré leur diversité, exercèrent, après la Première Guerre mondiale, sur la jeune génération allemande. Une position commune se retrouvait dans la conscience de cette génération, qui se sentait placée entre les époques, dans une crise qui marquait un tournant, confrontée à des questions trop radicales pour pouvoir trouver une réponse dans une foi affaiblie dans le progrès, la culture et l'instruction. Les questions qui agitaient cette jeune génération sans illusions étaient au fond des questions de foi. On lisait Nietzsche, Dostoïevski et Kierkegaard et l'on voyait une étroite relation entre la négation radicale et l'affirmation radicale, entre le scepticisme et la foi. À cette époque, Heidegger se comptait lui aussi au rang des théologiens chrétiens. La force d'une telle position spirituelle était à mettre en relation directe avec sa force de négation, car une nouvelle foi n'était possible qu'après avoir reconnu la caducité des croyances du passé. Luther, le protestant à la foi rigoureuse qui traitait la *raison naturelle* de prostituée, attirait Heidegger qui était au fait de ses œuvres complètes. De Luther venait également la devise « *Unus quisque robustus sit in existentia sua* » que Heidegger traduisait : « que chacun fasse ce qu'il a pouvoir de faire », le « pouvoir-être authentique, toujours propre à chacun » ou « la limitation existentielle à notre facticité historique propre et particulière ». Il avait recours à ce pouvoir à la fois comme à un devoir. « Je fais seulement ce que je dois et ce que je crois nécessaire, et je le fais comme je puis. Je n'habille pas mes travaux philosophiques en obligations culturelles envers un présent général (*ein allgemeines Heute*). Je ne suis pas non plus la tendance de Kierkegaard. Je travaille à partir de mon *je suis* et de mon origine spirituelle entièrement effective. De cette facticité se sert la furie de l'*Exister* » (Heidegger, lettre, 1921).

Si l'on considère, avec Karl Löwith, à partir de ces remarques, la prise de position ultérieure de Heidegger en faveur du mouvement hitlérien, on trouve dans cette formule de l'existence historique ce qui mènera plus tard à la décision politique. Il suffit de sortir de l'isolement encore à moitié religieux et d'appliquer l'existence « authentique et toujours particulière à chacun » et le devoir qui en découle à « l'existence particulière allemande » et à son destin historique, pour introduire dans le mouvement général de l'existence allemande, l'agitation énergique et vaine des catégories de l'existence et procéder ensuite à la destruction sur le terrain politique. Au maintien et à l'affirmation par nous-mêmes de ce *Dasein* authentique correspond l'affirmation de l'existence politique ; à *la liberté pour la mort, le sacrifice de la vie*, le cas politiquement crucial de la guerre. Le principe est le même dans les deux cas : la facticité nue, *c'est-à-dire ce qui reste dans la vie quand on a supprimé tout le contenu vital traditionnel.*

Selon Löwith, les perspectives mondialistes du national-socialisme et le concept heideggérien de l'*être-au-monde* possèdent un certain nombre de points communs. Tous les deux partagent un concept de radicalisme qui est en rapport avec à une pratique nihiliste au regard des traditions et des valeurs qui se sont avérées inutilisables pour des finalités de grandeur individuelle et historique. De même que dans sa philosophie, Heidegger recherche l'effet de *Destruction* des catégories traditionnelles de la métaphysique occidentale; le mouvement politique radical contemporain cherchait en effet à éliminer ces aspects du passé qui étaient réputés inutiles dans le but de la « mobilisation totale » (Ernst Jünger). Comme le fait observer Löwith : « Au lieu de se consacrer soi-même à cette entreprise universelle d'éducation, comme si l'on avait reçu la mission de "sauver la culture", on doit s'engager dans un démantèlement ».

Heidegger ne resta recteur qu'un an. Après maintes déceptions et contrariétés, il résilia sa charge afin de s'opposer dorénavant, selon sa vieille manière, au nouvel *On;* risquant dans ses cours d'amères remarques qui toutefois ne contredisaient pas son appartenance substantielle au national-socialisme en tant que mouvement de foi, de protestation et de négation. L'esprit du national-socialisme avait moins affaire à l'élément national ou social qu'à ce radicalisme qui refuse toute discussion parce qu'il se fie uniquement à lui-même, au *pouvoir-être* authentique et toujours particulier (allemand). Ce sont partout des expressions de violence et de résolution qui déterminent le vocabulaire de la politique nationale-socialiste et de la philosophie heideggérienne. Au style dictatorial de la politique correspond le caractère apodictique des formules pathétiques, chères à Heidegger.

De cet arrière-plan historico-politique, se détache clairement la signification spécifiquement allemande des notions heideggériennes du *Dasein* : existence et résolution, être et *pouvoir-être* et ces termes qui reviennent sans cesse : discipline et coercition, dur, inexorable et sévère, tendu et aigu (tenir le *Dasein* en état d'acuité), résister à l'assaut, s'engager, s'exposer au péril, révolution, effraction, irruption. Tous ces termes reflètent le mode de pensée catastrophique de la génération allemande de l'après-Première Guerre mondiale. Ces termes sont l'expression de la résolution amère et dure d'une volonté qui s'affirme face au néant, fière de mépriser le bonheur et la compassion.

Le parti doute de Heidegger et de son national-socialisme parce que le problème juif et racial n'y joue aucun rôle. *Sein und Zeit* est dédié au *Juif* Husserl, le livre sur Kant au *demi-juif* Scheler et son enseignement porte sur Bergson et Simmel. Sa tournure d'esprit n'est pas conforme à la *race nordique* qui ne connait pas l'angoisse devant le néant. On ne peut cependant pas prendre au sérieux les soupçons dont Heidegger fait état pour sa défense, car en prenant parti pour Hitler, Heidegger accomplissait un acte dont la signification dépasse l'accord avec l'idéologie et le programme du parti. Il était national-socialiste et le demeure, de même que Ernst Jünger, en marge certes, mais cet isolement n'est pas sans efficacité.

Cette appartenance substantielle du philosophe au climat et au mode de pensée du national-socialisme rend inopportune la critique ou l'excuse de sa décision politique, au lieu de l'expliquer à partir du principe même de la philosophie heideggérienne. Ce n'est pas Heidegger qui en prenant parti pour Hitler *se serait mal compris lui-même*, mais ceux-là ne l'ont pas compris qui ne voyaient pas pour quelle raison il pouvait avoir agi ainsi. Un universitaire suisse regrettait que Heidegger se soit compromis avec le *quotidien* comme si une philosophie qui explique l'être à partir du temps et du quotidien n'avait pas de rapport avec le jour et le temps de son action et de son origine.

Face à cette appartenance substantielle du philosophe au climat et aux modes de pensée du national-socialisme, Karl Löwith pense qu'il eut été inopportun de critiquer ou d'excuser isolément sa décision politique au lieu de l'expliquer à partir du principe même de la philosophie heideggérienne. La possibilité de la politique philosophique de Heidegger n'est pas née d'un déraillement qu'on pourrait regretter, mais du principe même de sa conception de l'existence qui à la fois combat et assume « l'esprit du temps ».

Le mobile de cette volonté de rupture de transformation et de départ se trouve dans la conscience d'une déchéance et d'un déclin, dans le nihilisme européen. Il est significatif que ce nihilisme *européen* ait été élevé par un Allemand, Nietzsche, au rang de thème principal de la philosophie et que ce soit en Allemagne qu'il ait pu exercer une action politique. « L'Allemand, le premier et lui seul porte témoignage pour la mission historique universelle du radicalisme... nul n'est comme lui inexorable et sans égard, car il ne se borne pas à renverser le monde qui est debout pour rester debout lui-même, il se renverse lui-même. Où l'Allemand démolit, un dieu doit tomber et un monde périr » (Karl Löwith, Les Temps modernes n° 650). Karl Löwith considère avec Max Stirner que pour l'Allemand, détruire c'est créer et l'écrasement du temporel est son éternité (Max Stirner, *Kleinere Schriften*, 1841). L'action exercée par Heidegger et qu'il continue à exercer repose sur la volonté d'une *destruction* créatrice. Sa justification se fonde toujours sur le fait que c'en est fini de la vieille Europe. La fin du discours du rectorat de 1933 dit qu'il est trop tard pour transformer les vieilles institutions, à plus forte raison pour en ajouter de nouvelles. On devrait au contraire remonter jusqu'aux Grecs, aux *premiers commencements,* pour pouvoir repartir à neuf en Europe. Il pensait aussi que la décision était déjà intervenue de manière positive, par la décision commune de suivre le Führer. Trois ans plus tard, dans une conférence sur Hölderlin en 1936, il nous montre avec le poète « le temps des dieux enfuis et du Dieu à venir ». Le présent enserré entre le « ne-plus-être des dieux enfuis » et le « non encore » de celui qui vient est essentiellement un temps de pénurie et d'indigence ; il n'est plus question de la *splendeur* du départ de 1933.

La fascination que Heidegger a exercée depuis 1920 par sa résolution au contenu indéterminé et par sa critique impitoyable lui est toujours acquise, et l'influence de son enseignement se fait sentir en France, non moins qu'ailleurs. Ce succès extraordinaire de son enseignement est indépendant des relations changeantes, bonnes ou mauvaises que Heidegger a pu entretenir durant les douze dernières années avec le parti national-socialiste. Ce que démontre l'auteur de *Visite à M. Heidegger*[31] par son apologie naïve ou non, c'est que Heidegger n'a pas été un représentant distingué de la révolution allemande, mais qu'il l'a été dans un sens plus radical que MM. Kriegk, continuateur de Dilthey, et Rosenberg théoricien du nazisme.

---

31 Frédéric de Towarnicki *Les Temps modernes,* janv. 1946.

Qu'il se soit accommodé de la domination d'Hitler ou qu'il ait regretté cette adaptation comme une erreur, la possibilité même de sa prise de position pour la *révolution du nihilisme* s'explique à partir de la racine de son principe philosophique. Ce principe correspond à l'état radical de la situation historique réelle avec laquelle la philosophie heideggérienne de l'existence, comprise dans le temps et l'histoire, s'est identifiée. « Le nihilisme européen qui préfère encore voir le néant plutôt que de ne rien voir du tout » tel que Nietzsche l'a défini a eu ses annonciateurs dès le début du XIXe siècle, Goethe ; vers le milieu du siècle, Kierkegaard, Proudhon, Flaubert, Baudelaire et Dostoïevski. Et si la vérité du *Dasein* est réellement temporelle et historique, on doit constater que la vérité de la présente existence allemande se trouve toujours, et même plus que jamais, chez Heidegger pour la philosophie, et chez Spengler pour la philosophie de l'histoire.

Pour mémoire, nous rappellerons brièvement ce que déclarait Hannah Arendt, de son côté. Elle ne fit jamais d'effort pour s'emparer du dilemme de l'engagement politique de Heidegger. Elle inclinait à situer le nazisme de celui-ci comme la conséquence d'un défaut de caractère. Elle attribue aussi sa *complète irresponsabilité* en partie à l'illusion du génie, en partie à la désespérance. Au quatre-vingtième anniversaire de Heidegger, Hannah Arendt déclara que ceux qui tentaient de relier la philosophie de Heidegger aux évènements politiques des années 1930 recherchaient « une paille dans une meule de foin », étant donné que le nazisme est un « phénomène de caniveau » (*Gutter born*) qui n'avait rien à faire avec la « pensée ». Le nazisme est « trop vil et trop vulgaire », déclarait Hannah Arendt, pour avoir un lien quelconque avec l'approche élevée de Heidegger, et son ontologie fondamentale.

Avec plus de discernement, le politologue Franz Neumann faisait observer : « Ce qui demeure comme justification au Reich ? Ni le racisme, ni l'idée du Saint Empire romain et certainement pas quelque fadaise démocratique comme la souveraineté populaire ou l'autodétermination. Seul le Reich demeure sa propre justification. Les racines de cet argument sont à rechercher dans la philosophie existentielle de Heidegger. Transposé dans le domaine de la politique, l'existentialisme soutient que la puissance et la force sont vraies : la puissance est une base théorique suffisante pour plus de pouvoir. » (Franz Neumann, *Behemoth*)

Généalogie du nazisme chez Heidegger

L'exploration par Karl Löwith des origines intellectuelles du nazisme chez Heidegger, se pratique à l'aide d'une relecture des catégories clés de l'analytique existentiale dans *Sein und Zeit*. Elle représente certainement l'analyse la plus approfondie qui ait été faite de cette question, à ce jour. Le cas de Heidegger était paradigmatique pour un grand nombre d'intellectuels de droite en Allemagne, convaincus que la démocratie était dans son essence non germanique. Ils en vinrent à penser qu'une *politique autoritaire nationale* était nécessaire pour l'Allemagne, pour surmonter la crise de Weimar et revenir à la « grande politique » (Nietzsche) des traditions germaniques authentiques.

L'adresse de Heidegger en 1933 sur l'autoaffirmation de l'Université allemande, atteste de manière non équivoque de la confusion ambiguë entre l'histoire actuelle et l'authentique évènement du *Dasein*. Le philosophe attendait du mouvement national-socialiste un « bouleversement complet du *Dasein* germanique »[32], le même que celui qu'il désigne comme le changement dans l'essence humaine, tel qu'il figure dans ses derniers écrits. Le langage de ce discours (existence et résolution, *Dasein* et *capacité d'être*, l'insistance sur la capacité – d'être, qui est toujours propre et germanique) est entièrement issu des concepts de *Sein und Zeit*, et aussi du vocabulaire du mouvement politique. Le tout est une philosophie de l'existence, un changement radical et un éveil qui est devenue politique.

La motivation fondamentale de la volonté de bouleverser, de réveiller, de renforcer le mouvement jeune se trouve dans la conscience de la *pourriture* et de la disparition : le nihilisme européen. Le fait révélateur consiste en ce que le nihilisme européen a été le thème original de la philosophie de Nietzsche, et qui n'est devenu actif qu'en Allemagne.

Si l'on ne porte pas en soi cette volonté de destruction, on ne peut pas comprendre la construction philosophique de Heidegger. En 1933, à la fin du discours du rectorat, il est dit qu'il est trop tard pour changer de vieux arrangements ou en ajouter de nouveaux,

---

32 *Déclaration de soutien à Adolphe Hitler et à l'État national-socialiste*, 11 nov. 1933.

et il faut revenir aux commencements grecs de manière à commencer le renouveau européen. Mais pour Heidegger, il y a un danger, c'est qu'avant que nous nous décidions à faire cela, l'Ouest s'écroule « quand son semblant de culture s'écroulera et entrainera la confusion de toute puissance ». L'opinion de Heidegger était « que cela se produise ou non dépend entièrement de notre volonté d'être nous-mêmes ». Son opinion était qu'une décision positive avait déjà été prise par les fidèles du *Führer*. En 1936, à l'issue d'un cours sur Hölderlin, Heidegger termine sur un ton nettement plus résigné. Il fait référence « au temps des dieux qui s'est enfui, et à celui du dieu qui arrive ». Il n'est plus question de la magnificence de l'éveil de 1933. Le temps est destitué. « À quoi bon les poètes en un temps destitué ? » (Max Weber) Heidegger a dû souvent se poser la question : « À quoi bon les philosophes en un temps destitué ? »

Les prédispositions à la subversion politique

L'histoire, telle que Habermas nous la raconte (*Profils philosophiques*) nous ramène vers un acteur majeur de la préhistoire du nazisme, une époque pendant laquelle Husserl a voulu endiguer le flot de l'irrationalisme fasciste en s'appuyant sur un rationalisme rénové : « Ce qui détermine la faillite d'une culture fondée sur la raison ne réside pas dans l'essence du rationalisme lui-même, mais seulement dans son aliénation, dans le fait qu'il s'est enlisé dans le naturalisme et l'objectivisme ».[33]

Husserl voulait appeler les philosophes à jouer le rôle de *fonctionnaires de l'humanité* selon un procédé qui permettrait aux phénoménologues de s'assurer de la justesse de leur attitude cognitive. La théorie qui s'est développée en dehors de toute pratique rendait finalement possible la *pratique nouvelle* d'une politique commandée par la science : « Une pratique qui visait à une éducation de l'humanité selon les normes de la vérité sous toutes les formes grâce à la raison scientifique universelle, qui la

---

33 Husserl, *La Crise de l'humanité européenne et la philosophie*, 1935.

transforme ainsi en un genre humain nouveau, lui permettant de se prendre en charge elle-même sur la base d'intuitions théoriques absolues. » (Husserl, *Ibid.*) Durant l'année 1929, un évènement permit de mesurer à quel point cette position était menacée. Ce fut la célèbre controverse de Davos, entre Cassirer* et Heidegger. Cassirer représentait le monde auquel appartenait Husserl : le monde cultivé de l'humanisme européen, face à un décisionnisme dont le radicalisme attaquait la civilisation de Goethe dans ses racines mêmes. En effet, personne n'avait autant désiré suivre l'exemple de *Wilhelm Meister* — l'assimilation du bourgeois à la noblesse — que ces Juifs qu'on a appelés par la suite *les Juifs d'exception par la culture*. Habermas nous rappelle combien la culture du classicisme allemand a été pour les Juifs une nécessité vitale du point de vue social. Ils ont pu espérer être délivrés des tourments de l'assimilation, de la contrainte de toujours jouer un rôle sans avoir le loisir de garder sa propre identité. Sans doute est-ce là la raison pour laquelle les Allemands leur sont redevables des plus fines analyses esthétiques : de Rosenkranz* et Simmel* à Adorno* en passant par Benjamin* et Lukacs*. Quatre ans plus tard, Heidegger prononça un discours au nom du parti hitlérien — lors du congrès de la science allemande — qui acheva cette discussion : « Nous avons renié l'idolâtrie d'une pensée sans enracinement et impuissante et nous voyons le terme de la philosophie qui était à son service... Le courage originel qu'il faut pour affronter *l'étant*, et le maitriser ou bien s'y briser est le moteur le plus profond qui anime la problématique d'une science nationale (Völklisch). Car le courage attire en avant, le courage rompt avec ce qui est passé, le courage se risque à l'inhabituel et à l'incalculable. » (in Habermas, *Profils philosophiques et politiques*) Cassirer qui devait fuir devant cet incalculable, écrivait : « Le monde de la civilisation humaine n'a pu être avant que les ténèbres n'aient été vaincues et dissipées. Mais les monstres mythiques n'ont pu être définitivement anéantis. » (Le *Mythe de l'État*). La victoire de Heidegger sur Cassirer ne doit son caractère implacable qu'à la faiblesse de la position intellectuelle inspirée des Lumières. Les domaines dans lesquels ont travaillé des philosophes juifs ont été essentiellement l'anthropologie et la sociologie ; Habermas en cite un certain nombre : Helmut Plessner, Max Scheler (Université

de Francfort), Franz Oppenheimer, Gottfried Salomon, Carl Grünberg, Karl Mannheim. Max Horkheimer qui coupla sa chaire de philosophie et la direction de l'Institut de Recherche sociale de Francfort. Ernst Bloch, de l'Université Karl Marx de Leipzig, écrivait : « La richesse de l'homme comme celle de la nature dans leur ensemble [...] ne sont pas au début, mais à la fin. La racine de l'histoire, c'est l'homme travaillant et produisant, élaborant des données et les dépassant. Dès lors qu'il s'est appréhendé lui-même et qu'il a fondé l'Être au sein d'une démocratie réelle, sans dépossession de soi ni aliénation, alors apparait dans le monde, quelque chose qui semble être encore dans l'enfance aux yeux de tous et où personne n'a jamais été : la terre natale (*Heimat*) ».
L'idéalisme allemand des penseurs juifs a produit le ferment d'une utopie critique qui ne trouve pas d'expression plus juste, plus digne et plus belle, souligne Habermas, que dans ce passage très kafkaïen du dernier aphorisme de *Minima Moralia* (Adorno) : « la philosophie, pour autant qu'il y ait encore lieu d'en assumer la responsabilité au regard du désespoir, serait la tentative de considérer toutes choses telles qu'elles se présentent du point de vue de la rédemption. La connaissance n'a d'autre lumière que celle que la rédemption répand sur le monde ; tout le reste n'est que construction *a posteriori* et ressortie à la pure et simple technique. Il faudrait ouvrir certaines perspectives où le monde se montre ainsi, aliéné, avec ses déchirures et ses failles, comme il se montrera un jour, nécessiteux, défiguré, dans la lumière du messianisme. Ouvrir de telles perspectives sans arbitraire ni violence, rien que dans le contact intuitif avec les objets, voilà la seule chose qui importe au philosophe. C'est la chose de toutes la plus simple, car l'état du monde réclame impérativement une telle connaissance [...] Mais c'est aussi chose tout à fait impossible, parce qu'elle présuppose un lieu qui soit soustrait à la juridiction de l'existence, ne fût-ce qu'un tout petit peu, alors que chaque connaissance possible n'est pas seulement ce qui doit être arraché au réel pour avoir quelque poids, mais se trouve précisément elle-même frappée de la même défiguration et de la même tare auxquelles elle s'efforce d'échapper. Plus la pensée met d'acharnement à refuser sa condition relative au nom de l'absolu, plus elle succombe au monde dans l'inconscience et avec des conséquences fatales. »

Hegel avait-il raison de penser que les individus en qui s'incarne l'histoire universelle ne se laissent pas juger en fonction de critères moraux ? À quoi Habermas répond : lorsque l'ambiguïté du génie a pour conséquence la subversion politique, alors la vigilance critique du public reprend ses droits. Il considère que le plus intéressant est de savoir comment l'auteur de *Sein und Zeit* a pu s'abaisser à un mode de pensée si évidemment primaire qui se révèle être, pour un regard lucide, le pathos sans style de l'appel à l'autoaffirmation de l'Université allemande.

Il n'y a pas eu d'intelligentsia fasciste pour la seule raison que la médiocrité du personnel d'encadrement nazi ne l'a pas mis en mesure d'accepter les offres de service faites par les intellectuels. Les penseurs dont les thèmes et la mentalité s'accordaient aux idéaux du fascisme étaient pourtant bien là. Seul le manque d'envergure du personnel politique les a rejetés dans l'opposition, faisant penser que le Mouvement était sans racine, étranger à la tradition allemande et greffé de l'extérieur. Ne sont ni fausses ni condamnables, les tentatives de Thomas Mann, dans son roman *Le Docteur Faustus,* quand il cherche l'enracinement des thèmes du nazisme dans la tradition culturelle allemande et met à jour ses prédispositions à conduire au fascisme.

En 1953, Heidegger publie son cours de 1935, l'*Introduction à la Métaphysique*. À la page 202, il parle du national-socialisme, de l'« *intime vérité et grandeur de ce mouvement (c'est-à-dire de la rencontre entre la technique déterminée à un niveau planétaire et l'homme moderne)* ». Ce propos est le produit du contexte dans lequel les cours ont été prononcés. Heidegger fait explicitement se rencontrer l'interrogation sur l'Être et le mouvement historique de cette époque. Il appelle ses auditeurs de 1935, et ses lecteurs de 1953, à une existence héroïque, contre la plate déchéance de la médiocrité quotidienne. Choqué par la lecture de ce cours imprégné de fascisme jusque dans les détails stylistiques, Habermas exprime son émotion dans un article paru dans la *Frankfurter Allgemeine Zeitung*. Il adresse à Heidegger la question suivante : « Peut-on interpréter l'assassinat (méthodique) de millions de gens, dont aujourd'hui nous n'ignorons plus rien, comme s'il s'agissait d'une erreur du point de vue de l'histoire de l'Être comprise comme destin ? N'est-il pas le crime effectif de

ceux qui en toute responsabilité l'ont perpétré... et la mauvaise conscience de tout un peuple. » (Habermas, *Profils philosophiques*) Plus tard, Heidegger supprimera subrepticement les phrases choquantes. Pour le philosophe de l'Être, enclin au nivellement de toute chose, l'extermination des Juifs apparait comme un évènement qui en vaut un autre. C'est la *force* qui élève l'individu aristocratique au-dessus de la vulgarité des masses. L'aristocrate qui choisit la gloire sera anobli par le rang et la domination, qui sont aussi l'apanage de l'Être lui-même, tandis que les masses, repues comme du bétail — d'après le mot d'Héraclite cité et approuvé par Heidegger — sont des chiens et des ânes. L'Être se dérobe à celui qui s'attache au compromis ; Heidegger fait sien l'apophtegme nietzschéen : « Le Vrai n'est pas pour tout le monde, mais seulement pour les forts » (Nietzsche, *La volonté de puissance*, Frag. 9) La dégénérescence de la pensée ravalée au rang de la pure et simple intelligence doit être surmontée par une pensée plus originelle. Enfin, à la force et à l'Esprit vient s'ajouter le courage, un courage bien ambigu, auquel la violence et l'erreur ne font pas peur. L'apparence, la tromperie, l'illusion et l'errance sont des puissances qui viennent de l'Être même ; l'esprit courageux recommence les débuts de notre existence au sein de l'histoire de l'Être, en disant oui à tout ce qu'un commencement comporte d'inquiétant, d'obscur et d'incertain. Enfin, c'est dans la mesure où il vit dans le risque que l'individu héroïque déploie toute sa nature. Il est celui qui fait violence, le créateur qui maitrise l'être. C'est l'être timoré qui vise à la convention, au compromis et à l'assistance réciproque. « Voilà pourquoi celui qui fait violence ne connait pas la bonté et la conciliation, ni l'apaisement et le soulagement par les succès ou le prestige » (*Héraclite*, Frag. 9).
En réponse aux préoccupations communes, celui qui fait violence oppose le projet du penseur, la construction du bâtisseur et l'action du législateur. Il se dresse au-dessus de tous, inquiétant dans sa solitude, et finalement il n'a pas d'issue ; il est celui pour qui ne pas exister représente la plus haute victoire sur l'Être, celui pour qui l'existence s'accomplit tragiquement « dans le consentement le plus profond et le plus ouvert à sa ruine » et qui rejette toute aide dans cette volonté du jamais-vu qui est la sienne. (Habermas, *Profils philosophiques*)

Quel était le propos de ce cours, à quoi appelait-il ? C'est inspiré par Hölderlin et Nietzsche, avec le pathos des années vingt et la conviction d'être investi d'une mission à la fois personnelle et nationale, que Heidegger se plait à jouer l'élu et le fort face au bourgeois, « la pensée originelle contre le sens commun, le mépris de la mort propre à celui qui sort de l'ordinaire contre la trivialité de celui qui fuit le danger. » Habermas s'en prend au style qu'incarne Heidegger, considérant qu'il personnifie une action de formation et de volonté politique, le style étant un foyer de contagion, origine toujours renouvelée de motivations existentielles.

De *Sein und Zeit* à la *Lettre sur l'Humanisme*, le caractère est fluctuant. Il est aujourd'hui partout question de prise en garde, de souvenir, de don, là où, en 1935, l'action violente était exigée. La coloration fasciste se démasque impitoyablement dans le cours de la même année 1935. Habermas souligne que « L'oubli de l'Être » est une idée qui par-delà Schelling, Hölderlin et Hegel, renvoie à Böhme*. Heidegger veut ignorer le point de départ théologique qui est le sien et un champ d'expériences spécifiquement chrétiennes qui remontent à Saint Augustin en passant par Kierkegaard. Dès lors que le christianisme n'est plus qu'une simple étape du processus de dégénérescence de l'Occident, l'idée — centrale chez Hegel — de l'égalité de tous devant Dieu et de la liberté de chacun, n'offre plus de contrepoids efficace, pas plus que l'égalité individuelle face au privilège naturel du plus fort, ni le contrepoids universaliste face au thème d'élection du peuple allemand dans l'histoire.

De même, il ne rend pas compte qu'après Descartes (la démarche d'une pensée fondée sur le calcul, réduisant les choses à des objets disponibles), il y a l'autre attitude d'appréhension intuitive et de compréhension du sens, la souplesse dialectique du mouvement des idées, propre à l'époque moderne. Une telle dialectique donne à la pensée sa légitimation créatrice et la préserve d'une identification unilatérale avec l'opinion commune.

Reste la question en suspens : pour quelle raison Heidegger, en 1953, publie-t-il son cours sans prendre aucune distance par rapport à son contenu ? Cette attitude n'est conséquente qu'au regard d'une opinion qui justifie non seulement l'erreur personnelle, mais aussi l'*erreur* qu'avait été le pouvoir nazi, c'est tout au moins ce que pense Habermas et la raison d'être de son article de la revue *Esprit* (août-sept. 2015) : « Au lieu de se confronter avec ce qui s'est passé et ce que nous avons été, de faire la lumière sur les actes responsables commis dans le passé et de tenir en éveil la conscience qu'on doit en avoir, la grande majorité de la population et les responsables d'hier s'attachent sans cesse à la réhabilitation et Heidegger publie sa phrase sur la grandeur et la vérité interne du nazisme, avec ces mots devenus caducs qui n'appartiennent pas à ceux dont la compréhension est encore à venir [...] Est venu le temps de penser avec Heidegger contre Heidegger. » (*Ibid.*) Pour s'en convaincre, il suffit de relire ce passage écrit par Heidegger en 1935, puisé dans l'*Introduction à la Métaphysique* : « Celui qui fait violence, le créateur, qui s'avance dans ce qui n'est pas dit et fait irruption dans ce qui n'est pas pensé, qui obtient par force ce qui n'est pas arrivé et fait apparaitre ce qu'on n'a pas vu, celui-là se faisant violence, se tient constamment dans le risque. »

Les notes rédigées de 1936 à 1946 témoignent du « tournant » comme thème propre à cette époque : de la déception éprouvée à l'égard de ce qui tout d'abord faisait à l'Allemagne, la promesse d'un sursaut par l'irruption de celui qui fait violence dans le *non pensé*. Entre-temps survient un acte de violence d'une autre sorte, d'abord la Deuxième Guerre mondiale avec la totalité de ce qui l'a accompagné, et cet ordre nouveau dans lequel se sont démasqués les complices de ce qui prétendument devait être dépassé : « On pense que les chefs dans la fureur aveugle d'un égoïsme exclusif se sont arrogé tous les droits et ont tout réglé à leur fantaisie. En vérité, ils représentent les conséquences nécessaires du fait que *l'étant* est passé dans le mode de l'errance, là où s'étend le vide... » (Heidegger, *Essais et Conférences*, 108)

Dans une même intuition visionnaire s'entremêlent la tragédie grecque et la descente aux Enfers de Breughel : « Avant que l'Être puisse advenir dans sa vérité initiale, il faut que l'Être comme volonté soit brisé, que le monde soit renversé et la terre livrée à la dévastation et l'homme contraint à ce qui n'est que travail. C'est seulement après ce déclin que devient sensible au cours d'un long intervalle la durée abrupte du commencement... » (Heidegger, *Introduction à la métaphysique*)

Face à la crise, Heidegger ne fait pas appel à la critique, comme ce fut le cas depuis le XVIIIe siècle, de Kant à Husserl où elle n'a cessé de jouer un rôle déterminant, sur le modèle d'une instance judiciaire : elle fait le départ entre la vérité et les pures présomptions. Or ce sur quoi s'appuie Heidegger, face à la crise, n'est pas la critique, mais le mythe. La critique du langage lui reste aussi étrangère que la question que se pose Karl Kraus : « Pourrait-on imaginer dans le domaine moral garantie plus solide que le doute à l'égard du langage ? »

Habermas termine son réquisitoire par une période inspirée : « Grande est l'histoire de l'influence qu'a eue Heidegger, et la plupart des gens qualifient de grande son action elle-même. Peut-être est-ce précisément lui qui nous fait comprendre pourquoi notre relation à la grandeur est une relation brisée ».

Une infinie méfiance

« Ce n'est pas tant la pensée du dernier Heidegger qui est énigmatique, que l'admiration servile et généralement dépourvue d'esprit critique qui lui a été vouée et se trouve à l'origine d'une telle scolastique. » (Franco Volpi)

« D'où pourrait-on critiquer Heidegger ? » interroge Philippe Lacoue-Labarthe (*La fiction du politique*). Il répond : « La reconnaissance, voire l'admiration sans réserve pour la pensée n'est en aucune façon exclusive d'une infinie méfiance. Non à l'endroit du penseur lui-même, mais à l'égard de ce que sa pensée entraine ou emporte avec elle, cautionne et justifie. Cela revient à dire que vis-à-vis de Heidegger, la situation est tout autant impossible et guère plus tenable que vis-à-vis de la philosophie. » Hélas, l'effet d'une *admiration sans réserve* est généralement, pour la pensée, la cause d'une asthénie de l'esprit. Comment en effet expliquer une méfiance à l'endroit des conséquences d'une pensée qu'on admirerait par ailleurs sans réserve ? De même, comment peut-on ressentir de la méfiance, non pas à l'égard du penseur ni à l'endroit de sa pensée, mais uniquement de ce que sa pensée implique ? On touche ici au nerf du problème Heidegger, qui relève d'une confusion entretenue entre les défauts majeurs de la personnalité de Heidegger, et la séduction qu'exerce son discours sur les plus fortes personnalités d'intellectuels sensibles au caractère mythique et poétique de son expression germanique. Lacoue-Labarthe refuse de confondre la pensée et le penseur, et de même, la pensée et ses conséquences. C'est la sempiternelle dualité cartésienne, l'âme et le corps, qui allait si bien aux poètes et aux philosophes. De la part d'un penseur, ce n'est pas justifiable, sinon par l'effet d'une magie improbable, qui opèrerait sur un esprit sensible à l'expression poétique allemande — hölderlinienne.

Pourquoi la méfiance, interroge Philippe Lacoue-Labarthe ? (*Op. cit.*) À cause de l'attitude politique de Heidegger qu'il considère comme une réponse philosophique, une adhésion jamais démentie après 1934. On serait bien avisé, pense Lacoue-Labarthe, de voir que « la visée de l'essence du politique est ce qui éclaire mieux *a posteriori* le style et le propos de 1933 », « au lieu de parler, à tort et à travers, de dénégation ontologique ». « Il est clair, poursuit l'auteur, que pour Heidegger *politique*, au sens où il s'est engagé politiquement, signifie "historial" et que le geste de 1933, eu égard à l'Université, mais aussi, au-delà, à l'Allemagne et à l'Europe, est un geste fondateur ou refondateur. Il est non moins clair qu'en 1933, le national-socialisme incarnait cette possibilité historiale, ou du moins qu'il en était porteur. » La fameuse phrase du cours *d'Introduction à la métaphysique* sur la *vérité interne et la grandeur de ce mouvement* n'a pas d'autre sens. « C'est pourquoi l'engagement de 33 n'est ni un accident ni une erreur. » Ce n'est pas un accident parce que — outre qu'il est délibéré et motivé — on ne peut vraiment pas dire qu'il soit inattendu ou surprenant. En ce qui concerne la politique strictement universitaire, *le Discours du Rectorat* n'avance pas une proposition qui n'ait déjà été comprise dans la Leçon inaugurale de 1929. Quant à la politique générale, c'est-à-dire quant à l'Histoire, l'essentiel de ce qui est proclamé en 33 est déjà dit dans *Sein und Zeit*, si l'on veut bien se reporter au chapitre V de la deuxième section. La référence à Nietzsche et l'allure du texte fondée sur la répétition telle qu'elle est conceptuellement élaborée dans le livre sur Kant, impliquaient déjà que la question de la refondation historiale de l'Allemagne fut pensée au même titre que le destin spirituel de l'Occident.

Contrairement à ce qu'on a pu dire ici ou là, l'engagement

de Heidegger est d'une absolue cohérence avec sa pensée affirme Lacoue-Labarthe, en contradiction manifeste avec le début de son article *une infinie méfiance*, « non à l'endroit du penseur lui-même, mais à l'égard de ce que sa pensée entraine ».

Après la « rupture » (c'est ainsi que l'entend Lacoue-Labarthe) et jusqu'en 1944, tout l'enseignement fut consacré à une *explication* avec le national-socialisme, attestant ainsi de l'intrication du politique et du philosophique et de la vérité que Heidegger y avait perçue. Il ne s'agissait, en vérité, et en aucune manière d'une rupture, mais d'un désaccord entre la réalité imposée par le parti et les vues de Heidegger — un désaccord limité aux membres du parti en charge des Universités qui firent obstacle aux ambitions du philosophe qui étaient de régner sur les Universités sous la seule autorité du Führer.

C'est pourquoi le terme *erreur* est inapproprié ; il y aurait eu erreur si le nazisme n'avait pas été porteur des possibilités, des espérances que Heidegger voyait en lui. Or, manifestement, il portait, ces possibilités, dans une certaine mesure, eu égard au destin de l'Allemagne et au destin de l'Occident. La détresse (*Not*) qui commande l'insurrection nationale-socialiste, comme elle commande la protestation du Discours du rectorat, n'est pas simplement le gouffre économique dans lequel sombre l'Allemagne ni l'effondrement de la République de Weimar consécutif à la défaite et au traité de Versailles ; ce n'est pas non plus seulement le désarroi d'une Allemagne qui aurait reçu l'héritage spirituel de tout l'Occident et qui se sait également dans l'incapacité de pouvoir parvenir à l'existence comme telle, condamnée à rester en souffrance. La détresse est née principalement de l'inquiétude ou même de l'effroi devant l'épuisement confirmé du projet moderne où se révèle son être catastrophique. « Au centre du discours du rectorat, le mot de Nietzsche "Dieu est mort" vient dire la circonstance, c'est-à-dire l'être abandonné ou la déréliction de l'homme au milieu de *l'étant* ». (*Ibid*. 24)

Selon Lacoue-Labarthe, Heidegger ne se serait pas trompé en 1933, mais, en revanche il savait, en 1934, qu'il s'était trompé, non pas sur la vérité du nazisme, mais sur sa réalité. Au contraire, il y a tout lieu de penser que Heidegger n'a pas pensé s'être trompé ; une telle idée n'aurait d'ailleurs pas été dans sa nature. Il est seulement déçu par l'accueil qu'il a rencontré, tant auprès de ses collègues professeurs maintenus en place, que de ses élèves, abstraction faite des Juifs. Au demeurant, sa foi en Hitler est intacte et lui seul incarne la réalité du mouvement, mais resté sourd à l'injonction solennelle du philosophe, il s'est révélé accomplir ce contre quoi Heidegger l'appelait à lutter — sous sa direction.

Lacoue-Labarthe écrit : « Je ne risque pas le mot "faute" à propos de Heidegger, depuis la moindre certitude éthique. Je ne le risque que parce qu'il y a aveu, dans Heidegger, de l'être démuni ; et que parce qu'une fois au moins, dans ce qu'il a signé, il a esquissé le geste d'une reconnaissance de faute », dans l'entretien accordé au *Spiegel*, à propos de son attitude après la mort de Husserl ; il parle de « défaillance » ou de « manquement ». (*Ibid.* 34)

L'inacceptable, dit Lacoue-Labarthe a été le compromis avec le mouvement pour lequel l'antisémitisme était principiel et ne relevait pas d'une quelconque excroissance idéologique avec laquelle on pouvait, ou non, être d'accord. En adhérent au nazisme, *si brièvement et même dignement* que ce fût, on adhérait nécessairement à un racisme. Et si l'on croyait possible de détacher le racisme du mouvement, alors on ne s'aveuglait pas seulement sur la nature réelle et la vérité du mouvement, mais on pensait que la victoire du mouvement valait bien un peu de racisme : on passait l'antisémitisme par pertes et profits. (*Ibid.* 34)

Parlant des intellectuels de 1933, qui avaient « leurs théories sur Hitler », « des théories fantastiques, passionnantes, sophistiquées et planant très haut au-dessus du niveau des divagations habituelles », Hannah Arendt avait sans doute raison de dire : « qu'il ne s'agissait que de gens qui, comme je le dirai maintenant, furent pris à leur propre piège (au piège de leurs propres constructions). Ce qui se produisit par la suite, eux non plus ne l'avaient pas voulu [...] Ce ne sont jamais que des gens qui ont fait occasionnellement quelque chose pendant quelques mois, voire, dans le pire des cas, pendant quelques années : ils n'ont ni tué ni dénoncé » (H. Arendt, *La tradition cachée*). En reprenant ces propos de Hannah Arendt, Lacoue-Labarthe donne à penser que l'auteur, à court d'arguments, fait flèche de tout bois, même de ce qui n'aurait jamais dû être diffusé. Laissons les « théories passionnantes » sur Hitler, comment, en revanche, retenir l'excuse « eux non plus ne l'avaient pas voulu », argument usé qu'ont employé tant de criminels : « je ne savais pas ! », a-t-il jamais été retenu par un tribunal ? Ces gens qui n'ont jamais été que des soutiens passagers (mais au bout de combien de temps cesse-t-on d'être *passager* ?) de criminels délirants, qui n'ont jamais tué, comme c'est le cas de la majorité des intellectuels et de bien des politiques, ne porteraient donc aucune responsabilité ; si cela est vrai, alors le procès de Nuremberg est à refaire et Brasillach à réhabiliter. Quant à ceux qui n'ont pas dénoncé le crime, Heidegger n'entre pas dans cette catégorie, lui qui, en son temps, s'est abaissé à pratiquer la délation.

Par la suite, Hannah Arendt reviendra sur certains termes de cette déclaration, notamment à propos d'Auschwitz ; elle conviendra que « les choses se sont arrangées avec une foule de gens ».

Lacoue-Labarthe, quant à lui, glisse rapidement sur ce revirement pour s'arrêter à la question du silence qui donnerait fond à cet abîme. La question est que les intellectuels, Heidegger plus spécifiquement, n'ont rien dit, après la guerre, publiquement sur leur responsabilité propre, qui est la responsabilité de la pensée, après que le Reich se soit effondré et que toutes les horreurs furent révélées.

La phrase que prononça Heidegger au cours des conférences de Brème (1949) sur la technique – Le Dispositif - à elle seule dit l'incompréhensible : « L'agriculture est maintenant une industrie alimentaire motorisée, quant à son essence la même chose que la fabrication de cadavres dans les chambres à gaz et les camps d'extermination, la même chose que les blocus et la réduction de pays à la famine, la même chose que la fabrication de bombes à hydrogène ». Lacoue-Labarthe juge cette déclaration « scandaleusement insuffisante ». Elle rapporte à la technique l'extermination de masse, en cela elle est absolument juste. « Mais elle est scandaleuse, et donc piteusement insuffisante, parce qu'elle omet de signaler que pour l'essentiel, dans sa version allemande [...] l'extermination de masse fut celle des juifs et que cela fait une différence incommensurable avec la pratique économico-militaire des blocus ou même l'usage de l'armement nucléaire. [...] Que Heidegger n'ait même pas pu, ni probablement voulu prononcer cette différence, voilà qui est strictement — et à jamais — intolérable. » (Ibid. 36)

La raison en est que l'extermination des Juifs est un phénomène qui pour l'essentiel ne relève d'aucune logique (politique, économique, sociale, militaire, etc.) autre que spirituelle, fut-elle dégradée et par conséquent historiale. Dans l'apocalypse d'Auschwitz, ce n'est ni plus ni moins que l'Occident, en son essence, qui s'est révélé — et qui ne cesse depuis de se révéler. Et c'est à la pensée de cet évènement que Heidegger a manqué.

La différence incommensurable entre l'Extermination et n'importe quel autre phénomène technique tient à ce que les Juifs, en 1933, n'étaient pas un facteur de dissension sociale, ils ne représentaient aucune force politique ou religieuse homogène, ils n'offraient pas même l'aspect d'une cohésion sociale déterminée. Tout au plus, pouvait-on dire qu'ils formaient une minorité religieuse ou historico-culturelle. Mais ils ne menaçaient pas l'Allemagne. Ils n'étaient une menace, en tant que décrétés Juifs que pour une nation en souffrance de sa propre identité ou de son existence.

La citation de Heidegger aurait ceci de juste que « Les moyens de l'Extermination ont été ni militaires, ni policiers, mais industriels. » Eh bien non ! Là encore Lacoue-Labarthe a tort de reprendre à son compte cette l'affirmation mensongère, car l'Extermination des Juifs a commencé par des opérations militaro-policières en Europe de l'Est ; *la Shoa par balles* a consisté en tueries organisées par les *Einsatzkommandos,* atrocement dépourvues de technique industrielle. C'était du travail « fait main ». Les Juifs étaient traités comme on traite les déchets industriels ou la prolifération des parasites. « Comme Kafka l'avait compris depuis longtemps, la "solution finale" était à prendre à la lettre des séculaires métaphores de l'injure et du mépris : vermine, ordure, et de se donner les moyens techniques d'une telle expression effective. Cette opération de pure hygiène [...] n'a aucun répondant dans l'histoire. Nulle part ailleurs ni en aucun temps ne s'est vue une telle volonté de nettoyer et de faire disparaître totalement une "souillure", compulsivement et sans le moindre rituel. Il n'y a pas le moindre aspect "sacrificiel" dans cette opération [...] c'était une élimination pure et simple. Sans traces ni restes. C'est à Auschwitz que l'accomplissement du nihilisme a eu lieu sous sa forme la plus pure. Dieu est effectivement mort à Auschwitz, en tout cas le Dieu de l'Occident gréco-chrétien, et ce n'est pas par hasard que ceux que l'on voulait anéantir étaient les témoins de cet Occident, d'une autre origine du Dieu qui y avait été vénéré et pensé – si ce n'est même peut-être, d'un autre Dieu, resté libre de sa captation hellénistique et romaine et entravant par-là même le programme de l'accomplissement » (*Ibid.* 36). « C'est pourquoi cet événement, l'Extermination, est à l'égard de l'Occident la terrible révélation de son essence (*Ibid.* 38)

La bêtise existentialiste

L'influence de Heidegger a commencé à se faire sentir au début des années 1930, dans un courant intellectuel auquel Jean Wahl* et Gabriel Marcel* avaient donné le nom d'existentialisme dès la fin des années 1920. En 1929, paru en France une nouvelle traduction de Kierkegaard, c'est alors que Jean Wahl définit le concept d'existence de la manière suivante : « Exister c'est être un individu, c'est choisir et se passionner [...] exister c'est devenir; être isolé et subjectif, se soucier infiniment de soi; se savoir pécheur, être devant Dieu. » (Jean Wahl, *Études kierkegaardiennes*, 258)
Au centre de la nouvelle pensée française des années 1930, deux idées prédominaient : celle de l'existence conçue comme le fait d'être fini, morcelé, privé de tout fondement. La réalité a perdu son sens établi et assuré. L'homme se trouve jeté entre plusieurs possibilités et doit faire un choix. L'idée d'existence est liée à la contingence, elle met un terme à l'illusion d'un monde universellement logique. L'homme individuel découvre qu'il est l'incarnation du hasard. L'idée de la contingence de l'existence implique l'idée d'une liberté radicale. L'existentialisme est le point de rencontre d'une mystique de l'être, d'une théorie décisionniste de la grâce, de l'absurde et du nihilisme sous la commune bannière de l'anticartésianisme.
Lui sont échus, un certain corps et une certaine position dans l'espace et le temps. En 1950, Hannah Arendt stigmatise la bêtise qui prend de plus en plus d'ampleur dans le paysage philosophique.

Elle met sur le compte de cette bêtise cette forme particulière de profondeur allemande qui n'impute pas la guerre, la destruction de l'Allemagne et l'assassinat des Juifs aux crimes du régime nazi, mais aux « évènements qui ont amené Adam et Ève à être chassés du paradis ».[34]

Dans ce contexte de l'immédiat après-guerre, la Lettre sur l'humanisme de Heidegger témoigne d'un profond désarroi. Elle n'est pas étrangère à la bêtise existentialiste observée par Hannah Arendt. Heidegger recherche lui aussi les origines d'une fin catastrophique, non pas chez Adam et Ève, mais dans un lointain passé, celui de Platon et de sa postérité. Heidegger affirme qu'il est « seulement » un penseur attiré par les aventures enthousiasmantes de la pensée qui l'incitent à continuer, à progresser.

La lettre sur l'humanisme

Heidegger, dans un profond désarroi, recherche les origines d'une fin catastrophique, dans un lointain passé, chez Platon et sa postérité. Il dit de lui-même qu'il est *seulement* un penseur attiré par les aventures enthousiasmantes de la pensée qui l'incitent à continuer et à progresser.

La *Lettre sur l'humanisme* témoigne de cette envie de progresser et marque en même temps une sorte de bilan de sa propre pensée. Il tente de faire apparaitre sa position sur le présent et sur certains problèmes de la vie dans notre civilisation. Toute la philosophie tardive de Heidegger est contenue dans ce texte.

Dans la *Lettre*, Heidegger répond indirectement à Sartre et se réfère à deux phénomènes d'actualité : la mode existentialiste et la renaissance de l'humanisme. Elle est la réponse à la question que lui avait posée Jean Beaufret : « Comment redonner un sens au mot *humanisme* ? »

Sartre affirmait que l'existentialisme était un nouvel humanisme de la responsabilité personnelle et de l'engagement, dans une situation de désarroi métaphysique. Pour Heidegger, l'humanisme

---

[34] Hannah Arendt, *Besuch in Deutschland in Zur Zeit, Politische Essays*.

est le problème même dont il croit être la solution. Il tente de montrer pourquoi la pensée doit dépasser l'humanisme et en quoi la pensée a déjà fort à faire en défendant sa propre cause.

Qu'est-ce donc que la pensée ? Heidegger rejette l'idée qu'elle serait une différence entre la théorie et la pratique, mais distingue la pensée qui médite de celle qui calcule. Notre pensée saisit d'abord notre *être-au-monde*. La pensée a pour mission de penser cette proximité. Elle doit approcher l'immédiateté, mais c'est aussi le moment où elle se brise, où elle achoppe sur un terrain sec. L'échec de la pensée est le signe que l'on est sur la bonne voie. Cette voie est dans la proximité de l'être. Le concept d'existence (ou *ek-sistence*) se définit comme le séjour dans l'éclaircie de l'être, *l'être-hors-de*, l'extase. Dans un premier temps, Heidegger est resté prisonnier de l'*être-là*, de l'être que l'existence veut réaliser ; dans un second temps — le tournant — il veut toucher un être qui invoque l'*être-là*. (Heidegger, *Lettre sur l'humanisme*, 155)

Heidegger explique que les variétés de l'humanisme, aussi différentes soient-elles, « tombent pourtant d'accord sur ce point que l'*humanitas* de l'*homo humanus* est déterminée à partir d'une interprétation déjà fixée de la nature, de l'histoire du monde [...] » L'humanisme, même lorsqu'il se proclame universel, soumettrait donc la pensée à diverses conceptions métaphysiques. La proclamation d'un nouvel humanisme relèverait au pire de la mode, au mieux d'un courant historique. Le commencement de la *Lettre sur l'humanisme* constitue une entrée brutale dans le vif du sujet : « Nous ne pensons pas encore de façon assez décisive » (*Entschieden genug*). Heidegger a le désir de se concentrer sur les questions essentielles au premier rang desquelles il place l'historicité de la pensée. Le *tournant* de 1947 va radicaliser la décision de se consacrer à l'essentiel. Il restaure la relation essentielle de la pensée à l'Être, il écarte du même coup une philosophie trop soumise aux variations de l'historicité. Heidegger ne se pense plus dès lors dans un rapport critique avec la tradition, mais dans une reconquête de l'origine non historique de la pensée.

Dans la *Lettre sur l'humanisme* de 1947, Heidegger récuse tous les efforts de la philosophie pour résorber à son profit, l'historicité de la pensée : « Il n'y a pas seulement, comme Hegel le croit, une systématique qui pourrait poser la loi de sa pensée comme loi de l'histoire dans le système. »

Le caractère historique de la philosophie se voit encore reconnaitre une priorité de droit, mais cette priorité signe désormais l'infériorité de la philosophie. La raison philosophante ne pourra jamais se rendre maitre de l'histoire de la pensée par la pensée. Pour Heidegger, la pensée est soustraite, chez les grands penseurs, au risque de réfutation de la logique et de la caducité de l'histoire. Après la Seconde Guerre mondiale, Heidegger est animé par la volonté d'échapper à la loi de l'histoire, à l'inévitable caducité de toutes choses, *l'heure zéro* — Mythe fondateur de l'Allemagne de l'après-guerre — a fourni l'illustration (Marc Foglia, *L'historicité de l'homme*). La réaffirmation de cette volonté explique peut-être le succès de la philosophie de Heidegger, dans le contexte de désarroi moral de l'époque. Heidegger, à la différence de Hegel, confie l'*entreprise* à la pensée et non à l'Esprit universel. Par la pensée, l'homme va se hausser au niveau de son origine et de son destin, un niveau qui n'est plus historique. Il s'agit de pouvoir détourner le regard d'une pensée, d'une politique qui portent leur contingence comme une absurde blessure. (*Ibid.*) Heidegger s'oppose à l'interprétation historiciste de l'historique et entend maintenir l'historique comme expression d'un absolu. « C'est pourquoi la pensée qui pense en direction de la vérité de l'Être est, en tant que pensée, historique. » Le problème de l'historicité de l'homme tel que l'affronte Heidegger a été largement préparé dans une tradition humaniste qu'il simplifie et finit par récuser (voir Foglia). Le *tournant* de Heidegger trouve son impensé dans une configuration sceptique, relativiste et historiciste de la philosophie du passé.

Lorsque Heidegger dans la *Lettre sur l'Humanisme* répond négativement à la question de Jean Beaufret (« Comment redonner un sens au mot humanisme ? »), ce n'est pas seulement le mot qu'il entend bannir, c'est surtout l'ensemble des projets et des représentations qui sous ce terme fixent et limitent l'essence de l'homme d'une manière que Heidegger juge encore métaphysique[35]. Heidegger récuse l'humanisme au nom de ce qui différencie l'homme, comme tel, de toute animalité et de toute

---

[35] Dominique Janicaud, *L'humanisme des malentendus aux enjeux.*

fixation essentialiste de l'*homo humanus*. L'homme est à ce point différent de tout *étant* qu'il ne faut même plus l'appeler homme, mais *Dasein*. L'humanisme n'a pas une idée assez haute ni assez radicale des possibles du *Dasein*. C'est désormais toute fixation anthropocentrique qu'il faut récuser; le *Dasein* comme *berger de l'être* attend l'homme au-delà de lui-même. Heidegger surenchérit en déclarant qu'il faut abandonner l'humanisme, car cette tradition classique resterait métaphysique et s'avèrerait incapable de s'ouvrir à la vérité de l'Être. La question reste posée : doit-on avoir une conception conservatoire et défensive de l'humain face à tous les dangers de déstabilisation et de barbarie qui nous guettent ? Ou faut-il ouvrir à tous les possibles les chances et les risques de cet « être des lointains » qui pourrait un jour remplacer l'homme trop humain ? (Janicaud, *Ibid.*)

Des errements à la culpabilité d'un philosophe

C'est la pensée de la finitude de l'homme dans l'histoire et l'historicité radicale du *Dasein,* qui exposent Heidegger au danger de l'extrémisme; c'est ensuite la stylisation de l'histoire de la métaphysique à l'intérieur d'un schéma *historio-destinal* qui lui fait interpréter le nazisme comme une des formes de l'accomplissement de la métaphysique dans la technique. (Janicaud, *Heidegger en France*, 189). « L'erreur » politique de Heidegger écrit Janicaud renvoie donc à un « défaut » de sa pensée qui n'est pas accidentel (car elle tient au fait que la pensée de l'être s'est détournée de l'intelligence de l'effectivité et des possibles rationnels), mais dont il faut savoir tirer les conséquences en repensant autrement que ne l'a fait Heidegger lui-même, le statut du politique à l'ère de la technique.

Pourquoi se passionner pour le cas Heidegger, comme s'il était si exceptionnel, comme si les errements d'un philosophe étaient si surprenants ? En réalité, la dramatisation a été suscitée par des questions fondamentales, sous l'effet du nazisme lui-même. Comment l'Occident a-t-il pu en arriver à une telle monstruosité ?

Cette question recoupe l'interrogation heideggérienne sur le destin de la rationalité occidentale. Allons-nous penser l'horreur nazie grâce à la pensée de Heidegger ? Ou tout le contraire : est-ce cette pensée, elle-même leurrée, qui nous bouche la voie de la justesse et de la justice ? L'enjeu : y a-t-il un recours en cette pensée ? « Ce petit homme matois, terriblement intelligent, mais au profil psychologique déconcertant, est-il porteur d'un message, des signes d'une pensée nouvelle, d'un cheminement décidément illuminant pour nos pauvres vies — ou tout cela n'est-il que rhétorique, poudre aux yeux, jeux de langage ? Vouloir éliminer cette inquiétude et cet espoir, ce serait se résigner à une perte incommensurable : celle de l'interrogation sur le sens même (ou le non-sens) de la détresse de notre siècle et de notre époque. » (*Ibid.* 390)

D. Janicaud dans son livre *L'ombre de cette pensée,* rappelle justement le propos de Paul Veyne, d'une salutaire insolence : « Nous sommes embarrassés de devoir constater qu'un des plus grands métaphysiciens qui ait jamais existé ait pu être aussi un méprisable imbécile » (Paul Veyne, *Responsabilité politique ou hagiographique du philosophe*).

Nous sommes aux prises avec une dualité difficilement réductible entre le « petit » Heidegger et le « grand » Heidegger, l'homme nazi et le penseur génial. L'ami de René Char, le penseur exigeant, pour qui « l'interrogation est la piété de la pensée ».

Des errements à la culpabilité, il y a une relation de cause à effet, bien difficile à assumer par beaucoup de philosophes, tentés un premier temps d'exonérer Heidegger de toute attache au nazisme, puis résignés à ne plus revendiquer que le bénéfice d'une *erreur passagère*, d'un *fourvoiement* sans conséquence.

La culpabilité allemande (Karl Jaspers), avant d'être un livre publié en 1946, fut un cours donné à l'Université de Heidelberg pendant l'hiver 1945/1946. Qu'un dignitaire de l'Université récuse le nazisme dès 1933, c'est beaucoup plus exceptionnel qu'on ne le croit, écrira Pierre Vidal-Naquet (*Préface*).

L'ensemble des élites de l'Allemagne accepta le national-socialisme, celles qui régissaient l'Église, l'Armée, la Justice et l'Université. Dans aucun de ces corps ne s'organisa, en 1933, une quelconque résistance collective. En particulier, les élites universitaires ne

firent pas obstacle à l'élimination de leurs collègues juifs. Karl Jaspers a récusé toutes les excuses que produisent les Allemands soucieux de dégager leur responsabilité fondamentale. Si la culpabilité *criminelle* ne concerne que les criminels de guerre, la culpabilité métaphysique concerne à la limite tout le genre humain, la culpabilité morale et la culpabilité politique concernent au premier chef l'Allemagne, avec son mode d'organisation politique et sociale, avant-même l'avènement d'Hitler, dans les choix qui ont été les siens de 1933 à 1945. Jaspers distingue ceux qui ont compris la nature du nazisme dès 1938 (la Nuit de Cristal), de ceux qui ont attendu 1942 (les premières défaites), ou 1945 (l'effondrement). Ils témoigneront des persécutions contre les opposants, des pogromes, notamment celui de nov. 1938, de la disparition des Juifs de l'horizon quotidien, des camps de concentration. Il fait peser trois accusations sur la conscience française, plus ou moins dissimulées, plus ou moins masquées : l'abandon de la lutte en juin 1940 et la constitution du gouvernement de Vichy, comme pouvoir autonome issu de la tradition politique authentiquement française, la livraison aux nazis des réfugiés allemands antinazis puis, massivement, à partir de 1942, des Juifs en majorité *étrangers*, qui avaient trouvé asile en France, y compris les enfants appelés à devenir français. Les institutions mises en place après 1942 ne doivent à peu près rien aux pressions allemandes, elles furent inspirées par une tradition politique française qui s'était imposée dans l'immense désarroi qui suivit la défaite. C'est bien un gouvernement autonome qui prit l'initiative du statut des Juifs le 3 oct. 1940.
Jaspers désamorce le prétexte patriotique en affirmant que la patrie n'est pas un but en soi ; qu'elle devient même pernicieuse si un régime détruit ce qui faisait l'essence de l'Allemagne. Le devoir envers la patrie n'entrainait nullement, pour qui voulait rester conséquent avec lui-même, l'obligation d'obéir à Hitler. (*Ibid.* 75)
Jaspers écrit : « Beaucoup d'intellectuels qui, en 1933, se sont mis de la partie, qui cherchaient pour eux-mêmes une place dirigeante, qui, publiquement, ont pris position pour le nouveau pouvoir et sa *Weltanschauung* — mécontents plus tard d'avoir été mis au second plan — qui gardaient, cependant, dans la plupart des cas, une attitude positive, jusqu'à ce que, à partir de 1942, le cours des

événements militaires rendît prévisible l'issue défavorable et fit d'eux, alors seulement, des adversaires entiers ; ces intellectuels ont le sentiment d'avoir souffert sous les nazis et d'être donc qualifiés pour l'avenir. Eux-mêmes, ils se prennent pour des antinazis. Pendant toutes ces années, il existait une idéologie de ces nazis intellectuels : ils affirmaient qu'ils proclamaient la vérité dans les choses de l'esprit, sans préjugé — ils gardaient la tradition de l'esprit allemand — ils empêchaient des destructions -- ils aboutissaient à des résultats utiles dans le détail. Il se peut que parmi ces hommes, on en rencontre qui sont coupables par une sorte de rigidité dans leur façon de penser, laquelle, sans s'identifier aux doctrines du parti, garde néanmoins en vérité l'attitude intime du nationalisme-socialisme. Il se peut que par cette façon de penser il y ait une parenté de fond entre eux et ce qui était dans le national-socialisme l'essence inhumaine, dictatoriale, nihiliste sans existence. Qui, étant d'âge mûr, avait en 1933 cette conviction intime, qui ne provenait pas seulement d'une erreur politique, mais d'un sentiment de l'existence (*Daseins-gefuhl*) rehaussé par le national-socialisme ; celui-là ne sera purifié que par une refonte de son être qui devra peut-être aller plus loin que partout ailleurs. Quiconque a participé à la folie de la race, quiconque a partagé l'illusion d'une reconstruction fondée sur l'escroquerie, quiconque s'accommodait des crimes déjà perpétrés n'est pas seulement responsable politiquement, mais doit se renouveler moralement. S'il le peut, comment s'y prendra-t-il, cela ne regarde que lui seul et ne peut guère être jugé de l'extérieur. » Ce qui peut être jugé de l'extérieur — quoi qu'il en soit de la question morale — c'est la responsabilité politique qu'un homme a encourue, et c'est le sens qu'il montre de cette responsabilité quand il s'agit d'accepter les conséquences de ses actes et de les réparer dans la mesure du possible. « Aussi longtemps que M. Heidegger continue à ne pas vouloir voir le premier point et que, par conséquent, il se refusera à envisager le second... » (*Ibid.*)

Jaspers entretiendra une correspondance avec Heidegger, non seulement révélatrice de la réalité du comportement de Heidegger, mais aussi, et surtout du jugement essentiel porté par un philosophe, à la fois pair, compatriote et contemporain historial.

En octobre 1945, des protestations de certains professeurs de l'Université de Fribourg amenèrent la commission d'épuration à délibérer de nouveau sur le cas Heidegger et à prendre des dispositions plus dures contre lui. Ensuite de quoi, au nom de la commission, Friedrich Oehlikers adressa à Jaspers, dans une lettre du 15 décembre 1945, la demande suivante : « Nous voulons pouvoir porter sur lui un jugement le plus juste possible quant aux faits de son rectorat ; car il n'est certainement pas un "nazi" au sens habituel du terme. Je ne peux personnellement me fermer les yeux au tragique qui couvre d'ombre sa figure de recteur. [...] Comme recteur il a causé à l'université des dommages effrayants [...] Autre complaisance à l'égard du national-socialisme, il lui est aussi reproché son antisémitisme dans son attitude envers ses amis. Il répond personnellement là-dessus qu'il a dû comme recteur "se montrer réservé" (!) [...] »

À cette lettre, Jaspers fait la réponse suivante[36] :

« J'avais espéré pouvoir garder le silence, sauf avec des amis intimes. J'ai pensé ainsi depuis 1933, date à laquelle, après la terrible déception, j'ai résolu de me taire, par fidélité à de bons souvenirs. Heidegger m'a facilité les choses en gardant lui-même le silence sur les questions délicates lors de notre dernier entretien de 1933 ou en y répondant de manière imprécise — notamment sur la question juive — et en ne continuant pas à me rendre visite comme il l'avait fait pendant dix ans, de sorte que nous ne nous sommes pas revus. [...] En dehors de ce qui est publiquement connu, quelques faits bien établis sont arrivés à ma connaissance, parmi lesquels j'en vois de suffisamment importants à vous communiquer ». Suit le récit de la dénonciation par Heidegger du professeur Baumgarten qu'il accuse d'être un démocrate libéral « éloigné du national-socialisme et qui de plus, fréquente un juif exclu de l'Université ». Comme tel, Heidegger recommande qu'il ne soit pas nommé à une chaire de la faculté. « Nous sommes aujourd'hui habitués à des atrocités auprès desquelles on ne comprend peut-être plus précisément quelle épouvante me saisit alors à la lecture de ces phrases : "Heidegger est une puissance importante, non par la valeur d'une conception philosophique du monde, mais dans le maniement d'instruments

---

36 Lettre de Karl Jaspers à Oehlikers, 22 déc. 1945

spéculatifs. Il a un organe philosophique dont les perceptions sont intéressantes, bien qu'il ait à mon avis un manque peu commun de sens critique et qu'il soit éloigné de la science véritable. Il a agi parfois comme si le sérieux d'un nihilisme s'alliait à la mystagogie d'un magicien. Dans le courant de ce qui fait son langage, il peut à l'occasion toucher le nerf de l'acte philosophique d'une manière secrète et grandiose. Il est peut-être là le seul, autant que je sache, parmi les philosophes allemands contemporains. [...] Il est donc indispensable de demander des comptes à quiconque a contribué à mettre en selle le national-socialisme. Heidegger fait partie des quelques professeurs qui l'on fait. [...] Sa production peu commune peut être une raison légitime pour rendre possible la poursuite de ce travail, mais non pour continuer d'exercer sa fonction et son activité professorale. [...] Tant que n'aura pas lieu en lui une authentique renaissance qui soit visible dans son œuvre, un tel professeur ne peut, à mon avis, être mis en présence de la jeunesse d'aujourd'hui [...] Sa manière de penser et ses actions ont une parenté certaine avec les phénomènes nationaux-socialistes, qui rendent son erreur compréhensible." »

Le 5 juin 1949, Jaspers écrira au Docteur Tellenbach, une lettre donnant les raisons pour lesquelles il lui apparait que Heidegger devrait être réintégré dans ses droits de professeur à la retraite. Heidegger ne se manifestera auprès de Jaspers que neuf mois plus tard par une lettre datée du 7 mars 1950 : « Cher Jaspers, [...] Aujourd'hui, je voudrais seulement d'une phrase qui ne réduit à rien toute autre conjecture et tout autre discours, vous expliquer cela que je cherchais à nommer avec le mot « désarroi », dans la première lettre de moi qui vous soit à nouveau parvenue. (22 juin 1949) Heidegger lui écrit à nouveau : « Cher Jaspers, si je ne suis plus venu dans votre maison depuis 1933, ce n'est pas parce qu'y habitait une femme juive, mais parce que j'avais simplement honte. Depuis ce n'est pas seulement dans votre maison que je ne suis plus venu, c'est aussi dans la ville de Heidelberg, qui n'est ce qu'elle est pour moi que par votre amitié. À la fin des années trente, quand le mal absolu commença avec les persécutions sauvages, j'ai aussitôt pensé à votre femme. Par l'intermédiaire du professeur Wilser, que je connaissais d'ici et qui avait à cette époque des relations étroites avec l'administration de votre canton, j'ai alors reçu la

ferme assurance que rien n'arriverait à votre femme. Mais l'angoisse demeura, l'impuissance et la faillite — je ne mentionne pas cela non plus pour ne m'imputer que l'apparence d'avoir servi à quelque chose.
Aujourd'hui encore je ne pourrai aller à Heidelberg avant de vous avoir revu non pas dans la bienveillance, mais dans le maintien de ce qui est toujours douloureux. [...] »
Cette correspondance en dit bien plus sur le personnage Heidegger, que nombre d'explications amphigouriques appréciées de certains commentateurs heideggériens.

Grandeur et décadence d'un philosophe barbare

Hannah Arendt écrivait à Karl Jaspers : « Cette vie à Todtnauberg, cette haine de la civilisation, cette manière d'écrire *Sein* avec un y, voilà le trou de souris dans lequel il s'est retiré en pensant à juste titre que les seules personnes qu'il verrait sont les pèlerins remplis d'admiration pour lui ; il y a en effet peu de chances que quelqu'un gravisse 1 200 mètres dans le seul but de faire un esclandre. Et même si cela arrivait, il serait encore capable de mentir comme un chiffonnier » (Correspondance Hannah Arendt, Karl Jaspers). Avec la publication des *Carnets noirs*, nous avons la confirmation que la philosophie de Heidegger a donné « asile au monstre comme au monstrueux et en fait partie » (P. Trawny). Les premiers travaux de Victor Farias — tant décriés — révélaient, les premiers, le nazisme de Heidegger, dont Dominique Janicaud disait : « il a brossé à la hâte (mais non sans labeur) un portrait de Heidegger en nazi et soudain — ne fût-ce qu'un instant — ce portrait a eu une ressemblance effrayante » (D. Janicaud, *L'ombre de cette pensée*. 13). En dépit des dénégations et des polémiques, les données dévoilées étaient significatives : le soutien jusqu'à la fin au parti national-socialiste ; la proximité et la fidélité avec Eugen Fischer, responsable berlinois de l'institut d'hygiène raciale ; la collaboration avec Carl Schmitt et Hans Frank, condamnés à mort à Nuremberg. Dans les *Carnets noirs,* Heidegger a exposé sans fard ni précaution, son soutien fondamental aux objectifs du régime et sa hantise était qu'il n'aille pas assez loin et qu'il finisse vaincu. « Le national-socialisme est un principe barbare, là réside son essence et sa possible grandeur. Le danger n'est pas tant lui-même, mais qu'il soit rendu inoffensif et devienne un sermon sur le vrai, le bien, le beau. » (*GA*, 94, 194) Depuis la publication des conférences de 1935, faite en 1953 sous le titre *Introduction à la métaphysique*, on savait que le nazisme n'avait à ses yeux jamais cessé de posséder *une grandeur et une vérité intérieure*. Comme l'avoue Peter Trawny, l'éditeur des *Carnets* : « Quand bien même la pensée de Heidegger survivrait à cette révision, elle restera défigurée comme par autant de cicatrices purulentes. Une blessure de la pensée est advenue. »

En 1938 et en 1950, Heidegger dénonce « la possibilité de la dégénérescence (*die Entartung*) vers l'extériorité d'un système purement fabriqué et affairé ». L'affairisme, c'est le monde de l'argent, du capitalisme et de l'intérêt privé, bref celui des Juifs, celui de l'intrigue et des manigances (*Machenschaft*) dont il s'agit alors de purger l'Allemagne régénérée. La *dégénérescence* est exactement ce que les lois prises entre 1933 et 1935 — la plus connue est la loi pour la *protection du sang* (*Blutschutzgesetz*) — visent à combattre par la mise en œuvre d'un antisémitisme d'État.

L'ANTISÉMITISME CHEZ HEIDEGGER

« Je n'ai pas encore rencontré un seul Allemand favorable aux Juifs ». (Nietzsche *Par-delà bien et mal*, §251)

La face cachée de Sein und Zeit (Être et temps)

Parmi les thématiques de la conférence de 1938 vient la « Question du rôle de la *Juiverie mondiale* », qui n'est pas raciale, est-il dit, mais c'est « la question métaphysique sur la facture du type d'humanité qui, de façon absolument déliée de toute attache, peut assumer comme tâche, au niveau de l'histoire mondiale, le déracinement de tout étant hors de l'Être. » (P. Trawny, *Heidegger et l'antisémitisme*) C'est la justification de la guerre à outrance dans laquelle les nazis vont précipiter les Allemands. « La grandeur de la chute serait atteinte – non pas comme quelque chose dépourvu de valeur, mais comme acte de saisir la mission la plus intérieure et la plus extrême des Allemands et d'y persévérer. » (*Ibid.*, 53) *Être et temps* compte assurément au nombre des « racines intellectuelles du nazisme » déclare à ce titre Frank Lelièvre dans son article paru dans *Cités* 61. Il note qu'à partir du paragraphe 74, Heidegger traite du rapport entre « l'*être-pour-la-mort* », la « décision résolue » et l'« historicité ». L'exposé est introduit par la formule sinistre de Yorck Von Wartenburg : « l'homme moderne, l'homme depuis la Renaissance, est bon à être enterré ». Heidegger cite à plusieurs reprises Wartenburg, animé par la haine de la culture humaniste et un goût immodéré pour l'activisme : « Je suis effrayé, dit-il, par la cellule monacale de l'homme moderne à une époque où l'agitation est si grande, où n'importe quel savoir doit être un pouvoir. Mais si la science a un sol, c'est celui du monde passé, celui des Anciens ». Cette référence au sol n'est pas seulement une métaphore : « L'absence de terre des exilés durant de longues années a eu pour conséquence l'absence de sol de la conscience juive de Dieu. » (*Sein und zeit, Les Conférences de Cassel*, §74). Heidegger oppose la protection d'un *moi, porteur de soi* et le don sans retour de soi, à un *soi* collectif. Seul celui-ci permet de se mesurer au destin. « Si le *Dasein* destinal comme *être-au-monde* existe essentiellement dans l'être-avec-autrui, son provenir est un co-provenir, terme par lequel nous désignons le provenir de la communauté du peuple [...] C'est dans la communication qui partage et dans le combat que se libère la puissance du co-destin. » (*Sein und zeit*, §77) Comme Sartre l'avait compris, l'idée heideggérienne du *Mitsein* appauvrit l'intersubjectivité husserlienne et laisse de côté la transcendance et l'altérité d'Autrui. Dans le cours sur Hölderlin de l'hiver 1934-1935, Heidegger confirme : « Chez le soldat, la camaraderie du front ne provient pas d'un besoin de se rassembler parce que d'autres personnes dont on est éloigné ont fait défaut [...] C'est la mort et l'acceptation du sacrifice qu'elle exige, qui créent avant tout l'espace de la communauté dont jaillit la camaraderie. » (*Ibid.*) Les possibilités ouvertes de l'existence ne sauraient être empruntées à la mort. Elles sont offertes par la communauté qui recélant en elle « l'Être allemand » confère au « sacrifice » et au « combat » son sens et sa valeur. (Heidegger, *Les Hymnes de Hölderlin*, 76

Dans sa lettre à Beaufret, en 1946, Heidegger précise la notion de l'espace de la communauté d'où jaillit la « camaraderie de combat ». L'unité à un peuple est aussi union à une patrie, à un sol. L'éthique de Heidegger se manifeste dans son explication du lieu d'habitation. « Le séjour de l'homme contient et garde la venue de ce à quoi l'homme appartient dans son essence ». Il la nomme le « sacré » ou encore « la dimension de l'indemne ». À l'indemne s'oppose la souillure, principalement le déracinement, l'absence de sol et de lien à l'être. Cette absence d'attache des Juifs, par conséquent de loyauté et de moralité, est symbolisée par leur culte à un Dieu *métaphysique* dont Heidegger fait la racine du nihilisme et de l'athéisme (*Chemins qui ne mènent nulle part*). Car l'Être ne peut être saisi que par son rapport au *là* du *Dasein*. Celui-ci est autre chose qu'un lieu spatial, il est un lien, un socle, « la clairière de l'Être » pour la venue ici-bas du « divin ». (*Lettre sur l'humanisme*) Sacralisation du *sol et du sang*, exaltation de la violence au nom de la purification ethnique, Heidegger transpose et exalte dans une langue ésotérique et abstraite ce qu'énonce plus clairement la prose de Barrès, Sorel ou Drumont.

En mai 1935, Husserl dénoncera avec vigueur le projet de destruction de la métaphysique. Il prévient que la naturalisation de l'esprit, effectuée par le livre de 1927, porte en elle le déclin de l'Europe devenue étrangère à son propre sens rationnel de la vie, et pire encore, « la haine spirituelle et la barbarie »[37]. Les Carnets noirs exhibent sans retenue une violente haine des Juifs. « Ce que (cette race) manigance à travers une telle planification, c'est une *déracialisation* complète des peuples » (P. Trawny, *Heidegger et l'antisémitisme*). Franck Lelièvre conclut par cette mise en garde : « Il ne faut jamais oublier ce qu'elle (la pensée de Heidegger) dissimule ni les méfaits de sa séduction. Car elle fait partie de la Shoah où elle nous fait entrer, mais avec les bourreaux ».

L'extermination des races décadentes

Heidegger, dans son séminaire de l'hiver 1933-1934 déclarait : « la nature de notre espace allemand se manifesterait sûrement à un peuple slave autrement qu'à nous ; au nomade sémite, elle ne se

---

[37] *La crise de l'humanité européenne et la philosophie fantasmatiques conspirateurs*, POLt du Centre Thomas-Hobbes, fondateur de la revue Citésncé par le mouvement de Lumières)

manifestera peut-être jamais ». Heidegger définit son programme, dans la conférence donnée à Amsterdam le 22 mars 1930 (*Hegel et le problème de la métaphysique*), comme « la tâche de restituer à un peuple (le peuple germanique) la métaphysique perdue ». Il rectifie en 1933, après la venue au pouvoir des nationaux-socialistes : « Le peuple allemand ne fait pas partie de ces peuples qui ont perdu leur métaphysique. Il ne peut pas la perdre, car il ne la possède pas encore sa métaphysique. Nous sommes un peuple qui "doit tout d'abord gagner" et qui va la gagner, ce qui signifie que nous sommes un peuple qui possède encore un destin. Prenons garde que nous n'allions pas à l'encontre de ce destin, mais que nous mesurions l'étendue de notre parcours en lui et avec lui. » (Heidegger, *Sein und Wahrheit*, 79-80).

Emmanuel Faye (*Le sol, la communauté, la race*) note cette conception de la subjectivité qui évoque l'accomplissement du subjectivisme dans l'affirmation de l'humanité historique, dans le peuple et la nation, et l'accent mis sur la communauté en opposition à l'égoïsme de l'individu. Faye relève que le propos de Heidegger est sans équivoque, et parfaitement conforme à la doctrine nazie de la communauté du peuple (*Volksgemeinschaft*) opposée à toute forme d'individualisme. « L'égoïsme est une *dégénérescence* (*Entartung*) de l'être soi-même ». On remarque l'usage qui est fait du mot *dégénérescence*, l'un des mots clés de la doctrine raciale du nazisme, employé par Heidegger sans aucune distance critique (*Cours sur Nietzsche*).

Pour Heidegger, la philosophie du moi de Descartes et l'individualisme ne sont qu'une « dégénérescence » de l'affirmation de soi de l'homme comme sujet, tandis que le combat *pour* la communauté du peuple constitue le seul accomplissement donnant au sujet un sens nouveau. Faye souligne que dans l'édition de 1950 (*Chemins qui ne mènent nulle part*), Heidegger supprime une note révélatrice qui ruine l'idée d'un tournant politique durant les années 1930. En 1950, il n'y a plus dégénérescence du sujet dans l'individualité, le *moi*, d'un côté, et de l'autre son accomplissement dans la communauté du peuple. Douze ans plus tard, les façons les plus antithétiques de concevoir l'homme moderne sont posées comme équivalentes, en tant qu'elles reviendraient toutes à la même affirmation de l'homme comme sujet : la philosophie rationaliste des Lumières est mise sur le même plan que le nationalisme, le racialisme et l'impérialisme planétaire des nazis. C'est l'une des premières affirmations de la thèse postmoderne selon laquelle les Lumières conduiraient à Auschwitz. Heidegger n'hésite pas à écrire : « L'homme comme être de raison de l'époque des Lumières n'est pas moins sujet que l'homme qui se conçoit comme Nation, qui se veut comme peuple, qui entreprend son élevage comme race, et qui se donne enfin les pleins pouvoirs pour devenir le maitre de la terre. » (*Holzwege*, 102) Faye fait ressortir que la récusation heideggérienne de la planétarisation de la technique est un discours *postérieur* à la défaite militaire du IIIe Reich. Cette pensée, qui concerne conjointement la métaphysique, la subjectivité, la technique et le rapport à Descartes, est bien différente de ce qu'il a voulu faire croire en 1945 et après. C'est une stratégie d'autodisculpation et de récusation de la pensée philosophique héritée de Descartes et des Lumières qui décharge les auteurs nationaux-socialistes de leur responsabilité et charge au contraire la raison humaine du poids des crimes nazis.

Heidegger reprend chez Nietzsche le fragment où il appelle à la nécessité d'agir de façon sélective sur les durs et les faibles, doctrine dont il s'inspire pour édifier sa conception de « l'extermination des races décadentes » et de la « domination sur la terre comme moyen en vue de produire un type plus élevé ». (*GA*, VII. 2.74.65). Sur la race, Heidegger écrit dans ses notes sur l'*Histoire de l'être* : « le dressage-de-la-race est une voie de l'affirmation de plus, en vue de la domination » (*GA*, 69.70). Dans le cours écrit pour le semestre d'hiver 1941/1942 sur la métaphysique de Nietzsche, resurgit le thème de la *Vernichtung* — l'extermination ou de l'anéantissement.

Durant l'été 1933, Heidegger, dans un cours du semestre, qualifie l'enseignement de la philosophie cartésienne dans les universités allemandes de « dépravation spirituelle ». (*GA*, 36/37. 39) Il anticipait l'idéologie officielle d'anticartésianisme (Franz Böhm).

Métaphysique du sang — déracification

L'antisémitisme de Heidegger ne peut en aucune façon être minimisé pas plus qu'il ne peut être nié, écrit Donatella Di Cesare, dans son ouvrage *Heidegger, les Juifs, la Shoa*. Les deux stratégies défensives jusqu'alors mises en œuvre, celle qui renvoie au rapport personnel de Heidegger avec les Juifs et celle qui voudrait liquider la question en soutenant que l'antisémitisme ne touche pas le noyau de la pensée de Heidegger, se sont révélées vaines et inconsistantes.

L'auteure qualifie l'antisémitisme de Heidegger de « métaphysique », convaincue de la continuité de cet antisémitisme, avant même que ne sorte le dernier volume des *Cahiers noirs,* le 97e, qui confirmera cette thèse. L'antisémitisme n'a rien d'un sentiment, d'une haine qui va et vient, et qui peut être circonscrit à une seule période. L'antisémitisme a une provenance théologique et une intention politique. Dans le cas de Heidegger, il revêt également une dimension philosophique.

L'adjectif *métaphysique* n'atténue pas l'antisémitisme, il en indique au contraire la profondeur. Il s'agit d'un antisémitisme plus abstrait et en même temps, pour cette raison, plus dangereux qu'une simple aversion. L'emploi du terme *métaphysique* à propos d'antisémitisme tient à ce que Heidegger pour définir le Juif et le judaïsme retombe dans la metaphysique. Le Juif est installé au cœur de la pensée de Heidegger, au centre de la question philosophique. Aux agents déracinés de la modernité, accusés de la machination du pouvoir, de la désertification de la terre, de la déracification des peuples, condamnés à être *weltlos,* Heidegger impute la faute la plus grave : l'oubli de l'être. Le Juif empêche le surgissement de l'autre commencement.

« Quoi que l'on dise sur le nazisme de Heidegger, on ne trouvera pas dans toute son œuvre publiée à ce jour [...] une seule phrase antisémite » (H. France-Lanord, *Le dictionnaire Martin Heidegger,* 1983). *Nein, Heidegger war kein persönlicher Antisemit* (Hans Jonas *Souvenirs*). De telles affirmations hélas ! sont légion, on en connait la valeur et ce qu'elles révèlent de leurs auteurs. Elles sont néanmoins exemplaires d'un état d'esprit qui perdure en France. La thèse selon laquelle l'antisémitisme aurait été éloigné de la pensée de Heidegger, a longtemps prévalu en raison des difficultés à faire tenir ensemble l'image du philosophe de la question de l'être aspirant à l'authenticité, avec l'image de l'antisémite ordinaire, associé à la médiocrité du *on* auquel des millions d'individus se conforment.

Les *Cahiers noirs* publiés en 2014 par Peter Trawny, contiennent ce non-dit dont beaucoup espéraient qu'il fut un non-pensé. Sur la dernière page du cahier intitulé *Réflexions XIV*, écrit au lendemain de l'offensive allemande déclenchée le 22 juin 1941, Heidegger note : « la question concernant le rôle du judaïsme mondial (*Weltjudentum*) n'est pas une question raciale, mais plutôt la question métaphysique sur cette espèce d'humanité qui, étant absolument libre de tout lien, peut faire du déracinement de tout étant hors de l'être, sa propre "tâche" dans l'histoire du monde » (Heidegger, *Uberlegungen XII-XV, GA,* 26, p.243). L'antisémitisme a une importance philosophique et s'inscrit dans l'histoire de l'être. C'est aussi le pivot du national-socialisme, aussi peut-on à juste titre penser que l'engagement de 1933 dans le parti nazi n'a été ni un accident ni une erreur. C'était, pour Heidegger, un choix cohérent avec sa pensée au même titre que son silence ultérieur qui parait tout aussi cohérent.

Si l'antisémitisme nazi était réductible à un simple biologisme, le geste de ceux qui tentent de sortir Heidegger de l'idéologie national-socialiste en serait facilité. L'hostilité qu'il manifeste en plus d'être théologique est aussi politique. Un passage des *Cahiers noirs* qui doit remonter à 1939, à la période qui a suivi la Nuit de cristal, peut être considéré comme un développement de sa réflexion sur la *Machenschaft*. Il y expose que si la « race » est élevée au principe de l'histoire, ce n'est pas à cause de quelques doctrinaires qui l'auraient inventée, mais plutôt à cause de ce « pouvoir de la machination » qui soumet *l'étant* au calcul planificateur. Heidegger impute le principe racial aux Juifs, qui l'auraient subrepticement introduit dans l'Histoire et qui seraient donc les premiers racistes. « Les Juifs, grâce à leur talent explicitement calculateur, vivent déjà depuis plus longtemps que les autres, en conformité avec le principe racial, et c'est pourquoi ils s'opposent avec plus de véhémence à son application illimitée. La mise en place de l'élevage des races ne procède pas de la vie elle-même, mais de la surpuissance attribuée à la vie par la machination. Ce que cette dernière poursuit avec ce plan est une *déracification complète* des peuples à travers leur assujettissement à la constitution, de taille et de structure égale, de tous les *étants*. Avec la *déracification*, une autoaliénation des peuples se produit parallèlement, responsable de la perte de l'Histoire et des domaines de décision de l'estre. » (Heidegger, *Überlegungen XII-XV*, *Cahiers noirs* 1939-1941). Cette façon d'argumenter ressemble au procédé de la propagande nazie qui consiste à accuser les Juifs des persécutions dont eux-mêmes sont victimes. En plus, l'accusation est fallacieuse en ce que d'un côté les Juifs vivraient selon le principe racial alors qu'ils seraient d'un autre côté, responsables de la déracification des peuples.

La déracification des peuples dont Heidegger accuse les Juifs annonce le recours à l'idée de complot dans la mesure où une intention hypocrite leur est prêtée. Dans un chapitre de *Zarathoustra*, Nietzsche écrit : « Des prêtres [...] leur folie enseigna que par le sang se prouve la vérité ». Nietzsche se réfère alors à ceux qui « ne surent aimer leur dieu qu'en clouant l'homme à la Croix ». Le peuple juif s'en remettrait à la ligne tracée par le sang, au lignage, à la race.

L'attitude de Heidegger vis-à-vis de la question de la *race* reflète celle qu'il adopte à l'égard du national-socialisme. Le mot *race* apparait chez Heidegger presque toujours entre guillemets. L'usage ambivalent qui en est fait est souligné par Derrida à propos de l'« esprit », *Geist*. Les guillemets sont une façon d'assumer le mot sans l'assumer et de le rendre, ce faisant, acceptable. « La catharsis des guillemets le libère de ses marques vulgaires » (Derrida, *Heidegger et la question*, 36). Heidegger est éloigné du racisme biologique parce que le biologisme n'est qu'une des conséquences de la métaphysique. « Toute pensée de la race est moderne, elle se meut sur la trace de la conception de l'homme comme sujet » (*Überlegungen XII-XV*, 48.). Il répète en plusieurs endroits que « race » et subjectivité sont étroitement liées, et il renvoie sur ce point à Jünger. « Race » est un concept de pouvoir qui présuppose la subjectivité (Ernst Jünger, *Le Travailleur*). En quel sens la pensée de la *race* dérive-t-elle de la conception du sujet et surtout du pouvoir, ou mieux, de la volonté de puissance ? Pour Nietzsche la signification de la race n'est pas biologique, elle est métaphysique (Heidegger, *Nietzsche, Überlegungen VII-IX*, 324.). Le terme utilisé par Nietzsche est *Aufzucht* qui signifie élevage, mais aussi *discipline*. L'étymologie du mot *race* remonte à l'ancien français *haraz* qui signifie élevage des chevaux. L'homogénéité n'est pas donnée par l'hérédité, mais elle est recherchée par calcul.

Seul un sujet moderne, se prétendant souverain, peut parvenir dans ce processus manipulateur jusqu'à penser la *race* et l'idée d'élever des êtres humains pour en faire un groupe homogène. Cette préoccupation concernant la *race* est une mesure induite par la modernité.

Heidegger passe de la « race » au « rang »; la différence advient comme un évènement : « *Race* ne vise pas seulement le racial, comme ce qui est lié au sang, au sens de l'hérédité, des liens héréditaires du sang et de l'instinct vital, mais désigne en même temps ce qui est *racé*. Or ce caractère n'est pas restreint à des qualités corporelles [...] c'est la réalisation d'un certain rang [...] qui ne se rapporte pas en premier lieu à l'aspect corporel du peuple dans la famille et les lignées. »

Victor KIemperer (*la langue du IIIe Reich*, 132) confirme dans son ouvrage que *rassig* peut être employé dans un sens en relation avec le rang, la valeur ; il écrit : « (Frieda) identifiait "Allemand" avec le concept magique d'"Aryen" ; il lui semblait à peine croyable qu'une Allemande fût mariée avec moi, l'étranger, la créature appartenant à une autre branche du règne animal ; elle avait trop souvent entendu et répété des expressions comme "étranger à l'espèce", "de sang allemand", "racialement inférieur", "nordique" et "souillure raciale" (*Rassenschande*) : sans doute n'associait-elle pas à tout cela un concept précis. » Dans l'*Introduction à la métaphysique*, Heidegger stigmatisera l'égalitarisme, la « prédominance d'un niveau moyen où tout est égal et indifférent », « qui attaque tout rang, toute spiritualité qui a un souffle universel » et la fait passer « pour mensonge ». C'est l'invasion de ce que nous appelons « le démoniaque (au sens de la malveillance dévastatrice) ». La dénonciation de la médiocrité égalitaire s'accompagne de la condamnation du « mélange », de la *Vermischung*. Heidegger renvoie à *Sein und zeit* pour préciser que la race est une « condition de l'existence historique » (*Überlegungen II-VI*, p.127).

Le mythe du sang

Heidegger n'arrive pas vraiment à fonder une ontologie à partir de l'existence. Il « a essayé d'édifier une sorte de philosophie mythique plutôt que mystique, nous enjoignant une sorte de communion avec la terre et avec le monde, et se réclamant pour cela du poète Hölderlin. » (Jean Wahl, *Petite histoire de l'existentialisme*).

En s'écartant de Jünger, Heidegger n'a pas rompu avec la politique-fiction du mythe allemand, très proche de ce qu'on pourrait définir comme le mythe nazi.

Le mythe nazi est la volonté de se présenter lui-même comme mythe ou comme effectuation d'un mythe. Le mythe est une *puissance*, la puissance du rassemblement des forces et des directions fondamentales d'un individu ou d'un peuple, c'est-à-dire la puissance d'une identité profonde, concrète et incarnée. Cette puissance, Rosenberg l'interprète comme celle du rêve, de la projection d'une image à laquelle on s'identifie par une adhésion totale immédiate. Une telle image ne ressortit à aucune *fabulation* à laquelle d'ordinaire on associe le mythe ; elle est la figuration d'un *type* pensé comme le modèle de l'identité. Ce type donne à son tour sa vérité au mythe. Cette interprétation ontotypologique du mythe s'accorde à un racisme : l'âme germanique est celle d'une race qui n'est telle que par son appartenance au sang et au sol. C'est la mise en écho forcenée de l'autochtonie grecque. Le mythe de la race est le contenu du mythe, c'est l'identité d'une puissance de formation d'un type, d'un porteur de mythe. « La vie d'une race, c'est la formation d'une synthèse mystique », écrit Rosenberg. Le nazisme est un humanisme en tant qu'il repose sur une détermination de l'*humanitas* à ses yeux plus puissante, c'est-à-dire plus effective que toute autre. Les Juifs n'appartiendraient pas à l'*humanitas* parce qu'ils n'auraient ni rêves ni mythes.

Maurice Blanchot a raison d'écrire que « Les Juifs incarnent [...] le rejet des mythes, le renoncement aux idoles, la reconnaissance d'un ordre éthique qui se manifeste par le respect de la loi. Dans le Juif, le mythe du Juif, ce que veut anéantir Hitler, c'est précisément l'homme libéré des mythes. » Ce *rejet des mythes* expliquerait que les Juifs ne constituent pas un type : ils n'ont pas, dit Rosenberg, de *Seelengestalt* (d'âmes), et donc pas de *Rassengestalt* (statut racial). C'est un *peuple* informe, inesthétique, qui ne peut pas faire un sujet. C'est-à-dire un *être-propre*. C'est l'impropriété inassignable des Juifs qui les fait incarner la contradiction du Germain, dit Rosenberg, d'où ils tirent leur pouvoir de s'introduire dans toute culture et tout État, eux qui ne sont que des simples porteurs de civilisation qu'ils parasitent et menacent constamment d'abâtardir.

Karl Kraus (*Troisième nuit de Walpurgis*) voue une exécration particulière à ces représentants de l'environnement intellectuel, qui ne voudraient pas manquer la conjonction portée par le nouveau *mouvement* de l'irrationnel avec le *mythe du sang* et la « pensée de la race : car eux ne peuvent pas affirmer qu'ils ne savent pas à la disposition de quel régime ils se mettent. » Cette impression d'honnêteté constante, d'abord dans le crime, puis dans la dénégation, constitue un élément qui est presque plus terrifiant que les actes eux-mêmes.

Le résultat est, comme le dit Kraus : « ce qui est prétendu devient réel et le réel prétendu »; cela signifie précisément la grande percée vers le « nouveau type de civilisation « ». Parmi les « littérateurs » qui ont apporté leur contribution à ce processus en habillant les choses du concept de la percée héroïque vers une civilisation, un ordre, un être humain, etc., d'un type nouveau, Karl Kraus accorde une place de choix à Heidegger. Ce qu'il considère comme particulièrement lamentable, c'est la bonne volonté dont est capable de faire preuve l'intellectuel lui-même, quand il est confronté au mensonge énorme de la propagande, et la façon dont il parvient « à se montrer aussi bête que le pouvoir veut le faire bête » et à justifier ainsi, toutes les espérances des détenteurs de la force, le mépris dans lequel il est perçu par eux. C'est sans doute parce qu'il manque d'expérience directe de ce dont la philosophie est capable que Karl Kraus éprouve une difficulté plus grande à comprendre le comportement de « ces hommes de main qui font dans la transcendance et proposent dans les Universités et les revues, de faire de la philosophie allemande une école préparatoire aux idées de Hitler. » Un bon nombre de plumes se sont levées avec enthousiasme pour approuver et assumer la responsabilité des faits commis, en invoquant un prétendu renouveau spirituel du peuple allemand. Karl Kraus ne voit pour sa part qu'un simple retour d'êtres humains, qui étaient censés être des civilisés, à la primitivité et au mythe. Musil écrit à ce propos : « Il n'y a plus guère que les criminels qui osent nuire à autrui sans recourir à la philosophie ».

La contamination, l'enjuivement

Peter Trawny soulève la difficile question de la détermination de ce qu'il appelle la « contamination » de la pensée, chez Heidegger, selon une thématique antisémite, qui gagne, dans les années trente, la compréhension de l'*histoire de l'être*. Sa pensée est envahie par ce leitmotiv récurrent du discours nazi.

Après la publication des *Cahiers noirs*, il est difficile, voire impossible, de prétendre isoler hermétiquement d'un côté une pensée purement *ontologique* - philosophiquement indemne de toute relation à la « plus grosse bêtise de sa vie », et de l'autre un fourvoiement politique « ponctuel et circonstancié ». Pour la même raison, nous verrons qu'il ne s'agit en aucune façon d'un fourvoiement ponctuel et circonstancié.

La raison en est la politisation, par Heidegger lui-même, de son ontologie à travers l'histoire de l'être et de ses *puissances* — qui fait place à des mouvements idéologico-politiques venus se greffer sur l'existence des peuples : le bolchévisme sur les Russes, le national-socialisme sur les Allemands. Cette politisation ne se réduit pas à la simple introduction du nazisme dans la philosophie — Heidegger dans les *Cahiers noirs* multiplie les prises de distance avec la force qu'il tient pour responsable de la machination et l'instrument de son déchaînement. Elle implique une surenchère antisémite, faisant des nazis « les idiots utiles des Juifs ! » (Jean-Claude Monod, *Critique déc. 2014*) La pensée du complot atteint ici un sommet qui trahit l'imprégnation de l'esprit de Heidegger par le schème banal de l'antisémitisme, présent chez Carl Schmitt, avec l'idée aberrante que les évènements qui ont conduit à la Seconde Guerre mondiale et à la défaite de l'Allemagne, auraient été causés et voulus par un acteur non nommé, mais clairement identifiable, réalisant cette tâche sans perturber son « affairement commercial » (Trawny, *Heidegger et l'antisémitisme*, 141). Heidegger a intégré à sa pensée les thèmes centraux des *Protocoles des sages de Sion*. Même lorsque la chute de l'Allemagne devint patente, le national-socialisme passait pour être manipulé par la machination, œuvre de la « juiverie internationale ». La critique du nazisme, écrit Jean-Claude Monod, se faisait au nom d'une « germanité » abyssale, que les nazis auraient méconnue et trahie. Se développe ainsi une interprétation « propre et affolée » (Trawny), de l'histoire en cours, dans laquelle le nazisme n'est plus que l'une des forces dévastatrices à l'œuvre dans la machinerie accomplie.

Celui qui a fait d'Hitler une figure de *Führer* envoyé par l'Être n'a rien fait pour évacuer l'effroyable antisémitisme de cet homme. Husserl en fut le témoin incontestable, comme le rapportent les déclarations de Madame Edith Eucken-Erdsieck (essayiste allemande) qui dénonce l'antisémitisme de Heidegger et de sa famille. Heidegger, dès le 24 avril 1933, c'est-à-dire peu après son élection en tant que recteur, entrait en relation avec la direction de la corporation des étudiants allemands dominée par l'Association des étudiants nazis, qu'il connaissait déjà bien d'avant son élection. Il organisa, peu de temps après, un séminaire de formation pour les cadres politiques de la corporation.

En faisant sienne en 1929, la crainte de *l'enjuivement* de la vie universitaire, Heidegger s'aligne sur le discours conservateur de la vieille université impériale. Hugo Ott (*Martin Heidegger, Biographie*) déplore à juste titre le sens politique que ne pouvait manquer de prendre le vocabulaire de ses discours de l'époque, qui dans un étrange clair-obscur ontologique, insistent sur les notions de lutte, de décision, de sacrifice, de dureté, de risque. On comprend l'amère ironie de Karl Löwith qui, l'écoutant, ne savait s'il fallait s'inscrire chez les S.A. ou relire les présocratiques... Dans une lettre à Dietrich Mahnke (4 mai 1933), Husserl témoigne aussi de la virulence croissante de l'antisémitisme exprimé par Heidegger, avant même son entrée au parti national-socialiste, même et y compris à l'encontre de ses disciples juifs à la Faculté.

L'accusation d'antisémitisme prononcée à l'encontre de Heidegger a été fréquemment rejetée avec véhémence par les défenseurs de l'auteur de *Sein und Zeit*, en raison de l'absence de preuves décisives connues. L'hebdomadaire *Die Zeit* apporte néanmoins la preuve de l'antériorité, de la précocité des liens du philosophe avec le national-socialisme et son antisémitisme fondamental. C'est une lettre adressée au conseiller Victor Schwoerer, dans laquelle Heidegger, à l'appui de la dénonciation du professeur Eduard Baumgarten, écrivait : « Ce que je ne pouvais qu'indiquer indirectement dans mon rapport, je puis le dire ici plus clairement :

il n'y va de rien moins que de la prise de conscience urgente du fait que nous nous trouvons devant l'alternative suivante : ou bien nous dotons à nouveau notre vie intellectuelle allemande de forces et d'éducateurs authentiques, émanant du terroir, ou bien nous la livrons définitivement à l'enjuivement croissant au sens large et au sens restreint du terme... »

Selon Jaspers, il échut à Heidegger, en tant que recteur de l'Université de Fribourg de signer le décret bannissant les Juifs hors des murs de l'Université. Dans le cas de Husserl, il lui fut interdit pour cause raciale d'utiliser les facilités de la bibliothèque de la Faculté. Hannah Arendt déclara : « parce que je sais que cette signature au bas de cette lettre a quasiment tué Husserl, je ne peux voir Heidegger autrement que comme un meurtrier potentiel. » Nombreux ont été ceux qui contestèrent cet acte de la part de Heidegger, il demeure que Hannah Arendt, qui fut son élève, et plus encore, l'en avait cru capable.

Le paradoxe souligne Karl Löwith, était que Heidegger, accusé d'un antisémitisme primaire par Husserl dans les années précédant 1933, était pourtant entouré de beaucoup d'étudiants juifs très doués. L'explication réside dans le fait que la plupart de ces étudiants ne se considéraient pas comme juifs, pas plus que Heidegger ne les tenait pour tels. Ils se voyaient comme des Allemands pleinement assimilés. Heidegger ne partageait pas la version, nazie de l'antisémitisme biologique ; sa détestation des Juifs relevait plus d'une tradition culturelle, mentalité qui faisait accepter les Juifs acculturés ou baptisés.

La tradition kabbalistique et l'idéalisme allemand

Ernst Jünger (1930) déclarait : « Touchant la vie de l'Allemagne, le Juif ne peut en rien jouer un rôle créateur, quel qu'il soit, ni en bien ni en mal. » (Jürgen Habermas, *L'idéalisme allemand et ses penseurs juifs*) Habermas y voit au contraire la prépondérance de ceux que l'on voudrait par préjugé confiner dans les antichambres du génie : Husserl, Wittgenstein, Simmel...

Il rappelle l'étonnante présence de la tradition juive dans certains thèmes centraux de la philosophie de l'Idéalisme allemand, marqués pour l'essentiel par le protestantisme. L'Idéalisme a en effet reçu et absorbé une partie de l'héritage de la Kabbale, laissant subsister quelques traits de l'esprit propre à la mystique juive. L'assimilation des Juifs dans la société civile n'est devenue effective que pour une minorité des intellectuels juifs.

Au reste, c'est l'assimilation des Juifs qu'Ernst Jünger mettait en question : « ... la pire illusion des Juifs qui croient pouvoir être allemands en Allemagne sera de moins en moins réalisable et ils se trouveront placés devant leur alternative dernière, laquelle est, en Allemagne, d'être juif ou n'être pas ». On peut regretter que cet auteur n'explicite pas mieux son propos : qu'est-ce donc, pour lui, ne pas être ?

C'est un Juif que Kant avait désigné comme rapporteur à l'Université pour la discussion de sa thèse : Marcus Herz, qui consacra tous ses efforts à la diffusion de la pensée kantienne. Fichte, dans une lettre à Reinhold, écrivait que Maimon avait bouleversé de fond en comble la philosophie de Kant : « il a fait tout cela sans que personne le remarque. J'imagine que les siècles à venir se moqueront bien de nous ». C'est un autre Juif, Otto Liebmann qui signa l'appel, *Il faut revenir à Kant,* et ouvrit la voie au néokantisme. Ernst Cassirer, juif lui aussi, fut l'auteur de la *philosophie des formes symboliques*, commentateur majeur de la pensée de Kant (figurant à ce titre comme l'interlocuteur de Martin Heidegger lors de la célèbre disputation qui eut lieu dans le cadre du Congrès international tenu à Davos - Suisse), en 1929. C'est ainsi que l'épistémologie et toute la théorie de la connaissance ont répondu aux aspirations de ces Juifs qui avaient dû renoncer à leur tradition pour conquérir la liberté de pensée. Ces générations venues du ghetto n'ont pu atteindre un niveau de culture émancipé qu'au prix d'une rupture avec l'engagement traditionnel. C'est bien l'herméneutique de l'Écriture sainte, qu'elle soit de tradition rabbinique ou *a fortiori* de tradition kabbalistique, qui a formé pendant des siècles la pensée juive aux vertus exégétiques du commentaire et de l'analyse. Cette pensée a probablement été attirée par la théorie de la connaissance, une méthode qui donne une forme rationalisée à une problématique mystique, fruit d'une longue habitude.

L'attrait de Kant sur la conscience juive s'explique en premier lieu par le fait que, mis à part Goethe, c'est chez Kant qu'une libre attitude de critique rationaliste et d'humanisme universaliste atteint l'expression la plus lumineuse et la plus authentique. Le criticisme a été en outre ce qui a permis aux Juifs de s'émanciper du judaïsme lui-même. Critique, la philosophie juive l'est restée dans toutes les formes qu'elle a connues.

Le sens n'est lisible qu'aux yeux d'une logique qui ne désavoue pas sa forme langagière ; il lui faut aller à la rencontre des arrière-pensées de la logique inscrite dans le langage, en écho de la vieille idée de la Kabbale selon laquelle le langage est un accès à Dieu, car c'est de Dieu qu'il vient. L'idéalisme a récusé le langage comme l'organon de la connaissance et il a érigé en substitut du langage, un art divinisé. Par cette réflexion qui lui est particulière, Jakob Böhme, un Juif polonais a anticipé sur Heidegger, le *philosophus teutonicus*. (Habermas, *Profils philosophiques et politiques*.)

L'épistémologie et la théorie de la connaissance contemporaine ont été déterminées par les penseurs juifs. En Allemagne, c'est la phénoménologie d'Edmund Husserl qui s'est imposée durablement, et sur le plan international, ce fut le positivisme logique dont l'instigateur a été Ludwig Wittgenstein. Ce sont les deux théories philosophiques de ce temps qui rencontrèrent le plus grand écho.

Husserl, écrit Habermas, a voulu endiguer le flot de l'irrationalisme fasciste en s'appuyant sur un rationalisme rénové : « Ce qui détermine la faillite d'une culture fondée sur la raison ne réside pas dans l'essence du rationalisme lui-même, mais seulement dans son aliénation, dans le fait qu'il s'est enlisé dans le naturalisme et l'objectivisme »[38].

L'année 1929 montra à quel point cette position était perdue, lors de la célèbre controverse entre Cassirer et Heidegger, à Davos. Cassirer représentait le monde auquel appartenait Husserl : le monde cultivé de l'humanisme européen face à un décisionnisme dont le radicalisme attaquait la civilisation de Goethe dans ses racines mêmes. En effet, personne n'a autant désiré suivre l'exemple de *Wilhelm Meister*, comme une assimilation du bourgeois à la noblesse, sinon précisément ces Juifs qu'on a appelés par la suite *les Juifs d'exception par la culture*. La culture du classicisme allemand a été pour les Juifs une nécessité vitale du

---

38 E. Husserl, *La Crise de l'humanité européenne et la philosophie*, 1968.

point de vue social. Ils ont pu espérer être délivrés des tourments de l'assimilation, de la contrainte de toujours, qui leur imposait de jouer son rôle sans avoir le loisir de garder sa propre identité. Sans doute est-ce là la raison pour laquelle nous leurs sommes redevables des plus fines analyses esthétiques : de Rosenkranz et Simmel à Adorno en passant par Benjamin et Lukacs.

Quatre ans plus tard, Heidegger prononça un discours au nom du parti hitlérien — lors du Congrès de la science allemande : « Nous avons renié l'idolâtrie d'une pensée sans enracinement et impuissante et nous voyons le terme de la philosophie qui était à son service... Le courage originel qu'il faut pour affronter *l'étant*, et le maitriser ou bien s'y briser est le moteur le plus profond qui anime la problématique d'une science nationale (*Völlklisch*). Car le courage attire en avant, le courage rompt avec ce qui est passé, le courage se risque à l'inhabituel et à l'incalculable. »

Cassirer qui devait fuir devant cet incalculable, écrivait sur le *Mythe de l'État* : « Le monde de la civilisation humaine n'a pu être avant que les ténèbres n'aient été vaincues et dissipées. Mais les monstres mythiques n'ont pu être définitivement anéantis. » La victoire de Heidegger sur Cassirer ne doit son caractère implacable qu'à la position intellectuelle de Cassirer, inspirée des Lumières.

Avant le XVIIIᵉ siècle, il n'y avait pas d'Occident juif. C'est le moyen-âge du ghetto dans lequel seule la profondeur de la tradition recèle une véritable puissance : la Kabbale.

Les kabbalistes avaient élaboré durant des siècles, la technique de l'interprétation allégorique, avant que Walter Benjamin ne redécouvre l'allégorie comme clé de la connaissance. Seule la représentation allégorique réussit à exposer l'histoire universelle comme l'histoire de la souffrance. Les allégories sont au royaume des pensées ce que sont les ruines dans le domaine des choses : « Apercevoir la privation de liberté, l'imperfection, la cassure de la *physis* sensible et belle, le classicisme en était par essence incapable. Mais c'est précisément celle-là qui a produit les allégories du baroque dissimulées sous son faste extravagant avec une intensité jusque-là insoupçonnée. » (Walter Benjamin, *Poésie et révolution*, 1971.)

Face au regard exercé à l'allégorie, la philosophie des formes symboliques perd son innocence, écrit Habermas ; face à ce regard

se dévoile la fragilité de la base qui semblait définitivement établie par Kant et par Goethe, pour une civilisation de la beauté éclairée par la raison. Benjamin avait percé à jour l'ambiguïté des *valeurs de la culture* et des *biens culturels*. C'est en vérité l'histoire du triomphe des seigneurs sur ceux qui rampent au sol. « À ce cortège triomphal, comme ce fut toujours l'usage, appartient aussi le butin : c'est ce qu'on appelle des biens culturels... Il n'est aucun document de culture qui ne soit pas aussi document de barbarie. Et même la barbarie qui les affecte, affecte tout aussi bien le processus de la tradition qui les transmet des uns aux autres. »[39]
Ernst Bloch écrit dans le *Principe Espérance* : « La richesse de l'homme comme celle de la nature dans leur ensemble [...] ne sont pas au début, mais à la fin. La racine de l'histoire, c'est l'homme travaillant et produisant, élaborant des données et les dépassant. Dès lors qu'il s'est appréhendé lui-même et qu'il a fondé l'Être au sein d'une démocratie réelle, sans dépossession de soi ni aliénation, alors apparait dans le monde quelque chose qui semble être encore dans l'enfance aux yeux de tous et où personne n'a jamais été : la terre natale (*Heimat*) ».

Hypothèses extrêmes et caricaturales

Dominique Janicaud (*Heidegger en France, Entretiens*, 2001) donne un intéressant aperçu de la réception en France des théories de Heidegger, non sans s'exposer lui-même, par des propos imprudents, aux réactions outrées de collègues français, heideggériens fanatisés, qui, eux, n'ont pas été aussi regardants à se compromettre dans cette sorte de « révérence fascinée », comme le dit Claude Roëls, aveugles, sinon indifférents, à l'Histoire.
Heidegger n'était pas antisémite, plaide Dominique Janicaud (*Heidegger en France*). Nous avons pourtant, précédemment, administré la preuve indiscutable du contraire que fournit abondamment la publication des *Cahiers noirs*. Les témoignages ne manquent pas à qui veut bien les voir. On ne fera pas l'injure

---

39 Walter Benjamin*, *La neuvième thèse* — le tableau de Klee, *Angélus Novus*, L'Ange de l'histoire.

à Dominique Janicaud de penser qu'il a pu les ignorer ; on se contentera de souligner le caractère révélateur de cette lacune. Témoignage de Jacques Lacan, curateur de l'Université de Fribourg, ou de Jean Lassner qui cite Mme Husserl et rappelle la disparition de la dédicace à Husserl de *Sein und Zeit*. Un autre point compromettant pour Heidegger tient à ses liens profonds et durables avec Eugen Fischer, médecin spécialiste de l'hérédité, partisan et théoricien et même praticien de l'eugénisme racial, avec lequel il a dû exister une « communauté de vues profonde », et cette proximité idéologique expliquerait le silence de Heidegger sur le génocide ajoute Ernesto Grassi, philosophe italien vivant en Allemagne, auteur de l'article paru dans *Libération*, le 17 février 1988. Tout en confessant son admiration pour le penseur, il jugeait indiscutable l'allégeance de Heidegger au national-socialisme. Comme exemple de l'antisémitisme de Heidegger, personnel, il citait sa rupture brutale en 1932 avec son disciple et ami intime, Hongrois d'origine juive, Vilmos Szilasi. *Le Monde* du 6 mai 1988 reproduit le témoignage du docteur Léopoldine Weizmann qui confirme ces soupçons. Paru dans la revue *Études*, ce témoignage atteste que Heidegger a refusé en avril 1933 de présider à la promotion de Melle Minz parce qu'elle était juive ; au printemps 1932, il aurait fait ce commentaire à propos de la bibliothèque du séminaire de philosophie : « Ce sont les Juifs Husserl et Kohn qui y ont mis la pagaille ».

Un an plus tard, *Libération* et *Le Monde* donneront la traduction d'une lettre de 1929, publiée par *Die Zeit*, où Heidegger recommande un assistant en ces termes : « ou bien nous dotons à nouveau notre vie intellectuelle allemande de forces et d'éducateurs authentiques, émanant du terroir, ou bien nous la livrons définitivement à l'enjuivement croissant au sens large et au sens restreint du terme. » (Janicaud, *Op. cit.* 355)

À propos de ces citations, Janicaud parle « d'hypothèses extrêmes et caricaturales » et se précipite sur le livre de Farias qui lui permet à bon compte d'assimiler les témoignages irrécusables aux critiques plus ou moins fondées de cet ouvrage contesté. Il cite de même Alain Renaut qui s'en prend aux « heideggériens français » pourfendant leur « étonnante sottise et leur extravagant dogmatisme » (Michel Deguy, *Le sozi de Heidegger*). Alain Renaut pointe trois acquis principaux et définitifs qui résultent des révélations de Farias : « l'ancienneté de l'orientation de Heidegger, son "activisme" durant et après son rectorat et les lettres de dénonciation dont il fut l'auteur peu scrupuleux et qui semblent régler la question. »

Gérard Granel (*La guerre de Sécession*) souhaitait que l'on fasse l'effort de comprendre le possible que Heidegger a pu discerner, sans l'étouffer sous le poids du réel advenu. Ce mode de questionnement n'impliquerait aucune complaisance envers les horreurs nazies et serait théoriquement concevable si l'auteur ne se croyait obligé d'ajouter : « c'est le fond de l'abjection de prêter à Heidegger une quelconque complicité avec Auschwitz ». S'il faut parler d'abjection n'est-ce pas plutôt la marque de ceux qui prétendent n'avoir rien su des horreurs commises à Auschwitz, et soutiennent néanmoins sans aucune réserve les ordonnateurs de crimes contre l'humanité.

Nous voilà donc en présence d'un nouvel avatar de nazi : un Allemand inscrit au parti national-socialiste, antisémite convaincu et actif, laudateur d'Hitler, et néanmoins indemne de toute responsabilité au regard de l'holocauste. Ceci démontre la monstrueuse légèreté des protestations en faveur de l'innocence du philosophe, qui s'expriment au mépris des preuves incontestables. Janicaud ne craint pas de braver « la tranquille inconscience de nos sociétés dont les exigences morales couvrent l'attaque menée contre Heidegger. » (D. Janicaud, *Heidegger en France*, 362). Ces gens, peuvent-ils encore parler d'exigence morale ?

Pierre Aubenque ne fera pas exception lorsqu'il déclare sereinement : « Heidegger durant la période de son rectorat, a adhéré à *une certaine idée du nazisme* ». Quelle est donc cette certaine idée du nazisme ? En quoi consiste-t-elle ? On peut regretter à cet égard son mutisme Heidegger était-il un peu nazi seulement, ou pas du tout ? Il situe en 1933 la rupture entre politique et philosophie ; si la première capte la seconde dans le *Discours du rectorat*, celle-ci va reprendre ses droits, affirme Aubenque, à partir de 1935, grâce à une explication avec le national-socialisme qui va cesser d'apparaître comme un recours historique ; à quelle source Aubenque a-t-il puisé ces fariboles ? Janicaud ajoutera malicieusement au bas de la page 364 (*Op. cit.*) : « malgré quelques essais de Heidegger pour établir après coup une correspondance avec certains thèmes de *Sein und zeit* ».

Jean-François Lyotard dans *Heidegger et les Juifs,* affronte la question de l'anamnèse de l'Extermination et de son refoulement dans la pensée de Heidegger. « En fait, il ne s'agit pas des Juifs réels, pas uniquement, il s'agit de ce "non-peuple de survivants" que nous sommes, tentant de faire face à l'impensable advenu en notre histoire. C'est sur cette dette incalculable, ce manque à penser, que fait silence le penseur de l'impensé de la tradition métaphysique occidentale. » Sa « faute » transcende les erreurs de jugement ou les compromissions répertoriées par Farias et discutées par ses partisans et adversaires : elle concerne intimement le rapport à l'Autre, à la Loi imprescriptible du devoir de mémoire. (Janicaud, *Op. cit.* 374).

Interrogé (Janicaud, *Entretiens*), Jean-Pierre Faye se dit déconcerté par Heidegger, « à côté de textes marqués idéologiquement d'une façon qui, à la fois, montre la blessure heideggérienne à l'intérieur du nazisme et souligne combien il est dedans, dans l'enfermement nazi, discutant de l'intérieur de cette terrible bulle... On passe à la deuxième partie des *Leçons sur Nietzsche* qui se transforme en une imprécation continuelle, qui tourne au délire contre la métaphysique. L'être devient une sorte de Dieu oraculaire, pharaonique. » « L'être heideggérien devient un phantasme incroyable. Ainsi l'Être refuse à la métaphysique la capacité de penser l'être. C'est un texte où l'emphase atteint des proportions risibles. » « On citera encore l'interview accordée au *Spiegel* où il déclare que le nazisme est allé dans la direction d'une "solution satisfaisante" — mais malheureusement, ses dirigeants montraient une pensée "indigente"... Ils avaient besoin d'un guide, d'un *Führer* supplémentaire... » et Jean-Pierre Faye de conclure : « Je pense qu'il importe de plonger dans ces ténèbres où l'on voit se faire un discours de mort » (*Entretiens*).

« Dieu est mort à Auschwitz, c'est évidemment ce que Heidegger n'a jamais dit. Mais on a tout lieu de penser qu'il aurait pu le dire, s'il avait consenti à franchir un certain pas, qui est peut-être celui du courage », écrivait Philippe Lacoue-Labarthe (*La fiction du politique*, 63). Il raconte ce que répondait Heidegger, en privé, à la question de son *erreur* politique : « c'est Nietzsche qui m'a foutu dedans ». Ce qui est à incriminer, ce sont les passages d'*Être et temps* sur *l'être-avec*, le choix du héros, l'histoire du destin des peuples, qui proviennent directement de *l'histoire monumentale*. C'est cela, plus le germanocentrisme de tradition allemande qui s'accompagne de son revers : *l'hellénocentrisme*. C'est cela qui explique en grande partie l'engagement nazi. Pensée classique de l'extrême droite allemande après la guerre de 14/18. Heidegger n'a jamais cessé de penser en ces termes. « Passons sur le négationnisme de Beaufret... « C'est une opération de blanchiment idéologique, déclare Philippe Lacoue-Labarthe, je parle de "l'archifascisme" de Heidegger. Que Heidegger ait gardé sa carte du Parti ne m'intéresse pas trop. Qu'il se soit obstiné à vouloir dire la "vérité du mouvement", qu'il ait déploré l'échec de cette révolution me parait beaucoup plus décisif » (Janicaud, *Entretiens*, 207).

Pourquoi passer si vite sur l'affaire Beaufret ? N'est-elle pas significative d'une époque et d'un groupe d'intellectuels ? N'est-il pas révélateur que le propagateur en France de l'œuvre de Heidegger, le destinataire de la *Lettre sur l'humanisme*, ait été un négationniste, supporter de Faurisson ?

De Roger Munier, Janicaud recueille cette déclaration : « C'est l'adhésion à un horizon politique immédiat que je ne peux comprendre, s'agissant d'un penseur de son envergure dont Hannah Arendt a pu écrire : "La tempête qui souffle à travers la pensée de Heidegger... vient du fond des âges et laisse derrière elle un accomplissement qui, comme tout accomplissement, retourne au fond des âges." Qu'y a-t-il de commun entre cette percée immémoriale grandiose et l'engagement *facticiel* dans les problèmes du temps, si graves, si urgents puissent-ils apparaitre à l'homme derrière le penseur ? Je reproche à Heidegger de s'être laissé séduire, et peut-être au départ un peu griser, par la sollicitation politique. Le nazisme dans les faits ne pouvait qu'écœurer Heidegger. Comment ne l'a-t-il pas pressenti dès l'origine ?... J'ai peine à constater que cette erreur l'ait, ne fût-ce qu'en surface, un temps, ou plus longtemps, abusé. Là-dessus, nous n'aurons jamais de Heidegger d'autre éclaircissement ou d'ébauche de justification que son mutisme. » (*Entretiens*)

Heidegger, l'effondrement d'une pensée

C'est le titre que Charles Zarka donne à un article paru dans *Cités* 61. Il dit que loin d'être resté silencieux sur la Shoah, Heidegger a écrit des textes qui exposent ses positions à cet égard, d'une façon tout à fait explicite. Depuis Victor Farias, on a pu connaitre la radicalité de son engagement nazi. Avec Emmanuel Faye, François Rastier et d'autres, on a pu mesurer la profondeur avec laquelle le nazisme avait affecté sa philosophie. Mais nous étions encore loin du compte avec ce que nous donnent à lire les *Cahiers noirs*[40]. Avant leur publication, certains pouvaient encore soutenir que si Heidegger avait été nazi, ce n'était qu'un accident dans son histoire personnelle et intellectuelle, mais que cet engagement n'affectait pas le fond de sa pensée et qu'en outre, il n'avait jamais été raciste ni antisémite. Cette position à l'égard du *penseur* de l'être qui visait à sauver sa philosophie et à maintenir la croyance en sa portée considérable n'est désormais plus tenable. Les *Cahiers noirs* révèlent en effet la réalité de son antisémitisme et son lien intrinsèque avec la pensée de l'être. Ils expriment en effet explicitement, l'enracinement de l'antisémitisme de Heidegger dans sa pensée de l'être, de la différence ontologique entre l'être et l'étant, et du destin de l'Allemagne.

Les Juifs sont réduits à une totalité objectivable et sans distinctions, ils sont englobés sous l'appellation de « juiverie mondiale » (*Weltjudentum*), animés d'un projet de domination du monde sous la forme d'une machination aussi secrète que puissante. Les Juifs seraient le véritable sujet caché du règne mondial de la technique qui a transformé la terre et qui peut conduire le monde et l'homme à sa destruction. La raison en est selon Heidegger, qu'ils auraient la particularité d'être un peuple sans sol, sans terre, sans patrie, donc sans histoire spécifique, sans enracinement, en somme « sans monde », pires que des animaux qui ne sont que « pauvres en monde ». Les Juifs ne seraient pas simplement un peuple, mais une « race » au sens biologique du terme, une race dont la fonction serait de déraciliser les autres

---
40 Martin Heidegger, *Gesamtausgabe*, Klostermann, Francfort sur le Main, Les *Cahiers noirs* 1931-1938, 1938-1939, 1939-1941, Volumes 94, 95 et 96, édités par Peter Trawny.

races. Ils auraient obligé les Allemands à mener contre eux une guerre de races. Qui l'emportera ? Est-ce l'allemande chargée d'accomplir le destin de l'Occident tout entier, ou est-ce la juive qui vise à une domination planétaire dont l'issue sera la chute fatale et la destruction de la terre et de l'humain ?

Telle est la représentation que donne Heidegger des Juifs dans les *Cahiers noirs*, des Allemands et de l'enjeu central, apocalyptique : la guerre.

De plus, on trouve chez Heidegger l'affirmation stupéfiante selon laquelle l'extermination est le destin des Juifs parce qu'elle n'est en vérité qu'une *autoextermination*. Étant les principaux acteurs de la domination de la technique, de l'entreprise planétaire, ils ont rendu possible la grande machinerie de leur propre éradication. Le projet de domination des Juifs leur revient sous la forme d'une *autoextermination*. Tout cela se fait en écho avec les *Protocoles des sages de Sion* pour expliquer le projet de domination du monde ou les lois raciales de Nuremberg de septembre 1935. L'une d'entre elles avait pour objet de défendre le sang allemand contre la contamination du sang juif.

Ces affirmations ne sont pas extérieures à la pensée de l'être. Heidegger souligne lui-même que les réflexions des *Cahiers noirs* ont une portée philosophique déterminante. Il y a dans certaines réflexions une *ethnicisation* de la question de l'être. Les Juifs n'ont ainsi aucun accès à l'entente de l'être. Ils relèvent seulement de *l'étant* et par là même constituent le plus grand danger pour l'accès à l'être. En revanche, les Allemands, dont le destin est de porter la philosophie à son véritable accomplissement, attestent de la supériorité de la langue allemande pour dire l'être, et relèvent le défi du combat contre les Juifs. Ils sont à la fois l'ennemi majeur eu égard à leur puissance sur *l'étant*, et un quasi rien, négligeables, purement accidentels et passagers au regard de l'être. Selon Heidegger, Husserl n'aurait jamais accédé au sens fondamental de la phénoménologie, parce qu'il était juif. On peut donc se défaire des Juifs sans dommage au regard de l'être, et même avec un avantage décisif, le nettoyage de l'être. Il convient de nettoyer cette poussière qui aveugle les autres peuples et les met en péril.

Pour Heidegger, les camps de la mort ne donnaient pas la mort : qui n'a pas accès à l'être ne peut mourir, il peut seulement périr comme un animal.

Dans le volume 97 des *Cahiers noirs*, à la fin de la guerre, en 1945, Heidegger pense que la catastrophe n'est pas l'extermination dans les chambres à gaz et les fours crématoires, mais dans le fait que ces « prétendus » crimes ont servi de prétexte pour faire de l'Allemagne un immense camp de concentration.

Il est déconcertant de lire de tels propos sous la plume d'un philosophe, mais plus consternant encore, qu'ils viennent de celui que tant de ses confrères considèrent ou ont considéré comme le plus grand philosophe du siècle. Désespérant de constater qu'un auteur qui peut être lu, commenté, expliqué avec ferveur, soit capable de s'abandonner à un délire paranoïaque qui le réduise à l'état de banal complotiste, colporteur d'un langage haineux, dénonciateur de fantasmatiques conspirateurs, justifiant avec une fausse objectivité, l'appropriation de rumeurs venues tout droit du populisme le plus vulgaire, prédicateur odieux appelant à l'éradication fondée du judaïsme dans le monde.

L'héritage empoisonné

« Les *Carnets noirs* de Martin Heidegger, datant du IIIe Reich, viennent d'être publiés. Sont-ils d'inspiration aussi antisémite et national-socialiste qu'on le craignait ? » s'interroge Thomas Assheuer, rédacteur en chef de *Die Zeit* (*Die Zeit*, 13 mars 2014, *Cités* 61).

Les *Carnets noirs* de Heidegger, écrit le journaliste, sont un délire philosophique et à certains endroits un crime de la pensée. « L'histoire candide selon laquelle Heidegger ne se serait que brièvement laissé séduire par le fascisme, juste le temps d'un battement de cil de l'histoire du monde, cette histoire est fausse. Quand il prend ses distances par rapport à Hitler, ce n'est pas par indignation morale, mais parce qu'il avait espéré davantage du régime ».

« C'est en comprenant que je m'étais illusionné sur l'essence du national-socialisme que j'en ai déduit la nécessité de l'approuver, et ce pour des raisons liées à la pensée. » Heidegger écrit cette phrase en 1939. Il se sent trompé, parce que le national-socialisme a échoué en ce qui concerne la question de l'être, plus précisément, parce qu'il est lui-même le produit de ces « machinations » modernes qu'il était pourtant censé surmonter : « il est américanisé, calculateur et technique de fond en comble ». Pour l'essentiel, Hitler n'a rien changé : les Allemands continuent à courir derrière ce qui est « étranger » au lieu de recevoir le « dernier Dieu » avec Hölderlin. Hitler, Heidegger le sait maintenant, ne va pas dépasser cette modernité qu'il exècre, il ne peut que l'achever et créer une nouvelle situation. « Dieu le père en philosophie », Heidegger, avait redonné sa nécessité à une philosophie devenue exsangue. En 1941, il s'enivre à l'idée que la « technique » puisse faire exploser le monde pour que « l'humanité actuelle disparaisse » et « purifie l'être de ce qui le défigure ». Que s'est-il passé, interroge le journaliste, comment en arrive-t-on à cette radicalisation apocalyptique ?

Ces *Cahiers noirs* sont un document de première main, ils fixent la pensée de Heidegger sans fard, avec une limpidité choquante. Les Carnets commencent en 1931 et montrent le philosophe en crise ; le ton est désemparé. « Que devons-nous faire ? » demande-t-il dans la première phrase. Il dit avec fureur qu'*Être et temps* est un « torchon » qui n'a pas été suffisamment pensé radicalement. « L'épouvantable succès, c'est qu'on bavasse encore plus et encore plus bêtement sur l'être ». « Les chichis hystériques sur l'existence » le barbent ; ils ne correspondent plus à la nouvelle « détresse du monde ». Heidegger a surévalué le sujet dans *Être et temps* ; « l'homme a quitté subrepticement "l'essence", il n'est qu'un pauvre coquillage échoué sur le rivage ». « Les derniers hommes errent en Europe » et c'est pourquoi « tous ces chichis autour de l'homme » doivent disparaitre.

« Heidegger est à nouveau le géant philosophique sur les épaules de nains intellectuels — sous lui, des régiments d'hommes oubliés par l'être, des hommes de la masse, des vantards, des braillards ». Six millions de personnes n'ont pas de travail, mais Heidegger voit partout la « détresse intellectuelle de l'absence de détresse ».

Herbert Marcuse, étudiant fasciné par Heidegger, croyait que celui-ci lui donnait les outils analytiques nécessaires à la compréhension de l'homme capitaliste. Pour l'heure, il est effrayé et fuit en Suisse. Il écrit dans le *Journal de sociologie* que Heidegger commet une faute absurde : « il fait disparaitre le *sujet* et le livre à l'État totalitaire ». « Le combat contre la raison le pousse aveuglément dans les bras des forces au pouvoir ».

Thomas Hassheuer souligne que là où Heidegger parlait d'individu, dans *Être et temps*, les *Carnets noirs* parlent de « *peuple* » et d'« *État* », et là où il parlait de « *décision* », ils parlent maintenant de « *destin* » de l'être. Car si les hommes sont incapables d'avoir accès à leur existence par leur propre force, alors « l'être » doit pousser l'homme de l'extérieur vers son essence. En 1931, Heidegger veut « pourchasser l'homme à travers l'étrangeté de l'essence de l'être », pour ce faire, il faut une révolution nationale qui change « la destinée de l'Occident », plongé dans la corruption de cette époque. Il est temps d'agir, mais au grand dam de Heidegger, le peuple ne veut rien savoir. Il manque aux Allemands « le courage d'aller vers leur destin ». « C'est pourquoi il faut que quelqu'un vienne qui prenne les choses au sérieux et qui détache les Allemands de leur détachement ». Enfin, en 1933, le sauveur est là.

Lorsque Heidegger parle d'Adolphe Hitler, il s'enthousiasme ; manifestement, c'est l'Être lui-même qui l'a envoyé. « Le monde se dirige à nouveau vers la vérité et l'Allemagne retrouve les liens qui l'unissent aux puissances originelles » (*GA*, 95).

Peu de temps après sa nomination en tant que Recteur de l'Université de Fribourg, il dit ne voir autour de lui que « des braillards, des activistes, des carriéristes, des saltimbanques et des ergoteurs », « tous des tièdes et des médiocres ». Il explique sa pensée comme une « métapolitique » qui va plus loin que ces têtes vides de nazis. Il ne doute pas un instant de la nécessité du national-socialisme dans l'histoire de l'être, mais il craint que le renouveau national-révolutionnaire ne s'essouffle.

« Le national-socialisme est un principe barbare. C'est là sa qualité essentielle et sa possible grandeur. Le danger ce n'est pas lui, mais qu'on l'édulcore en prêchant le vrai, le bon et le beau. » Il se plaint de la musique de Wagner « faite pour les tripes » et d'un « américanisme petit-bourgeois ». En 1938, alors que les camps de concentration étaient remplis de sociaux-démocrates et de communistes, il note : « on ne prend plus de décisions qui s'exposent à la vérité de l'être. L'Être, ce feu silencieux dans le foyer de la maison délaissée de *l'étant*, se retire. » « Le plus obscur est le feu et la braise. »

Heidegger règle ses comptes, page après page, avec « les hommes humanisés », avides de plaisirs, qui s'installent avec leur défunt Dieu chrétien, dans la « détresse de l'absence de détresse ». Personne ne veut s'engager dans le « renouveau », mais à la place, sous Hitler, « l'oubli de l'être s'enracine ».
C'est ainsi que l'Allemagne dérive vers un scénario de fin du monde, où la métaphysique des temps modernes se combat elle-même sous différents masques, cet esprit « déraciné » de « l'économie mécanique » dont les Juifs, « ces déracinés par excellence » sont responsables « avec leur coriace habileté à calculer, à trafiquer et mélanger ». Après l'agression d'Hitler contre l'Europe, une chose est sûre : les Juifs sont une puissance hostile et ont conquis partout une place dans l'esprit. Pourtant ils sont incapables de « pensée primordiale » : « plus les questions futures sont primordiales, plus elles restent inaccessibles à cette race ».
L'antisémitisme des Carnets noirs n'est pas un à côté ; il est le fondement même du diagnostic philosophique. Heidegger déplore la perte de l'être absent, mais il ne pleure pas la perte des hommes. Il essaie de prouver que tous les partis en guerre procèdent de la même pensée, de cet « esprit de calcul » juif qui a infecté la métaphysique occidentale. Pour Heidegger, les adversaires se ressemblent à s'y tromper. La mentalité « impérialiste et belliqueuse » (Hitler) et la mentalité « humaniste et pacifique » (L'Ouest) ne sont que des « points de vue complémentaires qui ne sont de part et d'autre qu'un prétexte », donc des répliques de la même pensée déracinée qu'il impute aux Juifs. « C'est pourquoi la juiverie internationale » peut se servir des deux modes de pensée, tous ces « calculateurs » qui, pour Heidegger, cherchent à « priver les peuples de leur race » et dont la rationalité vide pénètre à l'évidence le fascisme. La *juiverie internationale* fait la guerre, mais ce sont les autres qui doivent mourir. « La juiverie internationale, aiguillonnée par les émigrants qu'on a fait sortir d'Allemagne, est partout insaisissable et n'a pas besoin, malgré la puissance qu'elle déploie, de participer aux combats, alors qu'il ne nous reste plus qu'à sacrifier le sang, le meilleur des meilleurs, de notre peuple ».

Face à ces imprécations, Trawny, l'éditeur des *Carnets noirs* se demande, dans son livre *Heidegger et le mythe de la conspiration internationale juive*, si le philosophe ne prétendrait pas que les nazis « sont des Allemands séduits par les Juifs ». C'est probablement le cas.

Comme si souvent dans l'œuvre de Heidegger, c'est sur un ton élégiaque, que le promeneur de la forêt guette la dernière douleur de l'être qui s'enfuit, sans un mot pour la souffrance des hommes. La « morale » l'écœure, car « la morale n'est que du vernis sur l'esprit de calcul commerçant du monde anglo-saxon ». C'est une torture, déplore Hassheuer, de voir la façon dont Heidegger « ruine ainsi une idée géniale, sa critique du sujet moderne, déjà formulée dans *Être et temps*, qui, par son esprit de calcul et ses représentations, abîme le monde et ne tolère que ce qui lui ressemble. »

Heidegger se perd dans le miroir de ses représentations. Ce qu'il fétichise comme étant l'Être salvateur, c'est sa propre projection conçue pour être toujours le contraire de ce qui dans le monde est une promesse d'humanité : la démocratie, le droit et la liberté.

Après la guerre, Heidegger n'a pas eu un mot pour l'assassinat des Juifs européens — par honte ou par fidélité à lui-même. Trawny raconte que Heidegger était toujours convaincu que « la juiverie internationale » avait voulu mettre l'Allemagne à genoux.

Toutes ces indécences n'ont pas empêché Heidegger d'être remis à l'honneur. Lutz Hachmeister, dans son livre Le *Testament de Heidegger* décrit avec quelles impudence et rouerie, il s'est alors mis en scène.

La réintégration silencieuse de Heidegger dans la continuité conservatrice de l'histoire intellectuelle allemande a subi un revers. Ce qui est inconcevable demeure et l'est plus encore qu'on ne le croyait. Comment a-t-il été possible qu'un philosophe allemand, après Lessing et Kant, Heine et Hegel, ait pu se laisser entraîner en toute conscience dans des délires sur l'anéantissement global et qu'il ait transfiguré l'anéantissement du monde, corrompu par l'esprit non allemand, en dernière preuve de la grandeur de l'être? Mais c'est bien ce qui s'est passé, en 1941, après que l'Allemagne a mis le monde à feu et à sang, *le plus grand penseur du siècle* a écrit cette phrase : « Tout doit passer par l'anéantissement total. C'est ainsi seulement qu'on pourra ébranler la construction métaphysique de deux millénaires ». (Paru dans *Die Zeit*, le 13 mars 2014)

L'extermination

La vision du monde de Heidegger repose sur l'opposition frontale entre l'enracinement dans un sol et *l'enjuivement* grandissant de la vie spirituelle et des universités allemandes. Cet *enjuivement*, au *sens restreint*, désigne les Juifs, et au *sens large* inclut tout ce que Heidegger récuse, de l'individualisme et de la démocratie au libéralisme et à la raison dite calculante. Ce jeu entre les deux sens de l'*enjuivement* permet tout à la fois de stigmatiser des personnes en raison de leur religion et de dénoncer l'influence dissolvante du judaïsme dénoncé comme responsable du déracinement, de la rationalisation, de l'universalisation, de l'individualisation et de la démocratie.

C'est en faisant usage de ce double sens qu'il écrit un rapport qui va provoquer l'exclusion de Richard Hönigswald de l'Université de Munich : récusation d'une conscience déracinée, en « libre suspension » et « diluée dans une raison mondiale logique universelle ». Ce double jeu permet à Heidegger de dénoncer comme « un scandale » la présence de ce professeur, en déployant tous les stéréotypes de l'antisémitisme national-socialiste, sans avoir besoin de rappeler que Hönigswald était juif. Dans une lettre adressée en 1929 à Viktor Schwoerer, haut fonctionnaire du Ministère de l'Éducation, Heidegger dévoile sa stratégie en matière de dénonciation : « Ce que je ne pouvais indiquer qu'indirectement dans mon rapport, je puis le dire ici plus clairement... » Dans ses écrits publics, il suggère de façon indirecte ce qui est acceptable pour son temps et l'exprime de façon plus abrupte dans ses écrits privés, tenus un temps, secrets.

Comme Heidegger, les nationaux-socialistes rapportent à une racine juive supposée tout ce qu'ils rejettent. Non seulement le libéralisme, mais aussi le christianisme. Heidegger, dans son cours de l'été 1932, s'en prend, lui aussi, au « christianisme juif », accusé d'avoir altéré et faussé la pensée grecque. Durant les années de son rectorat, il exigera la création d'une chaire de « doctrine raciale et de biologie héréditaire ». Il impose l'enseignement de Heinz Riedel, ancien élève de l'eugéniste nazi Eugen Fischer et ancien directeur de *l'Office de la Race* de la S.S. de Fribourg. Pendant la même période, Heidegger écrit à Elfried, son épouse, pour lui dire combien il déplore que Karl Jaspers, cet homme « originellement allemand », se soit laissé entraver par une femme juive, Gertrude Jaspers (les Juives n'ont jamais été que des maîtresses de Heidegger).

Cette opposition entre la race allemande et les Juifs va structurer l'œuvre entière de Heidegger. Dans un cours de l'hiver 1933-34, Heidegger parlera de « conduire les possibilités fondamentales de l'essence de la souche originellement germanique vers la domination »; il se rattache à ce que Hitler préconisait dans *Mein Kampf* lorsqu'il assignait au Reich allemand la tâche « non seulement de rassembler et préserver les réserves plus précieuses de ce peuple en éléments raciaux originels, mais de les conduire lentement et sûrement jusqu'à une position dominante ». Hitler affirmait que le national-socialisme devenait « le parti de ceux qui appartiennent authentiquement selon leur essence à une race déterminée ».

Dès 1932, dans les *Cahiers noirs*, Heidegger précise que « seul l'Allemand peut poétiser et dire l'être de façon originellement neuve ». Dans son cours de l'hiver 1933, il donne à ses étudiants la tache de débusquer l'ennemi intérieur « incrusté dans la racine la plus intime du peuple » avec pour fin dit-il, l'extermination totale (*Völligen vernichtung*). Inutile de préciser que l'ennemi intérieur est le Juif, concept abstrait, mais qui devient terriblement concret dans la réalisation de sa fin. Avec Heidegger, la philosophie prend un nouvel essor, qui consiste à justifier la purification de la race allemande par l'extermination d'éléments désignés par « l'ontologie négationniste » comme coupables de ne pas être dans l'abri de l'être, dans la vérité de l'être, et dont l'existence n'est même pas reconnue comme *étants*. Ils sont reconnaissables en ce qu'ils ne meurent pas, mais périssent, donc ne posent pas de problèmes moraux...

Dans une longue réflexion des années 1938-39, dont les premiers mots sont : « ce qui advient maintenant », Heidegger s'en prend à nouveau au judaïsme. Nous serions « à la fin de l'histoire du grand commencement de l'homme occidental », ce qui suppose de « reconnaitre ce qui est sans histoire comme la lie la plus extérieure d'une histoire cachée... » Ce qui est sans histoire, Heidegger le conçoit comme « l'absence de sol », comme la « nonessence » et comme ce qui est « déchu dans l'uniquement étant et dans l'aliénation à l'égard de l'être ». La parole antisémite se libère par une franche déclaration qui constitue le sixième fragment du *Cahier* : « L'une des figures les plus cachées et peut-être la plus ancienne du gigantesque est la tenace habileté à calculer, à trafiquer, à combiner, par laquelle se trouve fondée l'absence de monde du judaïsme. » (*GA*, 95, 97)

Le négationnisme ontologique de Heidegger utilise l'existential de *l'être-dans-le-monde* comme un terme discriminatoire à visée antisémite. Ne peuvent *être-dans-le-monde* ceux qui par essence sont dépourvus de sol, de monde et de toute racine les rattachant à l'être. Il dénie aux victimes des camps d'extermination la capacité de mourir parce qu'elles ne sont pas dans « l'abri de l'être » et dans le « poème du monde ». Ils ne peuvent que périr ! (*GA*, 38, 81-83)

Dans les *Cahiers noirs*, la référence au calcul comporte une arrière-pensée explicitement antisémite. « Par leur talent prononcé pour le calcul, les Juifs "vivent" depuis le longtemps selon le principe de la race, c'est pourquoi ils sont les plus acharnés à lutter contre l'application illimitée de ce principe ». Heidegger dénonce une planification qui conduit à la « déracification totale des peuples en les attelant à une institution construite de façon égalitaire. » La déracification désigne dans le contexte nazi « l'effacement progressif de la composante raciale germanique au sein de la population allemande par des influences exogènes telles que la présence des Juifs ». (T. Feral, *le national-socialisme, vocabulaire et chronologie*)

N'étant pas dans le *Sein,* le judaïsme ne participe pas du *Dasein*. Littéralement, le Juif n'existe pas. Il y a chez Heidegger un déni d'existence radical à l'égard de ce qu'il perçoit comme une menace de déracification de la germanité. Dans le *Cahier noir*, publié en janvier 2015, il présente la communauté juive « comme le principe de destruction dans la période de l'Occident chrétien ». Il est important de souligner que ce cahier, qui couvre les années 1942-49, est contemporain de la « solution finale ». Se représenter la communauté juive comme le « principe de la destruction » c'est la désigner comme ce qu'il faut prioritairement détruire.

Certains commentateurs heideggériens qui ont écrit sur ce sujet se sont efforcés de justifier ces développements sur le « *Sterben sie ?* » en les lisant comme on pourrait lire, par exemple, les pages écrites par Adorno dans sa *Dialectique négative* à propos d'Auschwitz, dans lesquelles il montre comment l'individu est dépossédé de sa mort. Ceux qui ont péri dans les camps d'anéantissement sont, dit-il, « horriblement non-morts [...] Ceux-là ne mouraient pas de la mort des héros, ils n'étaient pas par essence dans la garde de l'être ». Ceux qui n'ont pas de *Dasein* historique ne meurent pas, ils périssent (*GA*, 38, 81-83). Pressé de se prononcer sur l'extermination, Heidegger aborda le problème en quelques phrases. Il déclara : « Des centaines de milliers meurent en masse. Meurent-ils ? Ils succombent. Ils sont abattus. Meurent-ils ? Ils deviennent les pièces d'un stock de fabrication de cadavres... Meurent-ils ? Ils sont discrètement liquidés dans des camps d'extermination [...] Partout en masse les détresses d'innombrables morts, épouvantablement non mortes — et néanmoins l'essence de la mort est cachée aux hommes. L'homme n'est pas encore le mortel » (*GA*, 79,56). L'interrogation *Sterben sie ?* Peut mettre en doute la qualité de leur mort au sens où leur trépas qui n'est pas un décès n'est pas suivi de funérailles. Mais une autre dénégation se profile obliquement : d'une part, l'interrogation (*Sterben sie ?*) ne reçoit aucune réponse directe, d'autre part, il semble que la mort soit morte et non les victimes (l'homme n'est pas encore le mortel). Pour Heidegger, mourir pour le peuple allemand et son Reich, c'est mourir de la manière la plus grande. Mais ceux qui ont péri dans les camps d'anéantissement sont dit-il, *grausig ungestorben* « horriblement non morts ». Il y a une sorte de négationnisme ontologique effroyable (Emmanuel Faye, sept. 2005).

Les victimes ne sont désignées que par un pronom et les bourreaux disparaissent, dissimulés dans des tournures passives dont l'agent est évacué. Dans *Sein und Zeit*, Heidegger théorise la distinction entre deux formes de mort. Ceux qui n'ont pas de *Dasein* historique ne meurent pas, ils périssent ; c'est le cas des Juifs apatrides, mais aussi des nègres [...] (*GA*, 38, 81). Les Juifs purs étant erratiques sont dépourvus du monde propre, car privés de racines et cosmopolites, ils restent sans rapport à l'Être, le *Seyn* (*Vaterland*).

Mais Heidegger dit aussi toute autre chose. Il s'attarde à peine sur les conditions d'anéantissement des victimes. Ce qu'il soutient c'est, de manière extrêmement obscure et nébuleuse, que « l'homme peut mourir, si et seulement si, l'être lui-même approprie l'essence de l'homme dans l'essence de l'être, à partir de la vérité de son « essence ». Que comprendre à ce jargon où le mot *Wesen*, « essence », est répété trois fois ? L'homme ne peut mourir, ne peut être dénommé mortel que s'il est par essence, dans l'abri de l'essence de l'être. Or, l'usage que fait Heidegger de *Wesen* dans ses textes sur Jünger, ou celui qu'en fait Oskar Becker, qui est son disciple, c'est un usage qui est explicitement racial. (Entretiens E. Faye*, Ph. Lacoue-Labarthe*, P. Ory, B. Tackels, *Les hommes meurent-ils ?*)

Le combat de la race nouvelle, noblesse du sang et du sol

Heidegger s'en prend de façon récurrente et explicite au « judaïsme mondial » (*Weltjudentum*). Devant Jaspers, consterné, il évoque l'existence d'une « dangereuse alliance internationale des Juifs » (Karl Jaspers, *Philosophische Autobiographie*). Il utilise la terminologie même de la *Weltanschauung* national-socialiste, dans sa lutte contre le cosmopolitisme et la domination mondiale supposée des Juifs. Caractériser le « judaïsme mondial » par son déracinement, c'est employer de façon directe et explicite la terminologie *antijuive* reprise dans les années 1920. Heidegger mobilise le vocabulaire de la différence ontologique qui révèle sa conception insoutenable de l'« histoire de l'être ». Elle attribue au judaïsme le manque le plus radical dans la vision heideggérienne du monde : « le déracinement de tout étant hors de l'être ». Le terme clé de son antisémitisme, récurrent dans *Être et temps*, c'est celui de l'absence de sol (*Bodenlosigkeit*). Un autre terme se précise dans les *Cahiers noirs* ; c'est *Weltlosikeit*, que Heidegger utilise dans l'acception d'« absence de monde » pour qualifier le judaïsme. Cette absence du monde trouverait son fondement dans « la tenace habileté à compter, à déplacer, à calculer » (Goldschmidt,

Heidegger et la langue allemande). Les Juifs ne sont même plus cosmopolites ni apatrides, ils sont *sans monde (Weltlos).*
Si, pour Heidegger, les animaux sont « pauvres en monde » (*Weltarm*), les Juifs n'ont plus de place dans le monde, ou plutôt, ils n'en ont jamais eu. (*Les concepts fondamentaux de la métaphysique*) Ne peuvent pas *être-dans-le-monde (in der Welt-sein),* ceux qui par essence sont dépourvus de sol. *Le négationnisme ontologique* de Heidegger exclu les Juifs, ainsi que toutes les victimes des camps d'extermination, de *l'être-pour-la-mort.* Dans les *Cahiers noirs,* l'antisémitisme est ainsi élevé au rang d'une nécessité ontologique et métaphysique.
Le thème le plus récurrent des discours, conférences et aussi des cours de Heidegger, est le combat (*Kampf*), à ses yeux tout à la fois guerre effective (*Krieg*) et combat spirituel. Emmanuel Faye rappelle le discours prononcé en mai 1934, devant ses anciens condisciples du lycée de Constance, discours voué au culte de la Grande Guerre et à l'annonce des guerres à venir (*GA,* 16, 280). Au-delà du patriotisme ordinaire de l'époque, Heidegger, à la manière des nazis, intègre à son propos la notion de « notre race » (*unser Geschlecht*). Il invoque ici, comme dans plusieurs de ses cours, le fragment 53 d'*Héraclite*[41] sur la guerre, père de toutes choses. « Cette guerre, nous devons la gagner spirituellement, c'est-à-dire le combat devant la loi la plus intime de notre existence ». « Pour l'homme, le combat est la grande épreuve de tout être, dans lequel se décide si nous sommes nous-mêmes des esclaves ou des maitres [...] Notre race est le pont vers la conquête historico-spirituelle de la Grande Guerre. » (*GA,* 16, 283)
Sans citer expressément ce fragment d'Héraclite, le Discours du rectorat s'y réfère sans aucun doute lorsqu'il dit : « Toutes les capacités de volonté et de pensée, toutes les forces du cœur et toutes les aptitudes de la chair doivent se déployer par le combat, se renforcer dans le combat et se conserver en tant que combat. » Selon Emmanuel Faye, un des textes les plus virulents de Heidegger est précisément celui qui a trait au combat : « L'ennemi est celui-là, est tout un chacun dont émane une menace essentielle

---

41 « La guerre est mère de toutes choses, reine de toutes choses, et elle fait apparaitre les uns comme dieux, les autres comme hommes, et elle fait les uns libres et les autres esclaves. » (Héraclite, *fragment 53*)

contre le *Dasein* du peuple et de ses membres pris isolément. [...] Il peut même sembler qu'il n'y a pas d'ennemi du tout. C'est alors un impératif fondamental que de trouver l'ennemi, de le mettre en lumière où même d'abord de le créer afin qu'advienne ce faire front face à l'ennemi et que le *Dasein* ne s'émousse pas. L'ennemi peut s'être incrusté dans la racine la plus intérieure du *Dasein* d'un peuple, et s'opposer à l'essence propre de celui-ci, agir d'une manière qui lui est contraire. Le combat n'en est que plus âpre, plus dur et difficile, car l'échange de coups n'en constitue que la plus petite part ; il est bien souvent plus difficile et de plus longue haleine de repérer l'ennemi en tant que tel [...] et de fixer l'attaque à long terme, avec pour but *l'extermination totale*. » (GA, 36/37, 90, 91)

La « chasse aux opposants » (*Gegnerforschung*) est une des missions principales qui sont assignées à la Gestapo. La source d'inspiration est évidente. « Tout l'art de tous les guides du peuple (*Volksführer*) véritablement grands tient de tout temps en premier lieu en celui de ne pas disperser la réunion du peuple, mais de toujours la concentrer sur un adversaire unique [...] Cela fait partie de la génialité d'un grand *Führer* que de faire toujours apparaitre même des ennemis séparés les uns des autres comme n'appartenant jamais qu'à une catégorie [...] » (Hitler, *Mein Kampf*, Chap. 1, 129). Là où *Mein Kampf* reste platement politique, la prose heideggérienne ajoute une essentialisation plus poussée et un pathos qui font passer la géopolitique hitlérienne dans le genre philosophique. Ce faisant, cette dernière gagne en radicalité, car là où Hitler parle d'unifier des ennemis réels, Heidegger fait de l'invention de l'ennemi intérieur, la tâche principale, et formule le programme d'une *extermination totale*, ce qui fait de lui, en 1933, un *extrémiste parmi les extrémistes*.

Le 7 avril de la même année 1933, la *loi pour la reconstitution de la fonction publique* imposait l'exclusion de l'ensemble des professeurs juifs de l'Université de Fribourg. Edmund Husserl, professeur émérite à l'Université de Fribourg, fut révoqué le 14 avril. Le contexte rend assez clair ce qui est désigné comme s'étant, malgré son essence autre, incrusté au plus intime du peuple et devant être démasqué.

Une correspondance nazie

Dans une Lettre du 25 nov. 1939, que rapporte Sidonie Kellerer (*Critique*, déc. 2014), Heidegger s'adressant à Doris, la femme de Bauch, historien de l'art, déclare : « la guerre invisible, les agissements de certaines forces cachées qui mènent une politique extérieure et mondiale secrète, une guerre sournoise contre les intérêts *(Völklisch)* et nationaux... » Ce dangereux ennemi est la « juiverie mondiale » qui « dirigée de manière unifiée vise à la domination du monde ». La « sous-estimation de la juiverie mondiale » doit être combattue avec la plus grande fermeté. Le texte reprend tous les poncifs antisémites du Juif obsédé par l'argent, en passant par le Juif tirant en secret les fils de la politique mondiale, jusqu'au Juif à tout prix fidèle à sa race. Il faut répondre à la guerre invisible et totale des Juifs par une guerre elle aussi invisible et totale, dans laquelle la guerre psychique et spirituelle jouera un rôle prédominant.

Précédemment, dans une lettre du 22 mai 1922, on trouve la phrase suivante : « Ces Juifs, à force de vouloir s'enrichir, ne reculent plus devant rien ». Elle s'insère dans une série de formulations antisémites aujourd'hui connues et qui ne sauraient plus être relativisées comme l'expression d'un *ressentiment anti judaïque*. Il écrivait à la même date : « je crois que nous ne sommes qu'au début de ce que cette guerre invisible va nous apporter ». Ce dangereux ennemi invisible est la « juiverie, mondiale » qui « dirige de manière unifiée, vise à la domination du monde ». La sous-estimation de la juiverie mondiale doit être combattue avec la plus grande fermeté. Invisible (*Unsichbare*), un des principes conducteurs est tel qu'Adolf Hitler le posait dans *Mein Kampf*, le principe de silence : « Allemand, apprends à te taire ! » Il est saisissant de voir à quel point Heidegger observe lui-même le principe du silence et emploie les mêmes tournures que le texte de formation de la ligue nationale-socialiste. Les *Einzats Kommandos*, les gardes de camp de concentration, les SS recevaient les mêmes instructions : se taire et enfouir les corps et les cendres, afin que rien ne transpire des crimes commis.

Les passages les plus explicitement antisémites chez Heidegger ne sont que la partie visible d'un discours de part en part codé, qui requiert pour sa compréhension une mise en contexte historique. Cela vaut pour cette phrase extraite d'une lettre adressée à sa sœur et à sa famille le 30 sept. 1939 : il importe désormais « de concentrer toutes nos forces pour contribuer à mettre de l'ordre dans le Reich ». Le 30 déc. de la même année Heidegger écrivait : « des sacrifices sont demandés » à tous, « quelle que soit la tournure prise par les évènements ». Ces phrases permettent d'appréhender le positionnement politique de Heidegger. Dans sa lettre à Bauch du 10 août 1941, il déplore un « abandon absolu de l'être » et il note que « toute la sphère de la terre est entrée dans un processus de dévastation ». Cette référence à « l'auto dévastation définitive de l'humanité moderne » a été interprétée jusqu'à présent comme presque exclusivement une critique du nazisme dénoncé comme le point culminant d'une modernité techniciste et déshumanisante. Toutefois, la remarque que fait Heidegger le 7 juin 1936 contredit cette lecture : « le national-socialisme serait beau en tant que principe barbare, mais il ne devrait pas être aussi bourgeois. » C'est une expression reprise à Schelling qu'il met au service de la radicalisation de la politique nazie. La formulation dans les *Cahiers noirs* est la suivante : « Le national-socialisme est un principe barbare. C'est ce qui constitue son essence et sa possible grandeur. Ce n'est pas lui le danger ; le danger est de le rendre anodin en en faisant un sermon sur le Vrai, le Bien et le Beau » (*Uberlegngen*, II.VI, *Swhartze Hefte* 1931-1938).

Heidegger plaide pour un national-socialisme qui soit l'expression d'une volonté de puissance inflexible, ce qu'il explique dans le cours intitulé « la métaphysique de Nietzsche ». Heidegger attribue à Nietzsche, une conception du nihilisme comme volonté de puissance et il en fait le caractère fondamental de *l'étant*. (Heidegger, *Nietzsches Metaphysique*, 12) La volonté de puissance se caractérise comme « une injonction à plus de puissance » (*Ibid.*). Il faut à la volonté de puissance une force qui lui résiste. Heidegger semble ici renouer avec ses exhortations de 1933-1934 sur l'importance de se donner un ennemi (*Vom Wesen der Wahreheit, GA*, 36-37, p. 90). Il fait dans ce texte l'apologie du nihilisme extrême en tant que volonté de puissance qui met tout au service de l'accroissement de puissance, en particulier de la « machination » ainsi que de « la sélection raciale de l'homme »

(*Nietzsches Métaphysique*). Pour Heidegger, le mot « justice » est à comprendre selon une nouvelle acception ; il faut éliminer toutes nos représentations de la justice qui proviennent de la morale chrétienne, bourgeoise et socialiste et de la morale des Lumières. Seuls quelques peuples qui disposent de suffisamment de « force de commandement » sont à la hauteur de ce nihilisme. (*Ibid.*) À l'hiver 1941, au moment de l'invasion de l'Union soviétique et de la mise en place des plans d'extermination, s'impose principalement, pour Heidegger, la question de savoir quel peuple sera en mesure de conquérir la terre au nom de la volonté de puissance.

Il n'est dès lors pas étonnant que Heidegger écrive à Bauch que son fils Hermann est « très content » d'être en Ukraine en ces journées d'août 1941 où la guerre d'anéantissement ordonnée par Hitler est mise en pratique sur une grande échelle, d'une façon particulièrement horrible dans les territoires de l'Union soviétique. On notera également que c'est l'année et le pays où fut inaugurée la *Shoah par balles*. (Le massacre de *Babi Yar*, en Ukraine, est le plus grand massacre de la *Shoah par balles* », mené par les *Einsatzgruppen* nazis en URSS : 33 771 Juifs furent assassinés par les nazis et leurs collaborateurs locaux, principalement le 201e bataillon *Schutzmannschaf*, durant les seuls 29 et 30 sept. 1941, aux abords du ravin de *Babi Yar*).

En 1950, Heidegger réussira admirablement l'épreuve du retour en publiant les *Chemins qui ne mènent nulle part* et en 1951, il obtiendra l'autorisation d'enseigner. Il ne cessera alors de donner des conférences, littéralement assailli de visiteurs. Les lettres à sa famille et à son collègue Kurt Bauch, de même que son message à la postérité au travers des *Cahiers noirs*, témoigne que sa vision du monde n'a guère changé.

Heidegger écrit dans les *Cahiers noirs* (Richard Wolin, *Critique* déc. 2014*)* : « l'Amérique, l'Angleterre et la France en tant qu'elles incarnent la "machination" sont des expressions de la "juiverie internationale" dont "la tâche" dans l'histoire du monde est "le déracinement hors de l'être" ». Il affirme que cette « machination » conduit à une « déracification totale des peuples » qui va de pair avec leur « autoaliénation ».

Dans le manuscrit *Die Geschichte des Seyns* (*GA,* 69, p78.), Richard Wolin note une phrase écrite par Heidegger : « il faudrait se demander sur quoi est fondée la prédestination particulière de la communauté juive pour la criminalité planétaire » (R. Wolin note que cette phrase a été supprimée dans la version établie par Fritz Heidegger).

On trouve dans les *Cahiers noirs* la même affirmation renouvelée : « L'accroissement temporaire de la puissance de la juiverie a son fondement dans le fait que la métaphysique de l'Occident, surtout dans son déploiement moderne, a offert le lieu de départ pour la propagation d'une rationalité et d'une capacité de calcul qui seraient entièrement vides si elles n'avaient pas réussi à se ménager un abri dans l'"esprit", sans pour autant ne jamais pouvoir saisir à partir d'elles-mêmes les domaines des décisions cachés. » (*GA,* 96, *Op. cit.* 51-52)

Dans un séminaire de 1934, Heidegger développe sa théorie personnelle du *Lebensraum* (l'espace vital). Il dénonce à ce propos « les nomades sémitiques » incapables de trouver leurs racines dans l'espace allemand. Heidegger tient le national-socialisme pour être le représentant du droit chemin pour l'Allemagne, et pour une force qui permette à l'Occident d'échapper au rapide déclin spirituel qui est son lot. Il voit dans le national-socialisme, une manière ontologico-historique de contrecarrer le nihilisme européen, tel que Nietzsche, Spengler et d'autres l'avaient défini.

L'antisémitisme dans l'histoire de l'être

L'antisémitisme est comparable à une véritable contamination qui atteint les *Cahiers noirs,* écrit Peter Trawny, leur éditeur, qui tient le prédicat *antisémite* pour redoutable en ce qu'il s'applique souvent pour affirmer une complicité idéologique avec la Shoah. Quelles que soient les réserves que l'on peut faire à cet égard, il demeure qu'il ne peut être exclu que Heidegger ait tenu pour nécessaire la violence contre les Juifs, reconnait ce philosophe. Cette « ultime possibilité » se rapporte à certains énoncés précis qui se trouvent dans les *Cahiers noirs*, qui sont, rappelle Peter Trawny, au nombre de trente-quatre, couvrant la période entre

1930 et 1970. La période plus particulièrement visée concerne les cahiers d'avant 1948, plus précisément entre 1938 et 1941, dans lesquels Heidegger en vient à parler « de façon plus ou moins abrupte des Juifs ». Dans l'histoire de l'être, une signification particulière leur est attribuée qui est de nature antisémite, convient Peter Trawny. Ces expressions se trouvent exclusivement dans des manuscrits que le philosophe voulait soustraire aussi longtemps que possible au public. Jusqu'où va la contamination de la pensée heideggérienne ? Attaque-t-elle l'ensemble du corpus de cette pensée ? Saisit-elle en général l'histoire de l'être, c'est-à-dire l'histoire de la pensée de l'être ? Peut-elle être endiguée ? Trawny tient l'antisémitisme pour inscrit dans l'histoire de l'être comme conséquence du manichéisme onto-historique qui s'est déclaré à la fin des années 1930, et qui a poussé Heidegger à ne pas épargner les Juifs et leur destin. Il est inévitable de mettre en rapport le désir de « purification de l'être » avec les fantasmagories de la pureté qui ont au moins participé à l'organisation de l'un des plus grands crimes de l'humanité. Les lois de Nuremberg disent que la « pureté du sang » serait « la condition de la continuité du peuple allemand ». À la fin des années 1930, Heidegger avait placé en prérequis, cette purification compte tenu de la « déformation la plus profonde de l'être par la prédominance de *l'étant* », reprenant des formes ressassées d'antisémitisme, qu'il a philosophiquement interprétées et intégrées à l'histoire de l'être.

« L'accroissement temporaire de la puissance de la judéité a son fondement dans le fait que la métaphysique de l'Occident a offert le lieu de départ pour la propagation d'une rationalité et d'une capacité de calcul qui seraient entièrement vides si elles n'avaient pas réussi à se ménager un abri dans l'esprit sans jamais pouvoir saisir à partir d'elles-mêmes les domaines de décision cachés. Plus originelles et inaugurales deviennent les décisions et les questions à venir, plus inaccessibles à cette "race" ». (*GA*, 96, 46) Sous le titre *Réflexion XIV* (*GA*, 26, 121), on peut lire sous la plume de Heidegger ces propos clairs et sans ambiguïté : « Par leur don particulièrement accentué pour le calcul, les Juifs vivent depuis longtemps, déjà, d'après le principe racial, raison pour laquelle ils se défendent aussi violemment contre son application illimitée. La mise en place de l'élevage racial ne provient pas de la vie elle-même, mais de la subjugation de la vie par la machination. Ce que celle-ci manigance à travers une telle planification est une *déracialisation complète* des peuples. Avec la déracialisation va de pair une autoaliénation des peuples — la perte de l'histoire. La question du rôle de la *juiverie mondiale* n'est pas raciale, c'est la question métaphysique portant sur le type d'humanité qui de façon *absolument déliée de toute attache* peut assumer comme tâche, au niveau de l'histoire mondiale, le déracinement de tout *étant* hors de l'être. »

L'origine de « l'absence du monde propre à la judéité » est la machination qui porte au pouvoir « le calcul » comme activité déterminant le monde. Heidegger convertit sur le plan de l'histoire de l'être un cliché de l'antisémitisme — le don particulièrement accentué pour le calcul. C'est le Juif marchandeur qui chez tout antisémite représente une des figures les plus familières du *caractère juif*. La représentation d'une « juiverie mondiale » qui domine le monde par le contrôle des économies nationales vient tout droit des *Protocoles des Sages de Sion*. Le calcul, d'une manière générale, est rattaché par Heidegger à la rationalité. Ainsi peut-il inclure son ancien maitre Edmund Husserl dans une histoire dans laquelle un « accroissement temporaire de la puissance de la judéité » condamne la métaphysique de l'Occident. Husserl est inscrit dans l'histoire d'une rationalité et d'une « capacité de calcul vide » pour le motif de son appartenance à une « race ». Heidegger explique la phénoménologie de Husserl à partir du caractère d'une race (*Beiträge zur philosophie*, GA, 65, 163). La pensée de la race est « une conséquence de la machination » (*Uberlegungen XII*, GA, 96, 69). La race serait « une condition nécessaire, s'exprimant médiatement à partir du *Dasein* historique (*être-jeté*). Les Juifs auraient ainsi été les premiers à avoir vécu selon le principe racial et les nationaux-socialistes n'auraient fait qu'appliquer de façon illimitée ce que les Juifs pratiquaient déjà depuis longtemps avant eux.

À Karl Jaspers qui lui parlait du non-sens stupide des *Sages de Sion*, Heidegger répondait : « il y a pourtant bien une dangereuse association internationale des Juifs » (K. Jaspers, *Philosophische Autobiographie*, 101). Hannah Arendt pense que la méthode des nationaux-socialistes consistait à appliquer la fiction d'une

domination juive qui devait servir de base à l'illusion d'une domination allemande à venir (H. Arendt, *Les Origines du totalitarisme*, 85). Heidegger a manifestement pris pour point de départ les *Protocoles* comme témoignage de la concurrence évoquée entre les Juifs et les nationaux-socialistes. L'ennemi insaisissable qui mène une guerre au plan international entre en scène : « La juiverie mondiale, excitée par les émigrants qu'on a laissés partir d'Allemagne est partout insaisissable et malgré tout ce déploiement de puissance, elle n'a nulle part besoin de participer aux actions militaires, face à quoi il ne nous reste qu'à sacrifier le meilleur sang des meilleurs de notre propre peuple » (Heidegger, *Überlegungen XV, GA,* 26, 17). Heidegger n'est assurément pas loin de penser qu'on n'aurait pas dû *les laisser partir*, ces émigrants ! La *juiverie mondiale* aurait le pouvoir de monter les uns contre les autres les États engagés dans la guerre en se servant de leurs *modes de pensée*. Dans un manuscrit sur l'« histoire de l'estre », il parle des « plus grands criminels planétaires des temps modernes les plus récents *(Die Geschichte des Seyns GA,* 69, 78). On peut penser qu'il veut sans doute désigner les premiers dirigeants des États totalitaires, mais ce n'est pas certain, car peu après il croit devoir ajouter, afin qu'il n'y ait pas d'ambiguïté : « il faudrait se demander sur quoi est fondée la prédestination particulière de la communauté juive pour la criminalité planétaire ». (Cette phrase manque dans le livre, elle figure dans le manuscrit, mais pas dans la version établie par Fritz Heidegger qui l'a bien *barrée*. L'ayant droit du fonds a décidé de ne pas publier cette phrase).
En guise de conclusion provisoire, on citera un propos Jean-Michel Salanskis : « Avec beaucoup d'autres, je juge que rien de la pensée de Heidegger n'est en toute certitude étranger à sa compromission personnelle avec le régime nazi ».

LE DÉVOILEMENT

Ontologie et politique

Hans-Georg Gadamer, disciple préféré du Martin Heidegger qui a dirigé sa thèse d'habilitation — a de longue date récusé cette facilité qui consistait à déclarer (en France) par admiration pour le grand penseur que ses égarements politiques n'avaient rien à voir avec sa philosophie. « On ne se rendait pas compte à quel point une telle défense d'un penseur aussi important était insultante » (*Ibid*.). Le recteur nazi est aussi le rénovateur de la philosophie. Dans la France d'aujourd'hui, l'on pourrait donc impunément être un nazi ordinaire et un grand philosophe.
On trouve dans l'ouvrage d'Emmanuel Faye (*Le sol, la communauté, la race*) les propos de Julio Quesada Martin à propos d'un texte de Pierre Aubenque, auteur du plus célèbre livre contemporain sur l'ontologie, l'éthique et la politique d'Aristote dont la thèse centrale souligne le lien profond entre l'ontologie et la politique chez celui-ci. Plus spécifiquement, Aubenque soutient qu'il existe

une corrélation entre l'ontologie et le système délibératif. Pourquoi alors dans le cas de Heidegger le même Aubenque continue-t-il à rejeter l'existence d'un lien entre son ontologie et sa politique radicalement *antidélibérative*? En dépit des philosophes qui ne recherchent pas la vérité, mais la répétition, propension très heideggérienne, le mur se fissure jour après jour et l'empathie du philosophe avec le nazisme se révèle depuis sa propre ontologie. Il convient de se demander si le travail de destruction dans *Sein und zeit* n'était pas, en effet, une force qui conduisait à la destruction de la philosophie : « je ne veux pas entendre parler d'idées » exigeait le recteur Heidegger depuis Fribourg, au début du mois d'octobre 1933. Le racisme ontologique de Heidegger est perceptible au § 6 de cette œuvre, à partir du moment où l'on abandonne le terrain des arguments pour se centrer herméneutiquement sur l'affichage et l'exhibition de *l'acte de naissance* des concepts ontologiques fondamentaux.

Le temps de la démesure

Heidegger meurt le 26 mai 1976. Une dépêche de l'Agence *France-Presse* parait dans les médias, *synthétique et impartiale*. « Celui qui fut l'un des philosophes les plus importants du XXe siècle et dont la vie correspond bien à l'image que l'on se fait des sages détachés des réalités de ce monde pour ne se faire entendre que dans un langage ésotérique, n'aura pas réussi aux yeux de beaucoup à effacer l'infamie d'une adhésion temporaire aux thèses et aux mythes du national-socialisme. » La dépêche note le caractère inachevé d'*Être et temps*. « Pour lui, une philosophie est quasiment impossible sous la forme d'un discours qui dirait la vérité du monde et de l'existence. On ne peut encore que poser des questions et la faillite de toutes les philosophies est de l'avoir oublié. » La dépêche poursuit, « Heidegger est ainsi comme l'homme de la pensée la plus inutile, la plus risible, celle qui cherche et qui sait qu'elle ne trouvera pas... » ; constatant néanmoins son immense influence : « il a su susciter des réflexions nouvelles et profondes au point qu'aujourd'hui on ne pense qu'avec ou contre Heidegger... »
Après son décès, l'hebdomadaire *Der Spiegel* publie, en 1976, un

entretien avec son directeur, qui avait eu lieu dix années plus tôt, dans lequel Heidegger déclarait : « On est déçu de constater que son autojustification semble lui masquer la perversité intrinsèque du mouvement national-socialiste (dont il persiste à dissoudre la spécificité dans le grand mouvement du nihilisme techniciste planétaire). »

Selon Trawny, durant les trente dernières années de sa vie, la pensée de Heidegger atteint une mesure qui lui fit défaut dans les années 1933 à 1947, qui furent un temps de la démesure comme l'attestent les *Cahiers noirs* qui disent bien à quel point Heidegger s'était engagé dans les égarements de son époque et à quel point sa pensée s'en était ressentie. L'antisémitisme intégré dans l'histoire de l'être est une preuve de cette dégradation. La dissimulation des *Cahiers noirs* ainsi que la demande de les publier à la toute fin des œuvres complètes n'étaient-elles pas liées à l'intention de Heidegger de montrer à quel point sa pensée a pu s'égarer, interroge naïvement l'éditeur, Peter Trawny ? Pour conclure, la pensée de Heidegger ne cessera pas d'être un défi philosophique. Ses œuvres appartiennent à cette source inépuisable de la philosophie qui va de Platon à Wittgenstein. Il restera le philosophe qui plus qu'aucun autre rappellera les heures sombres du XXe siècle. Le souvenir qu'il nous impose est douloureux non seulement à cause de ce qui est l'objet du souvenir, mais à cause de la manière effrayante dont est écrit ce souvenir lui-même.

Les *Cahiers noirs* des années 1930/1940 obligent à une nécessaire révision dans la confrontation avec la pensée de Heidegger. Rien de ce qui a été dit du rôle que le national-socialisme joue dans cette pensée n'égale les dégâts produits par le récit d'un sauvetage de l'Occident par l'Allemagne. Sa pensée, quand bien même elle survivrait à cette révision, restera défigurée par les phrases qui l'expriment relevées tout au long de ses écrits.

Heidegger n'a ni philosophie ni doctrine susceptible de faire école, au sens académique de cette expression. Lui-même a dit un jour : « Je n'ai pas de label pour ma philosophie parce que je n'en ai pas en propre » (GA, 35, 83). Les quêtes écrites du penseur ne sont jamais closes, même les parties qui s'apparentent à des blocs, à commencer par *Sein und zeit*, sont inachevées. Pour Heidegger, la philosophie consiste à philosopher, elle est faite de questions plus que de réponses. Reste posée la question du report de la publication des *Cahiers noirs* après sa mort ; cette décision peut-elle accréditer une quelconque intention de « montrer » à quel point il s'est trompé, c'est tout au moins ce que voudrait croire ou faire croire, Peter Trawny. Sans se laisser aller à des analyses alambiquées, une chose parait évidente, suffisamment en tout cas pour éliminer cette supposition par trop naïve : non seulement Heidegger n'est jamais revenu sur ses propos les plus en faveur de la politique nazie, ou dit quoi que ce soit sur les crimes commis par cette politique, qui donne à penser qu'il souhaite qu'après sa mort apparaissent ses actes comme des égarements, mais il a persévéré dans ses convictions et ses propos nationaux-socialistes, bien après la défaite allemande. Que restait-il donc à léguer à la postérité, sinon la trame continue du caractère dangereux de son expression philosophique.

Le silence de Heidegger

Après 1945, dans leur correspondance, Hannah Arendt et Karl Jaspers s'accordent à penser que la sensibilité morale de Heidegger n'était pas à la hauteur de la passion de sa pensée. Jaspers écrit : « Peut-on imaginer qu'une âme impure — c'est-à-dire une âme qui ne sent pas son impureté et n'aspire pas en permanence à s'en délivrer, mais continue de vivre dans l'opprobre sans y penser — puisse voir le comble de la pureté malgré son insincérité ? »
Mais l'absence de réflexion morale n'est pas seulement une question de caractère : elle pose un problème philosophique. Ce qui fait ici défaut à la pensée, c'est la capacité de prendre au sérieux la *finitude* si souvent évoquée par Heidegger. Le propre de cette finitude est aussi possibilité d'une culpabilité : il faut voir dans la contingence de la faute un défi pour la pensée. Heidegger passe ainsi à côté d'un idéal d'existence authentique : la transparence de l'*être-là* à lui-même. Son silence est aussi un silence intérieur, presque un blocage à l'égard de soi-même. Une contribution à l'oubli de l'être.
Heidegger se soustrait au pouvoir de sa propre pensée à un double

titre : d'une part, sa pensée fait abstraction de la personne banale du penseur, et d'autre part, elle dépasse ce dernier.

Dans les derniers mois de la guerre, l'écart entre la pensée de Heidegger et l'actualité extérieure devient toujours plus grand. Tandis que la guerre s'oriente vers une issue catastrophique et que les crimes du régime hitlérien atteignent un paroxysme de cruauté avec l'élimination des Juifs, Heidegger s'enfonce toujours plus profondément dans l'*initial*. « L'esprit caché de l'initial en Occident n'aura pas même un regard de mépris pour ce processus d'*autodévastation* de ce qui n'a pas de commencement ; il attendra son heure sidérale en se livrant au repos serein de l'initial. » (*GA*, tome 53, p. 68)

L'heure sidérale est celle de la poésie et de la pensée solitaires. Le grand thème de la philosophie de l'après-guerre chez Heidegger est la *sérénité*. Cette sérénité au cœur de la guerre n'est possible que parce que Heidegger possède l'art de détourner le regard et de ne plus voir la réalité accablante. Dans la postface de *Qu'est-ce que la métaphysique* (1943), Heidegger écrit cette phrase obscure : *l'être se déploie certainement sans l'étant*. Il pense avoir porté sa Pensée bien au-delà de *l'étant*, si loin que l'être devient présent telle une grandeur indépendante de *l'étant*.

Le 16 mai 1936, Jaspers avait écrit à Heidegger : « Vous comprendrez et approuverez mon silence. Mon âme est muette ; car dans ce monde, je ne peux demeurer avec la philosophie "sans autre considération" comme vous l'écrivez à votre propos, mais je... les mots s'étranglent. »

Pour Derrida, deux questions se posent : d'une part le silence de Heidegger, d'autre part le fait de ne pas avoir demandé pardon ou de ne s'être pas distancié, ou encore de n'avoir pas su dire : Auschwitz est l'horreur absolue, ce que je condamne radicalement. De cette attitude de Heidegger, Habermas explique qu'il y a l'« œuvre » et la « personne » qui sont distinctes et demander pardon est affaire de personne. Heidegger n'aurait pas pu prononcer cette phrase contenant le verbe *condamner*, car sur le terrain de sa pensée, il n'y a ni *jugement* ni surtout *jugement moral*. Juger, c'est de la métaphysique. Dire *Auschwitz est l'horreur absolue*, est une phrase que Heidegger n'aurait pas pu prononcer, car en partant de sa pensée, l'horreur absolue se trouve dans *l'absence de l'être, l'oubli de l'être, le retrait de l'être*. Dans sa pensée, Auschwitz est simplement le « congédiement de *l'étant* ». C'est en cela que Derrida voit « une sorte de rupture avec une pensée de l'être qui a tous les traits d'une relève de l'humanisme ». La métaphysique et le nom de l'homme vont ensemble, le dépassement de la métaphysique est le dépassement de l'homme. Auschwitz est simplement l'accomplissement de cet anéantissement. Mais l'homme Heidegger n'aurait donc pas une pensée distincte des théories qu'il professe dans ses écrits. C'est une réponse limpide à la question posée de façon liminaire sur la possibilité de différencier l'homme Heidegger et son adhésion au nazisme du reste de son œuvre.

Une philosophie au service du national-socialisme

Les critiques les plus incisives se sont élevées tant en Europe qu'aux États-Unis contre Karl Löwith qui a révélé, dès 1947, que Heidegger était « plus radical que MM. Krieck et Rosenberg », deux piliers du régime nazi qui, moins habiles et plus triviaux, n'avaient pas vu leur réputation survivre à la défaite du IIIe Reich. Emmanuel Faye[42] remarque que de nouveaux documents et des recherches menées plus en profondeur permettent aujourd'hui de voir à quel point Heidegger s'est consacré à mettre la philosophie au service de la légitimation et de la diffusion des fondements mêmes du nazisme et de l'hitlérisme.

Quelques-uns de ces textes, peu connus, constituent de véritables cours d'éducation politique au service de l'État hitlérien et vont jusqu'à identifier la différence ontologique entre l'être et *l'étant* avec la relation politique entre l'État et le peuple.

Les textes réunis sous le titre *d'œuvre intégrale* (*Gesamtausgabe*) n'ont rien à envier par leur racisme et leur virulence nationale-socialiste aux écrits d'autres *philosophes* officiels du nazisme tels qu'Alfred Baeumler ou Hans Heyse. Ils se distinguent même par

---

42 *Heidegger, l'introduction du nazisme dans la philosophie, autour des séminaires de 1933-1935.*

l'intensité de leur hitlérisme, qu'aucun autre *philosophe* du régime n'avait égalé. Il n'en reste pas moins que ces textes de Heidegger sont aujourd'hui présents dans les rayonnages des bibliothèques publiques de philosophie.

Ce que dévoilent ces textes, ce sont les rapports de Heidegger avec le national-socialisme qui ne se réduisent pas à la relation de l'engagement personnel d'un homme, temporairement fourvoyé, mais d'une œuvre philosophique demeurée intacte et de l'introduction délibérée des fondements du nazisme dans la philosophie et dans son enseignement. Heidegger, loin d'enrichir la philosophie, a réussi à mettre celle-ci au service d'un mouvement qui par la discrimination meurtrière et l'anéantissement collectif a conduit à la négation radicale de toute humanité comme de toute pensée.

Dans la mesure où les premiers travaux de recherche s'appuyaient presque exclusivement sur les écrits et les discours et peu sur son enseignement même, il pouvait sembler possible, avec beaucoup d'aveuglement, de séparer l'homme et l'œuvre ou de distinguer le politique et le *philosophique*. Actuellement nous disposons, en langue allemande, de la quasi-totalité des cours qu'Heidegger a dispensés. En outre, grâce aux résumés et aux citations, on peut se faire une idée de certains séminaires inédits. Emmanuel Faye déplore que plusieurs décennies après la mort de Heidegger, une grande partie de ses écrits restent encore inaccessibles aux chercheurs, dès lors que ceux-ci portent un regard sans complaisance sur l'itinéraire du philosophe. Cependant, ce que nous pouvons connaitre aujourd'hui bouleverse la perception que nous avons eue de Heidegger. On découvre que durant les années 1933-1935, il a enseigné à ses étudiants de Fribourg la philosophie telle que celle-ci ne faisait plus qu'un avec son adhésion à Hitler, car c'est au cœur même du *philosophique* que Heidegger situe le politique radicalement nazi. Dans son séminaire d'éducation politique inédit de l'hiver 1933-1934, il assimile la relation entre l'être et *l'étant* à celle unissant l'État à la communauté raciale du peuple dans le *Führerstaat* hitlérien. De la question posée par Kant *Qu'est-ce que l'homme ?*, il ne retient que la question *Qui sommes-nous ?* ; ce *nous* ne désignant rien d'autre que l'existence *völkisch* du peuple allemand sous le joug hitlérien.

Heidegger affirme en effet : « Nous sommes le peuple (*wir sind das volk*), le seul à avoir encore une histoire et un destin, le seul peuple métaphysique... »

On assiste ainsi dans les cours et séminaires, en apparence *philosophiques*, à la dissolution progressive de l'être humain, dont la valeur individuelle est expressément niée, dans la communauté d'un peuple enraciné dans le sol et uni par le sang. Le séminaire inédit de 1933-1934 va jusqu'à identifier le peuple allemand à une « communauté de souche et de race ». Avec l'enseignement de Heidegger, ce sont donc les conceptions raciales du nazisme qui pénètrent dans la philosophie. Emmanuel Faye observe que cette perversion radicale n'est pas limitée à quelques discours de circonstance : elle se confirme sur des milliers de pages, et même dans la totalité d'une œuvre comme le confirment par exemple les renvois qui figurent dans les *Contributions à la philosophie* (*Beiträge zur philosophie*), des années 1936-1938, au Discours de rectorat et au cours raciste de 1934 intitulé *Logique*. Les écrits les plus ouvertement hitlériens et nazis des années 1933-1935 ne sont pas l'œuvre d'un moment d'exception que rien n'aurait laissé prévoir et qui auraient été bientôt récusés. Ces écrits ne sont pas isolés du reste de l'œuvre. Ils sont les révélateurs du fond le plus intime de sa *doctrine*, à laquelle il restera fidèle.

Ces écrits inféodés à Hitler qui légitimant la sélection raciale font partie aujourd'hui d'une œuvre dans laquelle l'auteur n'exprime pas le moindre repentir, la moindre réserve.

Dans l'œuvre de Heidegger, aucune place n'est laissée à la morale, ouvertement anéantie. Les qualités essentielles à l'homme que la philosophie a vocation de cultiver et de renforcer y sont éradiquées pour laisser place à l'exaltation d'une *race dure*. Pour voir en lui un philosophe, souligne Emmanuel Faye, il ne faudrait tenir compte ni de ses dénonciations ni de son rôle dans l'introduction du *principe du Führer*, ni les liens étroits noués avec les responsables d'autodafés contre les auteurs juifs ni les falsifications de ses propres écrits après 1945, et ignorer la réintégration dans ses œuvres complètes des cours et des textes les plus hitlériens et les plus racistes.

Le cours professé sous le nom de *Logique* au printemps de 1934, exalte la voix du sang et identifie le peuple à la race, comme le montre son affirmation insensée : « dans la logique aussi l'on peut introduire la figure du *Führer* ».

À la vitalité du dialogue philosophique qui depuis Platon fonde l'exigence intellectuelle du questionnement sur les concepts, Heidegger a substitué l'usage dictatorial de la parole et exalté le combat jusqu'à l'anéantissement de l'ennemi.

Si la métaphysique a pour vocation d'éclairer l'esprit dans sa recherche des principes et l'examen critique de ses facultés, pour Heidegger en 1920, c'est un pathos de l'angoisse qui n'a rien à voir avec l'exigence de vérité de la pensée. En 1930, il va jusqu'à nier l'universalité du concept de vérité et à le détruire pour, à la place, désigner par ce mot l'enracinement de l'existence historique du peuple germanique sur le sol de sa terre natale.

Dans *Être et temps*, Heidegger se fait discret, son ambition est d'obtenir la succession de Husserl; on y trouve néanmoins l'affirmation selon laquelle l'existence humaine ne peut accomplir son « destin authentique » que dans un peuple, une communauté. Dans le contexte de l'époque, cette thèse renvoie clairement aux notions de « communauté de destin » et de « communauté du peuple » qui sont les termes distinctifs des nationaux-socialistes.

Ce qui est particulièrement préoccupant, c'est que des textes aussi destructeurs pour l'être humain et pour la philosophie que ceux où il exalte *la voix du sang*, ceux où il légitime la *sélection raciale* et la *pensée de la race*, et ceux où il nie la spécificité du génocide hitlérien et jusqu'à l'essence humaine de ses victimes, aient été intégrés dans la *Gesamtausgabe* sans le moindre désaveu de l'auteur ou de l'éditeur. Avec l'œuvre de Heidegger, ce sont les principes de l'hitlérisme et du nazisme qui ont été introduits dans les bibliothèques de philosophie de la planète.

Hermann Heidegger publiera au tome 16, les conférences et les discours où comme dans celui d'août 1933, l'eugénisme nazi est justifié sous le titre *Discours et autres signes d'un chemin de vie*. L'éditeur dans la présentation du volume osera affirmer que Heidegger n'avait pas de tendances fascistes.

D'autres recherches ont porté notamment sur les écrits et les activités de Heidegger durant la période de la guerre (1939-1945) et la stratégie de légitimation de son œuvre passée durant les trois décennies de l'après-guerre qui ont précédé sa disparition

(1946-1976). À cet égard, il est troublant de voir que deux des principaux défenseurs de Heidegger en France, Jean Beaufret et François Fédier, qui ont joué un rôle majeur dans la diffusion en France de sa doctrine, ont pour l'un fait sien le négationnisme de Faurisson et pour l'autre le soutien à Ernst Nolte. (cf. La querelle des historiens)

La question est : la philosophie est-elle compatible avec une doctrine qui pour promouvoir un peuple, une langue et une *race,* en dominant tout ce qui s'en distingue au point de l'anéantir, détruit l'être même de l'homme, tant dans son existence individuelle que dans son universalité ? Est-il concevable qu'un grand philosophe soit un auteur qui par ses écrits et par ses actes a détruit toute morale, récusé l'entendement et la raison, ruiné la métaphysique en la confondant avec le *nihilisme,* rapporté la *vérité de l'être* à un principe raciste, et continue à mériter l'appellation de philosophe ? C'est par les écrits que les mouvements meurtriers continuent à agir sur les esprits en détruisant toute critique et en réhabilitant les visions du monde les plus dévastatrices. C'est le rôle de la philosophie que de prévenir ces risques et d'en préserver l'homme. Souvenons-nous de la façon prémonitoire, dont Bergson, dès 1914, prédit les dérives d'une « culture » qui avait accepté l'idée d'un « peuple élu, race de maitres à côté des autres, races d'esclaves ». Heidegger, dans son séminaire inédit sur Hegel et l'État, entendait faire durer la domination nazie au-delà des cent années à venir...

« La tâche de la philosophie, écrit Emmanuel Faye, est, plus que jamais, de travailler à protéger l'humanité et à alerter les esprits pour éviter le risque que les écrits de Heidegger engendrent de nouvelles entreprises de destruction de la pensée et d'extermination de l'homme. »

Heidegger sans autocensure

Dans le *Cahier VII*[43], Heidegger déclare, au moment de la Nuit de cristal, que dans le combat de l'Allemand pour son essence, « le sentier que l'Être signale à la pensée, chemine juste à la frontière de l'extermination » (*GA*, 25, 50). Trois ans plus tard, tandis que s'ouvre le camp de concentration de Theresienstadt et que les nazis contraignent les dirigeants des communautés juives à participer à l'organisation de leur propre destruction, Heidegger soutient que « le genre le plus haut et l'acte le plus haut de la politique consistent à manœuvrer l'ennemi pour le mettre dans une situation où il se trouve contraint de procéder à sa propre *autoextermination (Selbstvernichtung)* » (*GA*, 26, 260). Dans le volume 97 de l'œuvre intégrale[44] (1942-1948), on découvre qu'en 1942 Heidegger désigne « ce qui est essentiellement juif » comme le « sommet de l'*autoextermination* dans l'histoire ». La défaite venue, il campe en 1945 le peuple allemand en victime d'une dévastation pire que les chambres à gaz. Le problème des Allemands, écrit-il, est que leur destinée est à présent « réprimée » par les Alliés, eux-mêmes sous l'emprise des Juifs. Il voit dans la libération de l'Allemagne par les Alliés, « une faute encore plus essentielle », une faute « dont la grandeur ne pourrait même pas être comparée au caractère abominable des chambres à gaz » (*GA*, 97, p. 151). La méconnaissance de la destinée du peuple allemand, selon Heidegger, constitue une faute encore plus essentielle dont la grandeur ne peut être comparée à tous les crimes stigmatisés — que personne n'aura jamais le droit de pardonner à l'avenir.

---

43 C'est grâce aux traductions effectuées par Emmanuel Faye et aux publications qui en ont été faites, que nous connaissons aujourd'hui le contenu révélateur des *Cahiers noirs*.
44 Note sur la double énigme des *Cahiers noirs* 1939-1941 : La publication des *Cahiers noirs* de Heidegger rédigés entre 1930 et 1970 qui ne devaient être publiés qu'au terme de l'édition de son œuvre complète, entraîne la nécessité de réviser la thèse couramment admise quant aux rapports de Heidegger au national-socialisme : les *Cahiers noirs* ruinent l'idée que son adhésion au parti et à la révolution nationale-socialiste n'aurait impliqué de sa part aucune adhésion au racisme et à l'antisémitisme du mouvement.

Le négationnisme s'inverse en une affirmation revendiquée quand Heidegger soutient que les Alliés ont commis une faute plus terrible que tous les prétendus « crimes » officiellement stigmatisés, transformant l'Allemagne tout entière en vaste camp de concentration, et empêchant ainsi, crime suprême et seul véritable, le peuple allemand d'accomplir sa mission exterminatrice. (E. Faye, *Cités* 61/2015) La défaite militaire de l'hitlérisme semble alors une catastrophe, car l'extermination s'est arrêtée en chemin, le travail sinistre n'a pas été achevé ; « les Juifs triomphent et il faudra tout recommencer » : ainsi se concluaient les mémoires de Rudolf Höss, commandant du camp d'Auschwitz. Heidegger pensait que les *Cahiers noirs* ne devraient paraître qu'une fois l'humanité occidentale devenue plus favorable à ses vues. Il affirmait que sa philosophie serait comprise dans trois cents ans, lui qui était le plus grand penseur depuis Héraclite. On est stupéfait d'une telle arrogance philosophique qui explique l'incapacité à toute autocritique et qui éclate à chaque page des *Cahiers noirs*. Cette attitude a renforcé sa conviction délirante que le national-socialisme — compris selon l'approche ontologico-historique de Heidegger lui-même — représentait le pouvoir salvateur de l'humanité occidentale en crise. C'est ce que Richard Wolin appelle « Heidegger sans autocensure » (*Critique, Op. cit.*).

Les *Cahiers noirs* couvrent une période de presque quarante ans, qui va de 1930 à 1970. Ce sont quatorze *Cahiers* qui portent différents intitulés et qui ont donné lieu à plusieurs publications, dont la plus récente date de 2015. Ce ne sont pas des journaux, ni des annotations privées, mais des écrits philosophiques qui ont ouvert en France une controverse enflammée jamais refermée. D'un côté, le philosophe idolâtré, l'idole philosophe, qui semble avoir traversé indemne la période du rectorat, d'un autre côté, c'est non seulement son image, mais également sa philosophie qui sont accusées d'être nazies et de ce fait, criminalisées.

On constate assez souvent, même chez ceux qui sont convaincus de la totale adhésion de Heidegger aux idées nationales-socialistes, une réticence à prononcer une accusation sans détour. En vérité, le dévoilement n'est pas une affaire philosophique. Pour Adorno, la philosophie de Heidegger est « fasciste jusque dans ses cellules les plus intérieures », alors que Ernst Nolte, comme il se doit, soutient

Heidegger dans son « inévitable combat pour la défense de l'Europe, unie autour de l'Allemagne, contre la folie misérable des deux grandes puissances continentales », le bolchevisme et l'américanisme. (Nolte, *Heidegger, Politik und Geschichte im Leben und Denken*)

En Allemagne, la position qui a longtemps prévalu est celle qui voit dans l'implication de Heidegger, la conséquence fatale du congé donné au *sujet*. La tentative aujourd'hui est, selon Donatella Di Cesare (*Heidegger, les Juifs, la Shoa*), de découper l'œuvre et d'en légitimer un usage partiel. C'est une façon d'apprivoiser Heidegger et d'en faire un phénoménologue inoffensif. C'est le Heidegger de 1930 qui suscite l'inquiétude. Le geste censeur qui consisterait à marginaliser les *Cahiers noirs*, à les mettre à l'index, ne serait pas un geste philosophique, commente la philosophe. Il n'explique pas les critères sur la base desquels certaines pages des *Cahiers noirs* devraient être exclues.

Le phénomène allemand consiste à considérer ces questions comme non philosophiques. Di Cesare pense que juger délirantes les réflexions de Heidegger des années 1930 et 1940, reviendrait à s'efforcer de ne pas regarder en face la Gorgone. C'est à quoi se réduirait la tentative de qualifier les *Cahiers noirs* de philosophiquement sans intérêt. Or cette publication a été voulue et projetée par Heidegger, aussi doit-elle être considérée avec sérieux. Mais est-ce là un point important au regard du souci légitime de l'enseignant préoccupé par le message délivré à ses étudiants ? En fait, on peut répondre que les *Cahiers noirs* sont inséparables du reste de l'œuvre. Ils constituent la clé de nombreuses énigmes que posent des textes abscons et projettent un éclairage indispensable à la compréhension de l'œuvre dans sa totalité.

Fort discutable est le rapprochement que fait Arendt entre *le philosophe de Syracuse* et Heidegger ou implicitement Denys de Syracuse faisant face à Hitler, pour mieux faire passer la volonté d'adhérer au parti nazi pour une erreur politique, illustrant le stéréotype du philosophe politiquement incompétent (Arendt, *Vie politique*, 318-20).

Les *Cahiers noirs* ouvrent un nouveau chapitre, car ils montrent que l'*erreur* a été en fait un engagement politique et philosophique.

QUATRIÈME PARTIE

L'ANALYSE SOCIOLOGIQUE DE L'ENGAGEMENT

L'extraordinaire succès de Heidegger qui accompagne la sortie de *son-livre-difficile-à-comprendre*, selon l'expression qu'emploie de Pierre Bourdieu (*L'ontologie, politique de Heidegger*), le rendit aussitôt à la mode, quand bien même cela ne fut pas sa préoccupation. Dans son ouvrage, Pierre Bourdieu souligne ce que révèlent la lecture et la compréhension du langage heideggérien, ses doubles sens, ses sous-entendus qui ont montré certaines implications politiques : la condamnation de l'État providence enfouie au cœur de la théorie de la temporalité; l'antisémitisme, sublimé en condamnation de l'errance; le refus de renier l'engagement nazi, inscrit dans les allusions tortueuses du dialogue avec Jünger; l'ultra-révolutionnarisme conservateur qui inspire la rupture avec le régime hitlérien, directement suscitée, comme l'a montré Hugo Ott, par la déception de ne pas avoir reconnu l'aspiration révolutionnaire du philosophe, à la mission de Führer philosophique.

Ceux que Pierre Bourdieu gratifie du nom de « gardiens de l'orthodoxie de la lecture » rejetèrent tout ce qui pouvait se lire dans les textes, « accrochés à une philosophie de la philosophie » dont Heidegger leur a fourni une expression révérée « située entre l'ontologie et l'anthropologie ». Mais ils devront bien finir par s'interroger sur leur aveuglement de « professionnels de la lucidité ».

Une pensée équivoque

Pierre Bourdieu tient la pensée de Heidegger pour exceptionnellement datée. Tous les problèmes de l'époque, toutes les réponses idéologiques, sublimées ou méconnaissables sont présents dans cette œuvre. Néanmoins, selon Pierre Bourdieu, peu d'œuvres ont été lues d'une manière aussi *anhistorique*. Il n'est pas de dénonciateurs des compromissions de l'auteur de *Sein und Zeit* avec le nazisme qui n'ait pas omis de chercher, dans les textes mêmes, les indices, les aveux ou les traces propres à annoncer ou éclairer les engagements politiques de celui-ci.

Adorno rapporte les traits pertinents de la philosophie de Heidegger à des caractéristiques de classe : ce « court-circuit » le condamne à faire de cette idéologie archaïsante, écrit Bourdieu, l'expression d'un groupe d'intellectuels dépassés par la société industrielle et dépourvus d'indépendance et de pouvoir économique. C'est l'évolution vers le conservatisme réactionnaire de ceux qu'il appelle « les mandarins allemands ». Qu'il s'agisse des détracteurs qui récusent la philosophie au nom de l'affiliation au nazisme ou de laudateurs qui séparent la philosophie de l'appartenance au nazisme, tous s'accordent pour ignorer que la philosophie de Heidegger pourrait n'être que la sublimation philosophique imposée par la censure spécifique à la production philosophique et aux principes politiques ou éthiques qui ont déterminé l'adhésion du philosophe au nazisme. Par leur obstination à s'interroger sur des faits biographiques sans les mettre en relation avec la logique interne de l'œuvre, les adversaires de Heidegger accordent à ses défenseurs la distinction que ceux-ci revendiquent explicitement entre « l'établissement critique des faits » et « l'herméneutique des textes ».

D'un côté, la biographie avec ses évènements publics et privés, incluant l'adhésion au parti nazi, le Discours de rectorat et quelques silences. De l'autre côté, la biographie intellectuelle blanchie de toute référence aux évènements de l'existence ordinaire du philosophe, penseur qui fait de la pensée, la vérité et le fondement de la vie (*Wesentlichkeit*), identifiant complètement à la pensée et la vie à l'œuvre, en *être autosuffisant* et *autoengendré*. Dans l'appel aux étudiants du 3 nov. 1933, l'appel aux Allemands du 10 nov. 1933, puis au Service du travail du 23 janv. 1934 et surtout dans *l'autoaffirmation de l'Université allemande* du 27 mai 1933, pour ne citer que les plus directement politiques, on retrouve certains *mots typiques du langage philosophique* de Heidegger : *Wesen des Seins* (l'essence de l'être), *menschliches Dasein* (l'humain *Dasein*), *Verlassenheit* (l'abandon), *Geschick* (Destin), etc., aux côtés du vocabulaire typiquement nazi, des « réminiscences des éditoriaux du *Völkische Beobachter* et des discours de Goebbels » (*Ibid.*). Il est significatif que le Discours de rectorat du 27 mai 1933, intitulé *La défense de l'Université,* si souvent invoqué pour démontrer l'appartenance de Heidegger au nazisme, trouve sa place dans une histoire de la pensée heideggérienne, souligne Bourdieu. Karl Löwith dit bien toute l'ambiguïté de ce texte : « Comparé avec les innombrables brochures et discours que publièrent, après la chute du régime weimarien, des professeurs "mis au pas", le discours de Heidegger est d'une tenue fort philosophique et exigeante, un petit chef-d'œuvre d'expression et de composition. Mesuré à l'étalon de la philosophie, ce discours est aussi d'un bout à l'autre d'une rare ambiguïté, car il réussit à asservir les catégories existentiales et ontologiques à "l'instant" historique, de sorte qu'elles font naitre l'illusion que leurs intentions philosophiques vont a priori de pair avec la situation politique, et la liberté de la recherche avec la coercition étatique. Le "service de travail" et le "service d'armes" coïncident avec le "service de savoir" de sorte qu'à la fin de la conférence l'auditeur ne sait s'il doit ouvrir les *présocratiques* de Diels ou s'engager dans les rangs de la S.A. C'est pourquoi l'on ne peut se borner à juger ce discours selon un point de vue, ou purement politique ou purement philosophique. » (K. Löwith, *Ma vie en Allemagne avant et après 1933*) Il est, ajoute Bourdieu, tout aussi faux de situer Heidegger dans le seul espace politique, en s'appuyant sur l'affinité de sa pensée avec celle d'essayistes comme Spengler ou Jünger, que de le localiser dans l'espace *proprement* philosophique, c'est-à-dire dans l'histoire relativement autonome de la philosophie. Les caractéristiques et les effets les plus spécifiques de sa pensée trouvent leur principe dans cette « dualité de référence », qui exige, pour être comprise, que l'on distingue de manière méthodique la double mise en relation propre à l'ontologie politique de Heidegger, d'une prise de position politique qui ne s'énonce que philosophiquement.

L'esprit du temps (Zeitgeist)

La crise profonde de l'Allemagne et de l'Université allemande n'a cessé de se penser et de s'exprimer à travers Heidegger : La Première Guerre mondiale, la révolution de 1918 qui effraie durablement les conservateurs, mais déçoit les écrivains et les artistes (Rilke et Brecht par exemple), les assassinats politiques, la défaite, le traité de Versailles, l'occupation de la Ruhr par les Français, au même titre que l'énorme inflation exaspère la conscience du *Deutschtum* comme communauté de langue et de sang. La brève période de prospérité qui introduit brutalement la technique, la rationalisation du travail et la grande dépression de 1929 constituent autant d'évènements qui apportent leur lot d'expériences traumatisantes. Ces évènements trouvent une expression plus ou moins euphémisée aussi bien dans les innombrables discours sur *l'ère des masses* et de la *technique* que dans la peinture, la poésie et le cinéma expressionnistes et dans cette sorte d'aboutissement paroxystique et pathétique d'un mouvement commencé dans la Vienne fin de siècle, qu'est la *culture de Weimar*, hantée par le *malaise de la civilisation*, la fascination de la guerre et de la mort, la révolte contre la civilisation technicienne et contre les pouvoirs.

C'est dans ce contexte, constate Pierre Bourdieu, que se développe d'abord aux marges de l'Université, une *humeur idéologique* qui imprègne peu à peu toute la bourgeoisie cultivée.

Un processus de vulgarisation s'exprime par un « dégradé d'expressions » qui remplissent des fonctions équivalentes, mais à des niveaux d'exigence de plus en plus faibles sous le rapport de la *forme* (de l'euphémisation et de la rationalisation) : Spengler « vulgarisé » par les étudiants et les jeunes enseignants des *Mouvements de jeunes* qui appellent à la fin de l'« aliénation » — synonyme de déracinement — par l'« enracinement » dans le sol natal, le peuple, la nature (la promenade en forêt et les courses en montagne), qui dénoncent la tyrannie de l'intellect et du rationalisme sourd aux voix amicales de la nature et qui prêchent la rupture avec la poursuite bourgeoise, matérialiste et vulgaire, du confort et du profit.

Inversement, ce discours confus est l'objectivation d'une humeur (*Stimmung*) collective dont les porte-parole ne sont eux-mêmes que les échos. L'humeur *Völkisch* est fondamentalement une disposition à l'égard du monde qui reste irréductible à toutes les objectivations dans le discours ou toute forme d'expression à un ensemble d'inspirations littéraires et philosophiques, Kierkegaard, Nietzsche, Dostoïevski. Il y a les romanciers *Völkisch* et la littérature de *Blut und Boden*, le sang et la terre, qui glorifient la vie provinciale, la nature et le retour à la nature ; il y a les *Bayreuther Blätter*, journal antisémite de l'Allemagne wagnérienne, purifiée et héroïque, la biologie raciste de l'aryanisme et le droit aryen revisité avec Carl Schmitt. L'humeur *Völkisch* est un ensemble de questions à travers lesquelles c'est l'époque elle-même qui transparait : questions confuses comme des états d'âme, obsédantes comme des phantasmes, sur la technique, sur les travailleurs, sur l'élite, sur le peuple, sur l'histoire, sur la patrie. Les films de Pabst, *Métropolis* de Fritz Lang ou *Der Arbeiter* de Jünger en sont l'expression artistique.

Spengler, exprimait ce changement d'atmosphère idéologique lorsqu'il écrivait : « La pensée faustienne[45] commence à ressentir la nausée des machines. Une lassitude se propage, une sorte de pacifisme dans la lutte contre la nature. Des hommes retournent vers des modes de vie plus simples et plus proches d'elle ; ils consacrent leur temps au sport plutôt qu'aux expériences techniques. Les grandes cités leur deviennent odieuses et ils aspirent à s'évader de l'oppression écrasante des *faits sans âme,* de l'atmosphère rigide et glaciale de *l'organisation technique.* [...] L'occultisme et le spiritualisme [...] sous le manteau chrétien ou païen qui étaient tous objet de mépris à l'époque de Darwin, voient aujourd'hui leur renouveau. »

Le déclin, dû à l'inflation, du statut économique et social des professeurs, est un des évènements économiques qui exerça une influence sur le monde universitaire, les faisant incliner vers des positions conservatrices, nationalistes, voire xénophobes et antisémites. Ainsi se constituait une *intelligentsia libre* que le système renvoyait aux cafés littéraires, déchirée par le contraste entre le traitement spirituel et le traitement matériel qu'offrait l'Université, vouée à jouer le rôle d'une *avant-garde* qui pressent et annonce le destin d'un corps universitaire menacé dans ses privilèges. *La crise des universités* s'accompagna d'une redéfinition des fondements de l'autorité professorale : l'anti-intellectualisme constituait une bonne manière de contester le tribunal universitaire. Le déclin de la position du corps professoral ne pouvait qu'incliner les professeurs d'université à participer à la déploration du déclin de la culture ou de la civilisation occidentale qui se manifestent après 1918 avec des slogans qui dénoncent les « tendances utilitaristes et matérialistes » et la crise de la connaissance (*Krise der Wissenschaft*). Fritz Ringer rappelle tous ces mots qui, fonctionnant comme de simples stimuli émotionnels, renvoient à une vision du monde politique :

---

[45] L'esprit faustien : prendre la nature en défaut, ne pas se préoccuper du destin humain. Georgius Faustus passe par la magie dans le but de conquérir l'être. Tentative de compréhension d'une part, tentative de conquête d'autre part. La science tente de prendre la nature en défaut et de savoir pourquoi elle est la nature. En ce sens, le personnage mythique apparait comme la réplique, l'inverse du personnage réel : il entend conquérir, à travers les choses, la vérité de l'être. C'est en ce sens qu'il devient un destin digne de l'attention du philosophe et non, comme son modèle réel, un simple personnage, un illusionniste capable de plus d'un tour sur la scène de la vie courante. (Georges Thinès)

par exemple « désintégration » (*Zersetzung*), « décomposition » (*Dekomposition*) qui évoquent l'affaiblissement des liens naturels ou éthiques entre les hommes, mais aussi des techniques intellectuelles qui ont contribué à détruire les fondements traditionnels de la cohésion sociale. Il cite abondamment les propos *antimodernistes*, *antipositivistes*, *antiscientistes* et antidémocratiques que produisaient les professeurs allemands, en réponse à la crise de leur *capital culturel*. « Nous sommes envahis de toute part par le dénigrement destructeur, l'arbitraire, l'informe, la puissance de nivellement et de mécanisation de cet âge des machines, la dissolution méthodique de tout ce qui est sain et noble [...] Il n'y a pas de différence entre les races, les peuples, les États, il n'y a pas de hiérarchie des talents et des réussites, il n'y a pas de supériorité possible de l'un sur l'autre [...] » (H. Günter, *Deutscher Geist*, cité par F. Ringer)

Bourdieu écrit : « Lorsque le penseur professionnel croit penser le monde social, il pense toujours sur du déjà pensé, qu'il s'agisse du journal cher à Hegel, des œuvres à succès des essayistes politiques ou des ouvrages de ses collègues, qui parlent tous de ce monde, mais de manière plus ou moins euphémisée ». Spengler, Jünger, Carl Schmitt figurent parmi les innombrables variantes de l'idéologie *révolutionnaire conservatrice* que les professeurs allemands produisent quotidiennement dans leurs cours, leurs discours et leurs essais, pour Heidegger comme il en est pour eux, et comme ils sont les uns pour les autres, des objets de pensée qui représentent une objectivation approchée de ses propres humeurs éthico-politiques. Des porte-parole de l'esprit du temps exprimaient le groupe et façonnaient les structures mentales, tels que Spengler avec *L'homme et la technique* écrit en 1931 qui condensait la substance idéologique du *Déclin de l'Occident* paru en 1918.

Bourdieu définit ce qu'il nomme « Le principe d'unité du *Zeitgeist* », matrice idéologique commune qui engendre des lieux communs, des ensembles d'oppositions fondamentales qui structurent la pensée et organisent la vision du monde, soit pour ne nommer que les plus importantes, les oppositions entre la culture et la civilisation, entre l'Allemagne et la France, entre la « communauté », la *Gemeinschaft* et le peuple (*Volk*) ou la masse atomisée, entre la hiérarchie et le nivellement, entre le Führer ou le Reich et le libéralisme, le parlementarisme ou le pacifisme, entre la campagne et la forêt, entre le paysan ou le héros et l'ouvrier ou le commerçant, entre la technique ou la machine déshumanisante, entre l'ontologie et la science ou le rationalisme sans Dieu, etc. Ces oppositions ne sont pas propres aux idéologues conservateurs. Elles sont inscrites dans la structure idéologique où s'engendrent les antagonismes de positions opposées. La philosophie des révolutionnaires conservateurs se définit de manière essentiellement négative, comme une « attaque idéologique contre la modernité, contre le complexe d'idées et d'institutions qui caractérisent notre civilisation libérale et industrielle ». Ses adversaires sont francophiles, juifs, progressistes, démocrates, rationalistes, socialistes, cosmopolites, les intellectuels de gauche dont Heine est le symbole. Ils appellent à une idéologie nationaliste visant la « restauration du *Deutschtum*, mystique et d'institutions capables de préserver le caractère originel de l'Allemagne ». Bourgeois évincés par la noblesse des postes prestigieux de l'administration de l'État ou petits-bourgeois frustrés dans les aspirations engendrées par leur réussite scolaire, les *révolutionnaires conservateurs*[46] trouvent dans la « renaissance spirituelle » et la « révolution allemande » comme « révolution de l'âme », la solution mythique de leurs attentes contradictoires : la « révolution spirituelle », qui réanimerait la nation sans en révolutionner la structure, est ce qui permet à ces déclassés actuels ou potentiels de concilier leur désir de maintenir une position privilégiée dans l'ordre social et leur révolte contre l'ordre qui leur refuse cette position, en même temps que leur hostilité contre la bourgeoisie qui les exclut et leur répulsion pour la révolution socialiste qui menace, ainsi que toutes les valeurs par lesquelles ils entendent se distinguer du prolétariat.

L'aspiration régressive à la réintégration rassurante dans une société agraire (ou féodale), n'est que l'envers d'une peur haineuse de tout ce qui dans le présent annonce un avenir menaçant, le capitalisme comme le marxisme, le matérialisme capitaliste des bourgeois, comme le rationalisme sans Dieu des socialistes.

---

[46] Expression forgée par Hugo von Hoffmannsthal pour nommer des gens qui se désignent eux-mêmes comme « néoconservateurs », « jeunes conservateurs », « nationaux révolutionnaires », « socialistes conservateurs ».

Les *révolutionnaires conservateurs* donnent une respectabilité intellectuelle à leur mouvement en habillant leurs idées régressives d'un langage parfois emprunté au marxisme et aux progressistes, et en prêchant le chauvinisme et la réaction dans le langage des humanistes. Cela renforce l'ambiguïté de leur discours et la séduction qu'ils exercent jusque dans le milieu universitaire[47]. (P. Bourdieu, *Ibid.*)

On comprend mieux ce que veut dire Heidegger lorsqu'il écrit à Jünger que la « question de la technique » est redevable à *Der Arbeiter* d'un soutien qui s'exerça tout au long de son travail » (*Question 1*, 206.). L'accord idéologique sur ce point est entier, comme en témoigne cet extrait du Discours de rectorat : « Le savoir et la possession de ce savoir, au sens où le national-socialisme comprend ce mot, ne sépare pas en classes, mais au contraire unit et lie les membres de la patrie et les États dans l'unique et grand vouloir de l'État. [...] »

C'est le mouvement même de la démarche jüngerienne que reprend Heidegger lorsqu'il affirme que c'est dans l'« extrême danger » que se manifeste le fait que « l'être de la technique recèle la possibilité que ce qui sauve se lève à notre horizon » ou encore que ce soit la réalisation de l'essence de la technique, achèvement ultime de la métaphysique de la volonté de puissance, qui donne accès au dépassement de la métaphysique. (Heidegger, *la question technique, Essais et conférences*, 44-47) Le nihilisme jungérien, qui se vit comme une révolte contre la décadence européenne, entend substituer l'action à la contemplation et privilégie la résolution du choix par rapport au but choisi et le vouloir de vouloir selon le mot de Heidegger, par rapport à la volonté de puissance. L'esthétisme guerrier de Jünger s'inspire fondamentalement de la haine de la faiblesse, de l'irrésolution, de l'incertitude autodestructive de la raison raisonnante et aussi de la distance entre les mots et la réalité sensible. Il exprime le nihilisme et les forces sociales qui ont conduit à l'avènement du national-socialisme de manière

---

[47] Heidegger reprend nombre de thèmes spengleriens dans l'*Introduction à la métaphysique* et il dédie un essai à Jünger, soulignant l'importance qu'il accordait à sa pensée. « On s'étonna de ce qu'un livre aussi clairvoyant (Der Arbeiter) ait paru depuis déjà des années sans qu'on ait encore compris la leçon [...] » (in *Questions I*, p.205). Habermas cite plusieurs déclarations racistes de Jünger (*Profils philosophiques et politiques*).

plus crue et plus brutale que Heidegger qu'il rejoint dans ce parti pris du risque, du danger qui impose de se situer dans la destruction, au point où la liberté devient perceptible, d'affirmer sa responsabilité. C'est en jouant avec le néant comme on joue avec le feu que l'on se prouve et que l'on éprouve sa liberté. « Passer au-delà du point où le néant semble plus désirable que tout ce qui recèle la moindre possibilité de doute » et de rejoindre ainsi « une communauté d'âmes plus primitives, une "race originaire" qui n'a pas encore émergé en tant que sujet d'une tâche historique et est donc disponible pour de nouvelles missions » (Jünger). Le nationalisme, l'exaltation de la race allemande peuvent parler le langage de la résolution et de la maitrise, de la volonté, ils peuvent aussi parler comme chez Heidegger le langage métaphysique de la volonté de puissance comme affirmation de la volonté mise au service du dépassement de soi, ou le langage de l'affrontement avec la mort comme expérience authentique de la liberté.

L'Introduction à la métaphysique, cours professé par Heidegger en 1935 et publié en 1953, sans modification, affirme « l'intime vérité et grandeur du national-socialisme », « c'est-à-dire la rencontre entre la technique déterminée à un niveau planétaire et l'homme moderne ». La ligne est claire qui va de l'aristocratisme dénié de *Sein und Zeit à la récupération philosophique du nazisme qui se trouve banalisé en tant que manifestation paroxystique d'un état de développement de l'essence de la technique.*

Le champ philosophique au temps de Heidegger

Bourdieu analyse la relation que Heidegger entretient avec les positions les plus marquantes de l'espace politique, libéralisme et socialisme, marxisme ou pensée *révolutionnaire-conservatrice*, qui ne se constitue pratiquement qu'au travers de toute une série de relations d'opposition fondamentale. C'est d'abord la relation de refus, de mise à distance impliquée dans l'appartenance à une aristocratie de l'esprit, menacée d'un côté dans sa rareté par le danger mortel de *Vermassung*, de nivellement, et de *baisse de niveau* que lui fait courir l'afflux des étudiants et des maitres subalternes, et de l'autre, dans son autorité morale de conseiller du prince par l'avènement d'une bourgeoisie industrielle. Relation que la philosophie entretient avec les autres disciplines : menacée dans ses prétentions à la domination intellectuelle depuis la fin du XIXe siècle, par le développement d'une science de la nature portant en elle sa propre réflexion et par l'émergence de sciences sociales qui s'approprient les objets traditionnels de la réflexion philosophique. Les mouvements progressistes, soupçonnant ceux qui s'accrochent au passé dans le domaine social de cultiver des positions dépassées, en métaphysique comme en théologie. Tel était le champ philosophique, hanté par deux grandes figures refoulées, le marxisme et la métaphysique réactionnaire des *révolutionnaires conservateurs*.

Heidegger, en tant qu'assistant de Husserl (depuis 1916), devenu professeur ordinaire (1923) à Marbourg jouissait du prestige du penseur d'avant-garde qui, à la faveur de la crise dans l'Université peut imposer un discours à la fois révolutionnaire et conservateur. Ce professeur ordinaire issu de la petite bourgeoisie rurale ne peut pas penser la politique ni parler politique autrement que selon les schèmes de pensée et les mots de l'ontologie — au point de faire d'un discours de recteur nazi une profession de foi métaphysique. Il occupe la position de l'universitaire de première génération, placé en porte à faux, en dépit de sa réussite intellectuelle. Il a la capacité exceptionnelle de réunir des problèmes qui existaient, dispersés, dans le champ politique et le champ philosophique en donnant le sentiment de les poser de manière plus radicale que personne avant lui. Mais on ne peut pas comprendre la position particulière de Heidegger sans prendre en compte le rapport difficile et tendu à l'univers intellectuel qu'il doit à une trajectoire sociale improbable, donc rare. Il ne fait pas de doute que l'hostilité de Heidegger à l'égard des grands maitres du kantisme, notamment Cassirer, s'enracinait dans un antagonisme profond : « D'un côté ce petit homme brun, sportif et bon skieur, à la mine énergique et impassible, cet homme dur et difficile qui s'engage totalement dans les problèmes qu'il a posés, avec le sérieux moral le plus profond ; de l'autre côté, l'homme à la chevelure blanche, olympien non seulement extérieurement, mais aussi intérieurement avec son esprit large et ses vastes problématiques, sa mine sereine et sa complaisance aimable, sa vitalité et sa souplesse et, finalement sa distinction aristocratique » (Schneeberger). Il faut citer aussi Madame Cassirer elle-même, qui écrit : « on nous avait expressément préparés à l'apparence curieuse de Heidegger ; nous connaissions son refus de toute convention sociale et aussi son hostilité envers les néo-kantiens, tout particulièrement Cohen. Son penchant pour l'antisémitisme ne nous était pas étranger non plus [...] Avant la seconde moitié du dîner... la porte s'ouvrit, et un homme petit, de peu d'apparences, entra dans la salle, intimidé comme un petit paysan qu'on aurait poussé par la porte d'un château. Il avait les cheveux noirs, des yeux sombres et pénétrants, et faisait penser à un artisan originaire du sud de l'Autriche ou de la Bavière ; impression bientôt confirmée par son dialecte. Il était habillé d'un costume noir démodé. » Elle ajoute plus loin : « Pour moi, ce qui me paraissait le plus inquiétant, c'est son sérieux mortel et son manque total d'humour. » (T. Cassirer, *Aus Meinem Leben mit Ernst Cassirer* - 1950)

Pierre Bourdieu pense que tout cela, et aussi la référence idéalisante au monde paysan sentent la pose, et pourrait n'être qu'une façon de travestir en attitude philosophique une relation difficile au monde intellectuel. Heidegger instaure dans le monde intellectuel une autre manière de vivre la vie intellectuelle, plus *sérieuse*, plus *laborieuse* (dans le rapport au texte et dans l'usage du langage) : celle du *maître à penser* qui demande une délégation plus entière que les défenseurs d'une philosophie réduite à une réflexion sur la science, une mission pastorale avec l'engagement absolu et intransigeant d'une existence exemplaire. Le refus qu'implique le populisme de Heidegger n'est pas sans rapport avec la représentation plus ou moins scandalisée des dispositions *démocratiques*, *républicaines*, voire *socialiste*, de ceux qu'il perçoit comme de grands bourgeois et dont il se sent séparé sous tous les rapports et en particulier du point de vue de *l'authenticité* de ses convictions populistes. On ne peut méconnaître l'antagonisme viscéral qui l'oppose à cet humanisme bavard et futile, au cœur du système élaboré entre le silence taciturne — expression parfaite de l'authenticité — et le bavardage : entre l'enracinement, centre de l'idéologie du *sol* et des *racines*, et la curiosité assimilée à la mobilité de la conscience émancipée et au déracinement de l'intellectuel *errant*, c'est-à-dire *juif* ; ou enfin, entre le raffinement frelaté de la *modernité* citadine et juive et la simplicité archaïque, rurale, préindustrielle du paysan opposé à l'ouvrier citadin, archétype du *On* et à l'intellectuel errant, sans attaches ni racines, sans foi ni loi, opposé au « berger de l'être ».

C'est la représentation de la vie « insouciante » et facile des étudiants que trahissent les propos du message du recteur nazi : « La liberté universitaire tant vantée est chassée de l'Université allemande, car cette liberté était inauthentique, puisque purement négative. Elle signifie *insouciance* qui se complait dans l'intention et le penchant, licence dans l'action et le laisser-faire. Le concept de liberté propre aux étudiants allemands est maintenant ramené à sa vérité » (Heidegger, *Discours et proclamations* - 27 mai 1933).

Il faut voir, dans l'expérience exaltée d'un monde paysan idéalisé, l'expression détournée et sublimée de l'ambivalence à l'égard du monde intellectuel, plus que le fondement de cette expérience. Il suffit de citer les moments significatifs du discours radiodiffusé que prononce Heidegger pour expliquer le refus de la chaire de Berlin, « Pourquoi restons-nous en province ? Lorsqu'au plus profond d'une nuit d'hiver, une tempête de neige entoure le refuge et recouvre tout, alors le grand moment de la philosophie est venu. Ses questions doivent devenir simples et essentielles [...] Le travail philosophique ne s'accomplit pas comme une entreprise isolée d'un original. Il appartient au centre même du travail du paysan [...] L'appartenance intérieure de mon travail à la Forêt-Noire et à ses hommes se fonde sur un enracinement centenaire et irremplaçable dans le terroir alémanico-souabe » (*Warum Bleiben wir in der Provinz ? – mars 1934*).

Reprenons les termes de l'analyse que fait Pierre Bourdieu : « L'emphase et l'enflure wagnérienne de son style consistent à "débanaliser" les auteurs canoniques (la poésie, le plus scolaire des beaux-arts convient à l'universitaire mal inséré dans le monde intellectuel qui a refusé les mouvements d'avant-garde esthétique), le retour au monde de l'action besogneuse, à ce qui est "à portée de main", l'ascétisme provincial de consommateur de produits naturels et de costumes régionaux qui est comme la caricature petite-bourgeoise de l'ascétisme des grands initiés, amateurs de vins d'Italie et de paysages méditerranéens, de poésie mallarméenne [...] tout dans cette variante professorale, c'est-à-dire "démocratisée" de l'aristocratisme, trahit l'exclu de l'aristocratie qui ne peut exclure l'aristocratisme ».

Heidegger, c'est Marx expliqué...

Selon Pierre Bourdieu, la philosophie de Heidegger est sans doute le premier et le plus accompli des *ready-made* philosophiques, œuvres faites pour être interprétées et faites par l'interprétation, ou plus exactement par l'interaction entre un interprète qui procède nécessairement par excès et un producteur qui, par ses démentis, ses retouches, ses corrections, maintient entre l'œuvre et toutes les interprétations un écart infranchissable. Heidegger ne publiait qu'avec réticence, par petites quantités et en les échelonnant dans le temps, les cours qu'il professait. Ce souci de ne jamais livrer une pensée définitive ne s'est jamais démenti depuis *Sein und Zeit*, publié en 1927 en tant que fragment et jamais achevé jusqu'à l'édition de ses œuvres complètes où les textes sont assortis de commentaires marginaux. Heidegger met son œuvre hors de prise et condamne à l'avance toute lecture qui s'en tiendrait au sens vulgaire et qui réduirait par exemple l'existence inauthentique à une description sociologique, comme l'ont fait certains interprètes mal inspirés. « La distinction entre deux lectures de l'œuvre consiste à se mettre en mesure d'obtenir du lecteur conforme, devant les calembours les plus déconcertants ou les platitudes les plus criantes, qu'il retourne contre lui-même les mises en garde magistrales, ne comprenant que trop, mais soupçonnant l'authenticité de sa compréhension et s'interdisant de juger une œuvre une fois pour toutes, instaurée en mesure de sa propre compréhension. » (Bourdieu, *Op. cit.*)
De toutes les manœuvres qu'enferme La *Lettre sur l'humanisme*, aucune ne pouvait toucher les marxistes *distingués*, aussi efficacement que la stratégie du second degré consistant à réinterpréter, par référence à un contexte politique nouveau qui imposait le langage du *dialogue fructueux avec le marxisme*, la stratégie typique heideggérienne du dépassement par la

radicalisation dirigée précédemment contre le concept marxiste d'*aliénation (Entfremdung)*. « L'ontologie fondamentale » qui fonde l'« expérience de l'aliénation », telle que la décrit Marx dans l'aliénation fondamentale de l'homme, la plus radicale qui soit, c'est-à-dire l'oubli de la vérité de l'Être, ne représente-t-elle pas le *nec plus ultra* du radicalisme ? (Heidegger, *Lettre sur l'humanisme*, 101-103) Jean Beaufret, Henri Lefebvre, François Châtelet, Kostas Axelos, justifient l'identification qu'ils opèrent entre Marx et Heidegger, par cette combinaison philosophique inattendue qui doit peu aux raisons *internes* (limitées au texte lui-même) : « Il n'y a pas antagonisme entre la vision cosmique-historique de Heidegger et la conception historique-pratique de Marx » (H. Lefebvre) ; « Le fonds commun existant entre Marx et Heidegger, ce qui les lie pour moi, c'est notre époque même, celle de la civilisation industrielle hautement avancée et de la mondialisation de la technique [...]. Les deux penseurs ont en somme en commun au moins le même objet [...] ; « Heidegger se propose essentiellement de nous aider à entendre ce que dit Marx » (J. Beaufret). « Heidegger, avec un style très différent, continue l'œuvre de Marx » (F. Châtelet).

« L'aristocratisme petit-bourgeois » (Pierre Bourdieu) de cette « élite » du corps professoral, qu'étaient, au moins en France, les professeurs de philosophie, souvent issus des couches inférieures de la petite bourgeoisie, et parvenus à force de prouesses scolaires au sommet de la hiérarchie des disciplines littéraires, à l'écart du monde et de tout pouvoir sur le monde, ne pouvait qu'entrer en résonance avec ce produit exemplaire d'une disposition homologue. Les « prophètes de la chair », comme disait Weber, ne réussissent pleinement que sur la base de la complicité profonde qui unit l'auteur et les interprètes dans l'acceptation des présupposés impliqués dans la définition sociologique de la fonction de « petit prophète appointé par l'État » (Weber). Parmi ces présupposés, il n'en est aucun qui serve mieux les intérêts de Heidegger que l'*absolutisation du texte* qu'opère toute lecture lettrée qui se respecte. Il a fallu la transgression de l'impératif académique de neutralité aussi extraordinaire que l'enrôlement du philosophe dans le parti nazi, pour que soit posée la question, d'ailleurs immédiatement écartée comme indécente, de la *pensée politique* de Heidegger. Les professeurs de philosophie ont si profondément intériorisé la définition qui exclut de la philosophie toute référence ouverte à la politique, qu'ils en sont venus à oublier que la philosophie de Heidegger est de part en part politique.

L'auto-interprétation et l'évolution du système

Quelle que puisse être la part des circonstances politiques dans le retrait prudent ou la dissidence rusée qui porte Heidegger, *déçu* par le nazisme, sans doute par les aspects *vulgaires* et pas assez radicaux du mouvement, vers des thèmes et des auteurs tels que Nietzsche en particulier, son acceptation du poste de recteur est analysée par Hugo Ott, comme ayant été inspirée par sa volonté politique de gagner le monde des intellectuels aux idées nouvelles de la politique nationale-socialiste. Le rectorat étant la base de départ à partir de laquelle il voulait s'élever au niveau du *Reich* et devenir le *Führer* intellectuel. Les nazis agacés par son radicalisme ne lui donnèrent pas satisfaction et Heidegger saisit un prétexte pour abandonner ses fonctions. Il se place sous la bannière d'un *Führer* spirituel, Hölderlin, antithèse de Baudelaire, symbole de la corruption citadine qui ouvre la voie à la dégénérescence universelle, et réitère la condamnation du sens commun et de la « compréhension ordinaire ». Il rappelle l'impossibilité pour l'*être-là* « plongé dans la négativité et la finitude », d'échapper à l'immersion dans le monde, à « l'oubli de l'Être », à « l'errance », à la « chute », à la « décadence ».

Il renouvelle, en termes à la fois plus transparents et plus mystiques, la dénonciation de la technicité et du scientisme ; il exalte l'abdication mystique devant le sacré, le mystère, qui fait de la pensée une offrande, une remise de soi à l'être, une ouverture, un sacrifice. Avec l'assurance que donne la reconnaissance quasi universelle, il s'autorise à abandonner le rôle du prophète, proche des choses et des textes, au profit du personnage de mage de la *Begriffsdichtung* (le concept poétique). Le processus qui conduit de Heidegger I à Heidegger II, sans reniement, est au principe de

l'*auto-affirmation*, en relation avec la vérité objective de son œuvre. L'*auto-interprétation* est la riposte de l'auteur aux interprètes qui légitiment à la fois en disant à l'auteur ce qu'il est et en l'autorisant par-là, à n'être que ce qu'ils disent. Ainsi la dernière théorie du langage constitue en partie les stratégies et les techniques mises en œuvre dès l'origine dans la pratique par l'auteur célèbre et célébré ; il absolutise sa vérité objective et la transfigure en choix philosophique. Si le langage domine le philosophe au lieu que le philosophe domine le langage, si les mots jouent avec le philosophe au lieu que le philosophe joue avec les mots, c'est que les jeux de mots sont le langage même de l'Être, c'est-à-dire l'ontologie. Le philosophe est le desservant du sacré dont les incantations verbales ne font que préparer la parousie. IL faut citer ici les innombrables textes sur Hölderlin où s'exprime la théorie du poète — celui qui parle pour l'Être et qui par le retour au langage originaire (*Ursprache*) rassemble et mobilise le *Volk* dont il interprète la voix. (Heidegger, *Approche de Hölderlin*)
« Une vigilance passionnée, pathétique, qui investit une maîtrise professorale des repères et des classements dans une entreprise prophétique de recherche de la distinction constitue sans doute le véritable principe de l'évolution qui, de démenti en démenti, de dénégation en "re-dénégation", de prise de distance (par rapport à Husserl à Jaspers, à Sartre, etc.), en dépassement de toutes les déterminations et de toutes les dénominations collectives ou même singulières, convertit progressivement la pensée de Heidegger en ontologie politique négative. » (Pierre Bourdieu, *L'ontologie politique de Martin Heidegger*, 117)
Aux yeux de Pierre Bourdieu, Heidegger n'est pas un idéologue nazi, penser le contraire revient à accorder trop peu d'autonomie au discours philosophique. Ce qui ne veut pas dire que sa pensée ne soit pas ce qu'elle est, un équivalent structural dans l'ordre philosophique de la *révolution conservatrice*, dont le nazisme représente une autre manifestation, et donc inacceptable, même sous la forme sublimée par l'alchimie philosophique. « En fait, l'analyse purement logique comme l'analyse purement politique sont impuissantes à rendre raison de ce discours double dont la vérité réside dans la relation entre le système déclaré et officiel, que les jeux de forme mettent en avant, et le système refoulé qui

soutient tout l'édifice symbolique. Imposer la référence privilégiée au sens propre, c'est-à-dire proprement philosophique, conférant à ce sens le pouvoir d'occulter les sens véhiculés par des mots vagues et équivoques en particulier les jugements de valeur ou les connotations émotives, c'est imposer un mode de lecture désigné comme seul légitime. On voit là que l'entrée en philosophie [...] ne se réduit pas à l'adoption d'un langage, mais qu'elle suppose l'adoption d'une posture mentale qui fait lever d'autres sens à partir des mêmes mots : le discours philosophique peut être mis entre toutes les mains, mais seuls sauront le lire vraiment ceux qui auront [...] le mode de lecture qui fera résonner le sens propre des phrases en les situant dans le registre convenable, c'est-à-dire dans l'espace mental commun à tous ceux qui sont authentiquement engagés dans l'espace social de la philosophie. » (*Ibid.* 118).
Pierre Bourdieu conclut : « C'est peut-être parce qu'il n'a jamais vraiment su ce qu'il disait que Heidegger a pu dire, sans avoir à se le dire vraiment, ce qu'il a dit. Et c'est peut-être pour la même raison qu'il a refusé jusqu'au bout de s'expliquer sur son engagement nazi : le faire vraiment, c'eut été s'avouer "que la pensée essentielle" n'avait jamais pensé l'essentiel, c'est-à-dire l'impensé social qui s'exprimait à travers elle, et le fondement vulgairement "anthropologique" de l'aveuglement extrême que seule peut susciter l'illusion de la toute-puissance de la pensée. »

On ne peut pas conclure ce brillant exposé, comme il le fait, en déclarant sérieusement que Heidegger n'est pas un idéologue nazi ; s'il n'est pas parvenu à s'imposer comme tel aux yeux des potentats du régime, au moins en a-t-il eu l'ambition, qu'il manifesta sans aucune réserve dans tous les milieux où le portait sa notoriété. En plusieurs circonstances que cite au demeurant Bourdieu lui-même, « il exprima sa volonté politique de gagner le monde des intellectuels aux idées nouvelles de la politique nationale-socialiste ». Bourdieu, accusateur lucide au début de son livre, est à son tour gagné par l'oubli de l'être, soucieux d'accorder à *l'étant* ce qu'il appelle une « autonomie philosophique ». Bourdieu ne devait probablement pas partager l'opinion d'Adorno, qui écrivait à propos de Heidegger : « L'insertion de Heidegger dans l'État hitlérien ne fut pas un acte d'opportunisme, mais la conséquence d'"une philosophie qui identifiait l'Être au Führer" » (*Modèles critiques*, Payot, 1984, 16). En fin de compte, la non-adhésion du philosophe à une politique qui puisait dans son œuvre autant de légitimation eût été une inconséquence...

L'identité

Pendant le Reich, Heidegger refusa une nomination à Berlin. Il a justifié son refus dans un article : *Pourquoi restons-nous en province*? Avec une stratégie expérimentée, il désarme le reproche de provincialisme en le tournant positivement. Heidegger suppose une harmonie préétablie entre une teneur essentielle et un murmure où l'on se sent chez soi. Mais le philosophe pourrait être un intellectuel, il y a donc lieu de couvrir le soupçon : « le travail philosophique ne se déroule pas comme l'occupation exceptionnelle d'un original. Il se tient en plein milieu du travail des paysans. » (*Ibid.*) Adorno commente : « on aimerait connaître le point de vue de ces derniers là-dessus. » (*Le jargon de l'authenticité*, 93) Heidegger n'en a pas besoin. Car il s'assied « au moment de la pause du soir avec les paysans, sur la banquette du poêle... ou bien devant la table, au coin sous le crucifix, et là, le plus souvent, nous ne parlons pas du tout. Nous fumons nos pipes en silence. » (*Holzweg*). « L'appartenance intime de son propre travail à la Forêt-Noire et à ses hommes vient d'un enracinement dans le terroir souabe alémanique, pendant des siècles, et qui n'est remplaçable par rien. » C'est ce que dit Heidegger. Sa description des paysans rappelle les clichés les plus éculés des romans de terroir de la région — non moins que l'éloge du silence que le philosophe exprime pour son paysan et pour lui-même. Comme les moins éminents porte-parole de l'authenticité, Heidegger est rempli par le dédain de l'intériorité, qu'il effleure philosophiquement dans sa pensée de la critique hégélienne de cette intériorité. (*Sein und zeit*, 154)

La pensée de l'identité fut, à travers l'histoire quelque chose de mortifère qui dévore tout. L'identité est toujours, de façon virtuelle, toujours rapportée à la totalité. L'Un en tant que le point sans détermination, et l'Un-Tout, également sans détermination parce qu'il ne laisse aucune détermination en dehors de lui-même. L'ontologie de Heidegger veut écarter toute facticité : parce que celle-ci dément le principe d'identité et qu'elle n'est pas de l'essence du concept qui voudrait, en vue de sa totale domination, dissimuler qu'il est concept.

Que la philosophie ait pour projet la totalité, c'était pour lui un dogme : « Ainsi donc prend naissance la tâche de porter à la préacquisition le *Dasein* comme un tout. (*Ibid.*, 174) L'adaptation et l'acquiescement social sont le but d'une catégorie telle que celle de la totalité. Disparait la réflexion sur la question de savoir si la réalité avec laquelle les hommes doivent être immédiatement en accord afin seulement de devenir eux-mêmes des totalités correspond à l'idéal de totalité conduisant à l'oppression et à l'atomisation progressive de ceux qui sont dépourvus de pouvoir.

CINQUIÈME PARTIE

LE DISCOURS, LA THÉORIE HEIDEGGÉRIENNE DU LANGAGE

Adorno procède à une attaque en règle contre Heidegger et son *jargon*. Le jargon, entendu comme une sacralisation du langage, est en quelque sorte un pathos de l'authenticité. (Adorno, *Le jargon de l'authenticité*) Ce maniement de la langue n'aurait d'autre finalité que de masquer le nationalisme, le repli sur soi, le mépris de la réalité sociale. Ce qui en premier fait l'objet de critique d'Adorno, c'est « un mode de présentation du discours, un ton cérémonial élitiste qui est la raison de son retentissement ». Le jargon s'impose et sa magie lui confère un prestige radical. « La pensée s'immobilise en des mots qui imposent le silence autour d'eux » *(Ibid.)*.

Adorno voit dans ce langage la traduction d'une angoisse de l'individu dans le monde, et un certain nombre de traits négatifs qui signalent une subjectivité blessée, vindicative où se mêlent la rancune et le ressentiment.

Le langage, maison de l'être

Dans *Sein und Zeit*, Heidegger fait un appel prononcé à la parole commune, non technique, qui à travers la condensation de mots simples en « nœuds primordiaux de vérité » cause une tension caractéristique dans le but de parvenir aux racines de l'homme et de son être dans le monde. Son intention est de *différer* ou même de *bloquer* notre lecture. Il s'agit de nous ralentir, nous désorienter, pour mieux nous mener vers la profondeur. Une certaine façon de sonder le langage en général, et celui de philosophes antérieurs en particulier, agit sur Heidegger et sa propre parole. Lorsqu'il emploie des mots de façon arbitraire, lorsqu'il les amalgame en lourds enchaînements de traits d'union, il soutient qu'il retourne aux sources du langage, qu'il réalise les intentions authentiques du discours humain. Chez le dernier Heidegger, et sous l'impact de la poésie de Hölderlin, le langage entre dans une phase plus aiguë de singularité. Les mots sont utilisés en partie dans un champ de connotations et de métaphores propres à Heidegger. Son discours philosophique devient ce que les linguistes appellent un *idiolecte*, l'idiome d'un individu. Aucun aspect de la pensée heideggérienne ne peut être dissocié du phénomène stylistique de sa prose.
Pour les détracteurs de Heidegger, ce style est une abomination, rien de plus qu'un jargon ampoulé et indéchiffrable. Il a joué un rôle dans l'engagement personnel de Heidegger dans le nazisme, mais il est aussi symptomatique d'une profusion d'archaïsmes et de pseudo-profondeurs qui a infecté la langue allemande de Herder à Hitler. C'est le verdict que prononce Adorno dans le *Jargon de l'authenticité*, et Günter Grass, dans le roman de *Les années de chien*, pastiche du style de Heidegger.
Par contraste, ce langage exerce sur les heideggériens un pouvoir hypnotique. Il envoûte littéralement et fait paraître

superficielle la prose d'autres philosophes et même le travail de poètes contemporains. L'ouvrage de Sartre, *l'Être et le Néant* reflète cette fascination. Il cherche à moduler en français la force opaque de l'allemand heideggérien. Plus tard, Jacques Lacan et Jacques Derrida tenteront d'accomplir dans leur propre langue, cette immersion étymologique propre à Heidegger. La poésie de Celan* est traversée de néologismes et de mots composés heideggériens. Heidegger estimait que ce serait peine perdue que de s'employer à traduire ses récits, en particulier les derniers textes. Le sens de son œuvre étant totalement inhérent à l'allemand et à son passé linguistique. George Steiner (*Martin Heidegger*) n'est pas convaincu que Heidegger voulait être compris au sens d'une compréhension qui offrirait la possibilité de réexposer ses vues par une paraphrase. Un épigramme d'Héraclite, à tant d'égards le modèle, avertit ainsi le lecteur : « N'aie pas trop de hâte à parvenir à la fin du livre d'Héraclite l'Éphésien ; le chemin est difficile à parcourir. Là sont les ténèbres et l'obscurité dénuée de lumière. Mais qu'un initié devienne ton guide, et le chemin brillera plus fort que la lumière du soleil. » Heidegger conçoit son ontologie comme ne pouvant être réconciliée avec le style d'argumentation linéaire qui a gouverné la conscience de l'Occident après Platon. « Comprendre Heidegger, c'est accepter d'entrer dans un ordre ou un espace de sens et d'être qui est autre. Si nous saisissions son dessein ou si nous pouvions le communiquer par d'autres mots que les siens propres, nous aurions déjà effectué le saut hors de la métaphysique occidentale. Nous n'aurions plus besoin de Heidegger. » D'après Steiner, ce n'est pas la « compréhension » que son discours sollicite au premier chef.

La *Lettre sur l'humanisme* établit l'idiome et les motifs qui devront dominer l'enseignement et les publications de Heidegger dans l'après-guerre. Elle est composée dans l'ombre d'une débâcle nationale et professionnelle, et a pour intention de réfuter l'existentialisme de Sartre qui s'était déclaré comme un humanisme politiquement engagé. Heidegger postule la priorité absolue du langage : « Le langage est la maison de l'être. Dans son abri, habite l'homme. Les penseurs et les poètes sont ceux qui veillent sur cet abri. »

La langue philosophique

Très fréquent dans les dictons et les proverbes de toutes les sagesses, le jeu avec des mots présentant un air de famille du fait de leur parenté étymologique ou morphologique n'est qu'un des moyens et sans doute le plus sûr, de produire le sentiment de la relation nécessaire entre deux signifiés. Pierre Bourdieu note que l'association par allitération ou par assonance, qui instaure des relations quasi matérielles de ressemblance de forme et de son, peut porter au jour des relations cachées entre les signifiés ou même, les faire exister par le seul jeu des formes : ce sont par exemple les jeux de mots philosophiques du second Heidegger. *Denken = Danken*, (penser = remercier), ou les enchaînements sur *Sorge als besorgende Fürsoge*, (le souci en tant que source de sollicitude) qui feraient crier au verbalisme si l'entrelacs des allusions morphologiques ne produisait l'illusion d'une cohérence globale de la forme donc du sens et par là, l'apparence de la nécessité du discours : « *Die Entschlossenheit aber ist nur die in der Sorge gesorgte und als Sorge mögliche Eigentlichkeit dieser selbst* » [48] (*Sein und zeit*, 300-301). Heidegger ira de plus en plus loin en ce sens ; « à mesure que son autorité croîtra, il se sentira autorisé par les attentes de son auditoire au verbalisme péremptoire, qui est à la limite de tout discours d'autorité, servi en cela par le travail des traducteurs français, notamment, qui transformeront en concepts, souvent tératologiques, des platitudes ou des inventions faciles dont les lecteurs français apprécient mieux le véritable statut — ce qui contribue à expliquer les différences dans la réception de l'œuvre de Heidegger en Allemagne et en France ».

Toutes les ressources potentielles de la langue sont mises en œuvre, écrit Bourdieu, pour donner le sentiment qu'il existe un lien nécessaire entre tous les signifiants et que la relation entre les signifiants et les signifiés ne s'établit que par la médiation de concepts philosophiques, mots techniques, qui sont des formes anoblies de mots ordinaires (*Entdeckung*, découvrement

---

[48] Note de l'auteur que je traduirais par : La détermination est cependant seulement soucieuse du souci et en tant que souci de la possible authenticité du même.

et *Entdeckheit*, l'être-à-découvert), notions traditionnelles, mais employées avec un léger décalage destiné à marquer un écart, néologismes forgés à neuf, pour constituer des distinctions prétendument impensées et produire le sentiment du dépassement radical (existentiel et existential, temporel et temporal).

Dans *Sein und Zeit* (126-127), on trouve ce passage mille fois commenté, lieux communs de l'aristocratisme universitaire : l'horreur de toutes les opérations de nivellement (la statistique) qui menacent la personne (le *Dasein*) et ses attributs les plus précieux, l'originalité et le secret; la haine des idéologies égalitaires qui menacent ce qui a été conquis au prix de l'effort, c'est-à-dire la culture, capital spécifique du mandarin, qui encourage la « frivolité » et la « facilité » des « masses ». Heidegger dit tout cela et mieux encore, dans son inimitable style pastoral lorsque dans *l'Einführung in die Metaphysik* composée en 1935 (*Introduction à la métaphysique*), il voudra montrer comment le triomphe de l'esprit scientifico-technologique s'achève dans la civilisation occidentale et s'accomplit dans « la fuite des dieux, la destruction de la terre, la massification de l'homme, la primauté du médiocre ».

Pierre Bourdieu analyse les mécanismes de cette dénégation qui permet au langage heideggérien, lorsqu'il transgresse apparemment le langage philosophique grâce au recours à la quotidienneté, de diffuser, par un *déséquilibrage* subtil des vocables triviaux, une sacralisation plus sournoise dont l'effet est une *absolutisation* du texte. « Le philosophe, écrit Bourdieu, est le desservant du sacré dont les incantations verbales ne font que préparer la parousie ». Discours qui s'achève en une apothéose du sens propre et de l'Être unidimensionnel et totalitaire qui gouverne le langage. « Donc un discours de la Maitrise au profit de l'Un et d'un Être infrangible, dont le *volk* et la *physis* sont les formes immédiates » (Jean-Marie Benoist, *Le Magazine littéraire, 117,* 1976)

Une cause sectaire

Emmanuel Faye (*Le sol, la communauté, la race*), note que jamais on ne trouve exposée dans les écrits d'Heidegger, une argumentation rationnellement construite qui pourrait donner prise à la contradiction. On se trouve au contraire confronté à de longs développements toujours assertoriques, qui désamorcent toute possibilité d'esprit critique. C'est, écrit Faye, un apprentissage de la soumission. Franco Volpi, aussi, s'étonnera de ce qu'il nomme « l'admiration servile et dépourvue d'esprit critique qui a été vouée à Heidegger ». Hans Jonas, un des étudiants d'Heidegger, a parfaitement perçu le procédé, reconnaissant que « ce n'était pas de la philosophie, mais *une cause sectaire*, presque une nouvelle croyance » (*Souvenirs*, 2005). Heidegger utilise le terme de *croyance* pour lui-même, notamment dans son cours de l'hiver 1933-1934 où la croyance (*Glaube*) désigne la *décision* ou transformation fondamentale dans la compréhension de l'être, idée exprimée dans *Sein und Zeit* qui servirait de cadre à l'histoire spirituelle du peuple allemand. (Heidegger, *Sein und wahrheit*)

A. Koyré*, enthousiasmé en 1931 par l'auteur de *Qu'est-ce que la métaphysique*, prit à tort le *Dasein* pour une structure transcendantale universelle, sans discerner quelle notion radicalement discriminatoire de la communauté, du sol, du peuple et du combat se trouvait mise en place dès *Être et temps*; en 1946, il percevra en quoi la conception qu'il aura reconnue exclusive et raciste du *Dasein* historique démontrait de façon indiscutable l'adhésion de Heidegger au nazisme.

Le mot *Dasein* ne peut pas être traduit, confiait Heidegger. L'allemand devient ainsi *la langue de l'Être*, ses contingences les plus minimes deviennent les conditions d'une *pensée plus haute* (*Die Frage nach der Technik*, in *Vorträge und Aufsätze*, 23), asservissant ainsi la philosophie à un nationalisme linguistique insensé. La paronomase donne au discours une allure de profondeur expressive, analogique et non logique, qui s'accorde ici avec la régression de la pensée vers l'autorité hiératique des racines germaniques. François Rastier* observe qu'en matière de langage, le nazisme a créé une diction, une prosodie et un pathos purement spécifiques. Heidegger a contribué à leur élaboration, en réconciliant la philosophie et la poésie dans un langage qui ne relève plus ni de l'un ni de l'autre, mais de ces mythologies dégradées que nous appelons idéologies.

L'autre versant du style incantatoire est sa violence. Il est par essence autoritaire jusqu'à l'extrême. La subjectivité, livrée au vertige n'a d'autre avenir plus assuré que la mort, sous l'habit d'une *mythologie héroïque*, capable de tous les risques, fut-ce l'irrationnel le plus flagrant. Le monde, les choses ont disparu dans le pur rayonnement du langage, *indifférent à la chose même*. François Rastier affirme que l'antisémitisme est présent de manière permanente, non seulement dans les *Cahiers noirs*, mais dans toute l'œuvre de Heidegger. Pour Rastier, l'ensemble du corpus heideggérien est l'expression de cette obsession qu'il formule tantôt dans un langage codé, tantôt par des analyses apparemment sans lien, mais en parfaite cohérence avec ce délire anti-juif. Quand bien même, cela n'est pas évident à la lecture, c'est, ajoute Rastier, parce que Heidegger a rendu, par son langage codé, ce thème méconnaissable pour un lecteur non averti.

SIXIÈME PARTIE

CRITIQUE ÉTHIQUE ET PHILOSOPHIQUE

La volonté de puissance

Nietzsche a été *l'adversaire le plus intime* de Heidegger, nous dit Martin Haar. Il consacre six séminaires à l'étude de son œuvre de 1936 à 1942, qui seront publiés en deux tomes, *Nietzsche I* et *Nietzsche II,* en 1961. En 1943, il prononce une conférence *Le mot de Nietzsche, Dieu est mort*, reprise dans les *Chemins qui ne mènent nulle part.* Enfin, en 1953, il donne une conférence intitulée *Qui est le Zarathoustra de Nietzsche?* Reprise dans son ouvrage *Essais et conférences.* D'une confrontation imaginaire avec Nietzsche, Heidegger s'inspire du Zarathoustra — en particulier de la pensée de la finitude, celle de la technique moderne et de l'essence du nihilisme inhérent à *l'oubli de l'être*. L'interprétation de la pensée de Nietzsche aura pour thème fondamental, l'achèvement de la métaphysique et de l'histoire de la philosophie.

Dans son premier cours sur Nietzsche, Heidegger interprète « l'action créatrice du surhomme », comme une préparation de la disponibilité aux dieux. Le débat de Heidegger avec Nietzsche aboutit à établir que le vouloir et sa volonté de créer, tels qu'ils arrivent au pouvoir à l'époque moderne, interdisent une expérience de la vérité de l'être et masquent l'ouverture à l'essentiel, même au divin. En fait, ce qui importe à Heidegger ce n'est pas de chercher à pénétrer la compréhension que Nietzsche a de lui-même. Ce qui lui importe est plutôt la manière dont Nietzsche se situe dans la tradition de la pensée occidentale. « Mais ce qui reste décisif en tout cela, c'est d'écouter Nietzsche lui-même, de questionner avec lui, à travers lui et en même temps contre lui, mais en faveur de la cause unique et commune la plus intérieure de la philosophie occidentale » (*Nietzsche*, I, 33). La pensée de Nietzsche est la métaphysique de notre temps ; une métaphysique en tant que vérité sur *l'étant* qui conçoit à l'avance, les traits fondamentaux de l'époque où se mène le combat pour la domination de la terre. Nietzsche indique comme *étantité de l'étant*, la volonté de puissance. L'essence de la vérité, telle que la conçoit Nietzsche, est la justice. Cette vérité a une histoire, c'est selon Nietzsche le nihilisme, histoire exigeant une forme d'humanité qui conduit au sujet la décision. (Nietzsche, *Le Surhomme*, II, 257).

La volonté de puissance est pour Nietzsche, le caractère fondamental de la vie, donc de l'être. Cette volonté ne veut pas la puissance comme fin ; elle est au contraire volonté en tant que puissance. Le vouloir de la volonté n'est plus conçu comme un désir ou une aspiration, mais comme un commandement donné de pouvoir être soi. Comme commandement, la volonté consiste à disposer de soi pleinement. La puissance est conservation et accroissement de puissance ; elle s'affirmit en elle-même pour pouvoir toujours à nouveau se hausser au-dessus d'elle-même. En tant qu'elle se donne le pouvoir de dépasser son propre pouvoir, la puissance est constamment en route vers elle-même et elle est ainsi l'être de *l'étant* comme devenir (Nietzsche, *la Volonté de puissance*, II, 263). Si on la désigne au moyen du langage de *Sein und Zeit*, la volonté de puissance est la *résolution* (*Entschlossenheit*), qui ne se

renferme pas sur le moi résolu, mais se trouve au sein de *l'étant* dans son ensemble. Otto Pöggeler *dans La pensée de Heidegger* note que « dans le vouloir et aussi dans le non-vouloir, la volonté de puissance amène *l'étant* à la lumière, "une lumière qui n'a été allumée que par le vouloir lui-même" ».
Avec la volonté de puissance, Nietzsche pense *l'étant* dans son être. *L'étant* dans son ensemble revient toujours en lui-même, c'est la notion d'éternel retour du même. L'être de *l'étant* est comme devenir éternellement renaissant et fondé sur lui-même, le devenir qui revient toujours sur lui-même, l'éternel retour.

Le Surhomme

L'histoire de la vérité est à chaque fois l'œuvre d'un certain type d'humanité. Pour Nietzsche, l'homme qui décide de cette histoire est le surhomme. Ce surhomme va au-delà de l'homme qui a existé jusqu'à présent ; il s'oppose à l'homme, qui comme « animal rationnel » avait pour essence la « rationalité », la pensée comme raison.
Le surhomme accomplit la volonté de puissance se concevant comme l'être de *l'étant* et de cette manière, le surhomme prend la place de Dieu et des dieux. Nietzsche dit : « morts sont tous les dieux, nous voulons maintenant que le surhomme vive. »
Nietzsche est le penseur qui pense prophétiquement les traits fondamentaux de l'époque présente et à venir. « Même lorsque le nom même de Nietzsche ne sera plus connu, ce que sa pensée devait penser règnera » (*Ibid.* 479). Nietzsche a conçu à l'avance notre temps, de sorte que Heidegger peut comprendre notre temps à partir de Nietzsche, mais aussi les paroles fondamentales de Nietzsche en fonction des slogans de l'époque de la mobilisation totale, de la guerre totale et de l'élimination de la différence entre guerre et paix. « Heidegger croit pouvoir soupçonner que le surhomme existe ici ou là, cet homme qui renonce à la mascarade de l'apprêt moral des sentiments et de la distinction entre le bien et le mal » (*Was heist Denken* 26).

Paganisme et poésie

Là où se constitue du mythe, là le cœur de l'histoire se met à battre, écrivait Rosenzweig*[49] qui protestait contre les manifestations nationalistes en Allemagne. Le nationalisme, « cette apparente dé-spiritualisation » disait Levinas, pour qui l'adversaire est le paganisme : « le paganisme c'est l'enracinement, presque au sens étymologique du terme [...] Le paganisme, c'est l'esprit local : le nationalisme dans ce qu'il a de cruel et d'impitoyable, c'est-à-dire d'immédiat, de naïf et d'inconscient. L'arbre pousse et se réserve toute la sève de la terre. Une humanité enracinée qui possède Dieu intérieurement avec les sucs qui lui montent de sa terre, est une humanité forêt, une humanité préhumaine. Il ne faut pas être dupe de la paix des bois. » (Levinas, *Difficile liberté*, 194) Levinas dirigeait ses attaques contre des philosophies et des modes intellectuelles qui se développaient à l'extérieur du monde religieux. Ainsi, ce « prestigieux courant de la pensée moderne, issu d'Allemagne et qui inonde les recoins païens de notre âme occidentale. Je pense à Heidegger et aux heideggériens » (*Ibid.* 34). Levinas voyait dans la conception de Heidegger, « l'éternelle séduction du paganisme, par-delà l'infantilisme de l'idolâtrie, depuis longtemps surmonté » : « Le sacré filtrant à travers le monde — le judaïsme n'est peut-être que la négation de cela. Détruire les bosquets sacrés — nous comprenons maintenant la pureté de ce prétendu vandalisme. Le mystère des choses est la source de toute cruauté à l'égard des hommes » (*Ibid.* 325). « À la campagne et aux arbres, Socrate préférait la ville où l'on rencontre les hommes. Le judaïsme est frère du message socratique » (*Ibid.* 325). Pour Levinas, celui qui incarne la philosophie grecque ce n'est pas Heidegger, c'est Socrate, parce que sa leçon fut une leçon, non pas seulement de liberté, mais aussi de connaissance, voire d'ontologie. Ontologie, qui selon Levinas, aurait été inventée comme parade à la violence. Ce que Levinas critique dans l'ontologie, c'est la persistance du sacré qui fait d'elle une philosophie du pouvoir ou de la puissance, ou encore de la guerre et de la violence. Le totalitarisme qu'il condamne consiste en effet à annuler la différence entre les personnes et à concevoir les êtres humains comme *possédés* par

---

49 Myriam Bienenstock, *Cohen face à Rosenzweig. Débat sur la pensée allemande.*

des forces qui les dépassent ; la guerre est pour lui violence, parce qu'elle fait jouer aux personnes « des rôles où elles ne se retrouvent plus » (Levinas, *Totalité et infini*). Il poursuivait : « oui, bien sûr, le juif s'attache à l'ici-bas, il se préoccupe de tout ce qu'il y a de bassement naturel dans la vie des hommes ! », et il ajoutait aussitôt : « s'attacher au sacré est infiniment plus matérialiste que de proclamer la valeur du pain et du bifteck dans la vie des humains » (*Difficile liberté, Op. cit.* 19). En définitive, quiconque nie l'importance des besoins naturels dans la vie des hommes montre qu'il n'a rien compris à ce qu'est la vie de l'esprit, donc la véritable vie religieuse ! « Car l'esprit est le souci même d'une société juste » (*Ibid.* 147). « Un spiritualisme de l'Irrationnel est une contradiction » (*Ibid.* 19).

Hölderlin est une puissance dans l'histoire de notre peuple, dit Heidegger, mais une puissance qui ne s'est pas encore manifestée. « Contribuer à cette tâche, c'est accomplir un acte politique au sens le plus haut et le plus propre, à tel point que celui qui arrive à obtenir quelque chose sur ce terrain n'a pas besoin de discourir sur le "politique" ». (Heidegger, *Les hymnes de Hölderlin*)

Les poètes donnent au peuple ses dieux, comme Homère et Hésiode, et créent par là la coutume et l'usage. Heidegger rapproche l'acte poétique, fondateur d'une culture, des actes fondateurs de la philosophie et d'un État. La vérité de l'*être-là* d'un peuple est instaurée originellement par le poète.

Comme il avait été fasciné par l'acte créateur d'Hitler fondant un nouvel État, Heidegger s'intéresse au pouvoir de la poésie hölderlinienne. Il a l'impression d'avoir vécu la même chose que Hölderlin. Lui aussi s'est ouvert aux « orages de Dieu », lui aussi a été frappé par l'éclair de l'Être, lui aussi a fondé une œuvre qui n'a pas encore été reçue. Hölderlin n'a-t-il pas été un précurseur, n'a-t-il pas connu, lui aussi, l'aventure d'un peuple qui *se risque une nouvelle fois avec les dieux afin de créer un monde historique ?* (*Les hymnes de Hölderlin*)

L'influence de Heidegger

En exergue de son article *Les implications politiques de la philosophie de l'existence chez Heidegger*[50], Karl Löwith reproduit cette citation de Marx : « Il est permis de penser qu'un philosophe puisse se

---

[50] *Les Temps modernes*, n° 14, 1946

rendre coupable de telle inconséquence apparente par suite de telle concession au pouvoir ; lui-même peut en avoir conscience. Mais ce dont il n'a pas conscience, c'est que la possibilité de cette apparente concession au pouvoir trouve sa racine la plus profonde dans une insuffisance... de principe propre. Si donc un philosophe venait à "s'accommoder" (à faire des concessions au pouvoir), ses disciples auront à expliquer à partir de sa conscience intérieure et essentielle ce qui pour lui-même avait la forme de la conscience extérieure. » (K. Marx, *Critique de la philosophie du droit de Hegel*.) Le philosophe poursuit : « *Sein und,* paru en 1927, compte toujours parmi les rares publications philosophiques contemporaines réellement importantes et lorsqu'un auteur à une époque au rythme aussi rapide que la nôtre réussit à faire école et à accroître continuellement son influence durant vingt-cinq ans, il faut bien qu'il porte en lui quelque substance. Il tient son savoir de première main, pris aux sources mêmes (la philosophie grecque et la théologie scolastique). *Sein und Zeit* représente une théorie de l'existence historique et l'application d'un tel projet à une situation historique ne pouvait être possible que parce que *Sein und Zeit* comprenait déjà une telle relation à l'actualité temporelle. Et c'est l'application politico-pratique, dans l'engagement effectif en faveur d'une décision déterminée qui justifie ou condamne la théorie philosophique qui lui sert de fondement. Ce qui est vrai ou faux en théorie l'est aussi en pratique, surtout quand la théorie elle-même prend son origine d'une façon consciente dans l'existence historique et que son chemin la ramène vers celle-ci. Karl Löwith justifie l'emploi d'une correspondance personnelle par le fait que les propos personnels d'un "penseur généralement si discret et armé de si puissants instruments dialectiques, éclairent mieux le motif fondamental de son intention philosophique qu'une discussion savante sur les catégories de l'existence".

La force de l'influence de Heidegger, déclare Karl Löwith[51] (*Ibid.*) s'exprime surtout par le fait que l'intellect est à la fois en accord et en désaccord à son sujet. Cette réaction duale d'attraction et de répulsion, de vénération et de suspicion, devint apparente

---

[51] Les implications politiques de la philosophie de l'existence chez Heidegger – *Les Temps modernes*, n° 14 — nov. 46.

publiquement durant les dernières années qui suivirent, en particulier le cours sur l'essence de la technologie et sur l'essence du langage. De telles réactions ne sont pas étranges et Löwith ajoute : "quand bien même elles ne sont pas caractéristiques de véritablement grandes individualités, elles sont caractéristiques de presque toutes les personnes qui ont recherché quelque chose de nouveau et qui de ce fait ne manquent pas de suiveurs ou d'adversaires ou de transfuges. Kant ne suscita pas seulement des kantiens, mais aussi des opposants passionnés ; Fichte fut attaqué par des sarcasmes à propos des écrits polémiques de Schelling ; nul ne s'engagea autant que Hegel dans l'enseignement et comme nul autre il fut déconsidéré en tant que 'professeur absolu'". Comment peut-on espérer que d'autres suivent un penseur en tant que compagnons de route, lorsque ce qui caractérise ce penseur est qu'il rejette toute communauté et coopération, pour procéder de façon isolée le long de chemins qui se terminent soudainement en cela qu'ils ne peuvent être traversés ? » (*Ibid.*) Tout le travail précédent de Heidegger est fondamentalement un unique défi et une attaque contre « un monde qui a vieilli », une attaque qui ne prévoyait pas de défense. Son influence ne s'est pas limitée à ses élèves ; elle a englobé par la suite « un large cercle relativement indépendant d'une compréhension substantielle de sa ligne de pensée, qui est caractérisée par les termes *Être et temps* et Être et *étants*. » (*Ibid.*) Löwith se demande, si peu soient-ils, combien ont compris jusqu'à quel point la question de l'Être de Heidegger n'a pas seulement affaire avec le temps en général, mais aussi avec le temps spécifique où il a posé la question universelle de l'Être ; ce temps correspondait aux années 1920, après la Première Guerre, lorsque les *valeurs éternelles* de la philosophie, des valeurs et de la culture, sont devenues élimées et fragiles, et au moment où la critique *historiologique* de la raison, et de la métaphysique traditionnelle, devint généralement acceptées. Il s'interroge sur quel fondement Heidegger a-t-il surpassé en influence tous ses pairs ? Comment un tel succès peut-il se produire ? « Assurément, on trouve dans *Être et temps* plusieurs magnifiques analyses phénoménologiques. Mais le tout constitue certainement une ontologie sans Être, aussi elle n'a pas droit à ce nom. Pourquoi acceptons-nous de lui quelque chose qu'on aurait difficilement accepté de quelqu'un d'autre ? »

Le radicalisme antidémocratique inhumanitaire chez Heidegger

À la notion d'humanité, Heidegger substitue celle de *souches*. Dans son cours du semestre d'été 1927, il remplace la notion de genre humain par les mots *lignée, souche* et parle désormais de *souches* de sorte qu'il n'est plus question du genre humain universel. L'humanité est rejetée dans l'indicible, l'impensable. François Rastier (*Heidegger aujourd'hui*) observe qu'au lendemain de la Première Guerre mondiale, le concept d'humanité mis à mal était en voie d'être refondé de manière intolérable par Heidegger, contre Franz Rosenzweig* et Martin Buber* dans le domaine de l'éthique, contre Ernst Cassirer*, héritier de Hermann Cohen*, dans une philosophie anthropologique des formes culturelles. Heidegger dans *Sein und Zeit* inverse le propos de Buber : *Ich und Du (Moi et Toi)*, en redéfinissant l'autre non pas comme un *Tu* mais comme un *On* menaçant. Il tentera de récuser Cassirer (1929, Controverse de Davos), au lendemain de sa nomination en tant que recteur de l'Université de Fribourg. La principale opposition se situe à propos du rôle de la raison et de l'imagination. Pour Heidegger, l'imagination serait première, et la raison destituée de ses prétentions. Cassirer, héritier des Lumières, tient au contraire la raison pour primordiale et le langage plus encore. À Davos, Heidegger fascine ; c'est le début d'un mythe, au détriment d'une génération dépassée. Cette controverse met face à face deux courants antinomiques : l'humanisme et l'antihumanisme.

Aujourd'hui survient la fin d'un monde attaché à Kant et le commencement d'un nouveau. L'existentialisme triomphant est une consécration qui finit par installer Heidegger définitivement comme une référence incontournable en philosophie. L'ironie de l'histoire a fait de Heidegger le successeur de la chaire d'Hermann Cohen (professeur à l'Université de Marburg, fondateur du néo-kantisme). Sur l'humanisme, Herbert Marcuse écrivait en 1934, à propos de *Sein und Zeit* : « les caractères de la véritable existence, la disposition résolue à la mort, la décision, le risque de la vie, l'acceptation de la destinée ont été séparés de tout rapport avec le réel malheur et le réel bonheur des hommes, avec les buts raisonnables de l'humanité. Sous cette forme abstraite, tous ces caractères deviennent les catégories fondamentales de la conception raciste du monde. » *(La philosophie allemande*, 1871-1933)

En Europe, le prestige de Heidegger a dépassé le domaine de la pensée philosophique : divers néonazis, des idéologues du *Vlaams Belang* se réfèrent à lui. Son lustre est grand dans les anciennes puissances de l'Axe, de L'Italie jusqu'au Japon. Il fait école chez les islamisants aujourd'hui au pouvoir. Umar Ibrahim Vadillo (Dallas College) écrit ainsi : « il est plus important pour nous, musulmans, que pour quiconque d'autre. Nous pouvons comprendre Heidegger d'une manière qui reste hors de portée des infidèles ».

Aujourd'hui, une radicalisation en cours s'appuie sur le rejet du monde actuel considéré sous l'angle de la mondialisation économique, technique et scientifique, sur un refus de la rationalité et de toute universalité ; sur la contestation de la démocratie assimilée à un mensonge occidental. On prône le salut dans un retour aux sources du Peuple — que la démocratie et les droits de l'homme voudraient faire oublier. Les nationalismes prennent un tour identitaire et la lutte contre le terrorisme ressuscite l'ennemi intérieur à anéantir.

François Rastier écrit : « Aujourd'hui, divers radicalismes politiques réunis par les références communes à Heidegger et plus récemment à Carl Schmitt, sont en train de refonder sur le peuple, la théorie de la Souveraineté et celle du Sujet, comme naguère le *Dasein* heideggérien sur le *Volk*. Le nazisme et les autres théologies politiques ne sont pas des corps doctrinaux, mais bien des croyances qui s'appuient sur un substrat religieux. »

Dans *Le sol, la communauté, la race*, Julio Quesada Martin* de l'Université de Veracruz, exprime un point de vue, qui est un réquisitoire contre l'un des meilleurs ennemis de la démocratie et des droits de l'homme. Il déclare d'emblée que la philosophie n'a pas voulu régler ses comptes avec l'évènement politique le plus crucial du XXe siècle : le nazisme. Comme l'affirme Wolf Lepenies (sociologue, professeur émérite de l'Université de Berlin), si l'Allemagne nazie a perdu la guerre politique, elle a gagné la guerre culturelle (la révolution nazie ne constitue nullement un point de rupture dans l'histoire de l'Allemagne, mais tout au contraire le point culminant de cette histoire). La philosophie s'est vue imposer une méthodologie de travail (du fait du rôle prépondérant joué par Heidegger) qui sépare radicalement la pensée du philosophe, des actions sociopolitiques menées par le citoyen. Domine dès lors, une dyslexie herméneutique consistant à applaudir la grandeur spéculative (supposée) de Heidegger, tout en s'obligeant à rester muet sur son nazisme ou plus directement, à nier l'importance qu'a pour la philosophie le fait que l'auteur d'*Être et temps* a été l'un des intellectuels officiels les plus importants du IIIe Reich. Il est faux de dire que Heidegger a eu des problèmes avec le parti et qu'il a abandonné le rectorat pour cette raison. S'il avait eu des difficultés avec le N.S.D.A.P., comment se fait-il qu'il ait été autorisé à donner des conférences à l'étranger sous le parrainage du ministère de la Culture et de la Propagande? À peine avait-il quitté le rectorat qu'il fut invité à siéger à l'Académie du droit allemand aux côtés de Carl Schmitt, Alfred Rosenberg et Hans Frank.

Le témoignage de Karl Löwith sur ce point est d'une brûlante actualité : « En ce qui concerne l'appartenance substantielle de Heidegger à l'état d'esprit et à la mentalité nationale-socialiste, il était inopportun de fustiger isolément sa décision politique ou de l'excuser, au lieu de l'expliquer à partir du principe de sa philosophie. Ce n'est pas Heidegger qui s'est mal compris lui-même quand il s'est engagé en faveur de Hitler (voir l'article de H. Kunz dans la *Neue Zürcher Zeitung* de janvier 1936); mais ce sont ceux qui ne saisirent pas pourquoi il avait pu faire cela, qui ne l'ont pas compris. » (Karl Löwith, *Ma vie en Allemagne, avant et après 1933*)

Dans *L'entretien au Spiegel* (1976), Heidegger réduit la langue philosophique à l'allemand. Les Alliés ont gagné la guerre, mais la culture, la philosophie et donc l'existence spirituelle authentique de l'Europe dépendent directement et exclusivement du patrimoine culturel allemand. C'est la revanche ontologique de l'« authentique » contre la victoire des Alliés lors de la Première Guerre mondiale.

Dans sa *Lettre pour l'humanisme* (1947), Heidegger donne au peuple allemand une identité d'une existence singulière face aux populations et à leurs existences normales dans le langage. « Le langage est la maison de l'être », c'est-à-dire l'allemand est la maison de l'origine de la philosophie et de l'Europe.

En 1933, il prêche la suppression de la liberté d'enseigner au nom de la véritable essence de l'Université allemande. Dans le discours du rectorat, il justifie sa critique de l'esprit libéral avec le *Sorge* de l'essence de l'existence allemande en ces termes : « ... l'esprit est au contraire le choix, originellement trempé et conscient, en faveur de l'essence de l'être. Et le monde spirituel d'un peuple n'est pas une superstructure culturelle ni un arsenal de connaissances et de valeurs utilisables ; il est au contraire la puissance qui conserve le plus profondément ses forces de terre et de sang. » (Martin Heidegger, *L'auto-affirmation de l'Université allemande* 1933)

On note dans *Nietzsches Metpahysik* in *GA* II 1919-1944, la phrase qui suit : « Ce n'est qu'au moment où la subjectivité inconditionnée de la volonté de puissance est devenue la vérité de *l'étant* dans sa totalité, qu'est rendue possible, c'est-à-dire métaphysiquement nécessaire, l'institution (*Prinzip*) d'une sélection raciale (*Rassenzüchtung*), c'est-à-dire non pas la formation en soi de races qui croissent d'elles-mêmes, mais la notion de race qui se sait telle. » Dans l'édition de 1961, Heidegger ajoutera : « La volonté de pouvoir n'est pas pensée de façon biologique, mais ontologique, la notion nietzschéenne de race n'a pas non plus de sens biologique, mais bien métaphysique » (*Ibid.* p. 57).

La phénoménologie décapitée, c'est un titre que l'on pourrait donner à la conception de Heidegger, autrement dit : la possibilité d'un évènement dépend désormais exclusivement du *Volk*, ou *peuple* de la race. La vie humaine n'existe pas, c'est une abstraction de la raison et du moi qui invente la personne comme entité ontologique et juridico-politique. C'est la raison du *négationnisme ontologique* de l'extermination mis en pratique par Heidegger après 1945, que ce soit de façon voilée dans la *Lettre sur l'humanisme* comme dans les *Conférences de Brème* de 1949.

La conférence *Le Danger*, met au jour la négation ontologique de l'extermination. Heidegger nie l'existence d'Auschwitz parce que ceux qui y moururent n'étaient pas à proprement parler des mortels. On ne peut pas tuer ce qui ne fait pas partie des mortels (juifs, gitans, homosexuels, ils n'auraient pas dû naitre, ils ne font pas partie de l'*Existenz*). Il affirme dans *Être et temps* qu'il y a une existence authentique incompatible avec l'existence inauthentique, il y a une mort authentique incompatible avec une mort inauthentique. Les Juifs meurent-ils ? Seul le *Volk* allemand libre envers sa mort est un peuple historique. Cette mort scelle l'offrande que les Allemands font d'eux-mêmes à eux-mêmes. La justification ontologique de cette offrande est dans le ressentiment du Rien (la haine éprouvée envers le phylloxéra sous-humain).

En quoi réside la raison de cette haine du *là* pour l'être en général ? Elle coïncide avec l'essence du mal nazi, comme le programme eugéniste de la N.S.D.A.P. est la réplique de l'ontologisation de la *Sorge*, visant ce que Erich Rothacker, camarade de Heidegger, a nommé « la réduction existentielle Race et esprit du peuple ».

Heidegger n'est pas le berger du Néant, mais bien le berger de l'être et, en tant que tel, le néant est une existence inauthentique qui fait obstacle à l'origine existentiale de la philosophie : le néant est ce qu'il faut détruire, le legs philosophique *gréco-judéo-latino-christiano-moderne* est ce qu'il faut détruire, qui fait de la personne une valeur en soi.

La tâche destructrice de Heidegger avait commencé en 1922 avec les *Interprétations phénoménologiques d'Aristote*, dont l'essence consiste en la transformation, la subversion de la valeur éthico-politique de l'intentionnalité de la conscience pour en faire la *Sorge*.

La conférence avec laquelle Heidegger prend congé de Marbourg fixe le sort de son amitié avec Husserl. C'est aussi une déclaration de guerre contre le monde, parce que sans attendre *L'auto-affirmation de l'Université allemande* (1933) et *l'Introduction à la métaphysique* (1935), Heidegger soutient déjà que seuls les Allemands philosophent parce qu'ils existent comme *Warum* (pourquoi). Mettant ainsi en branle la métaphysique avec Descartes et les logiciens, il sonne pour les jeunes Allemands comme une exhortation à la guerre. Le tournant *antithéorique* que prend la science gréco-allemande dans *l'Auto-affirmation de l'Université allemande*, assumé comme « destin historique du peuple allemand », impliquait ensuite de convertir la philosophie et la science en un tout avec l'État, en détruisant le fondement humaniste et libéral de l'Université, basé sur la liberté d'enseigner. Franco Volpi, philosophe italien, auteur de *Goodbye Heidegger! Mon introduction censurée aux Beiträge zur philosophie* n'est pas en reste avec son prédécesseur dans l'ordre de l'ouvrage. Il déclare sans artifice : « C'est à croire qu'en dehors de la frilosité d'un grand nombre de Français, le reste du monde abonde en penseurs lucides et courageux, dont la compétence et le savoir-faire ne laissent rien à désirer. » D'emblée, il dévoile la machination heideggérienne, par ces mots : « On a dit, Heidegger rejette la rationalité moderne du même geste soumis avec lequel il reconnait sa domination, il proteste contre la science qui "ne pense pas" à ses limites, il diabolise la technique en feignant de l'accepter comme destin, il construit une vision catastrophique du monde, il risque des thèses politiques pour le moins aventureuses — l'Europe bâillonnée entre l'américanisme et le bolchévisme — en ravivant le mythe gréco-germanique d'origines à reconquérir. Ses géniales expériences linguistiques aussi se délitent et prennent toujours un aspect funambulesque, voire logorrhéique. Son utilisation de l'étymologie s'avère abusive ». La conviction que la véritable philosophie ne peut s'exprimer qu'en grec ancien et en allemand apparait extravagante, au même titre que sa célébration du poète, surévaluée. Volpi juge les espoirs que place Heidegger dans la pensée poétique, un vœu pieux. Il tient son anthropologie de la *Lichtung*, dans laquelle l'homme tient le rôle du berger de l'Être, pour une proposition inacceptable et irréalisable. En conclusion, ce n'est pas tant la pensée du dernier Heidegger qui est énigmatique que l'admiration servile et généralement dépourvue d'esprit critique qui lui a été vouée et se trouve à l'origine d'une telle scolastique.

Un penseur hitlérien

Nous devons à Jean-Marie Benoist[52], une métaphore facétieuse, mais hélas on ne peut plus réelle : « Périodiquement l'intelligentzia française s'emploie à laver la chemise brune de Heidegger. » Il rejoint notre observation précédente dans *Points de vue sur Heidegger*. Le soupçon qu'il fait peser sur la métaphysique platonicienne et la déconstruction d'un *logos* réducteur est si séduisant, poursuit Jean-Marie Benoist, que l'« on se prend à rêver d'un Heidegger innocent, propre, étranger à la sinistre aventure nazie. Que l'homme qui a donné le signal de la démystification du discours humaniste issu des Lumières ait pu se rendre complice des crimes du IIIe Reich, ou tout au moins les cautionner en leur fournissant un alibi intellectuel, voilà l'insoutenable, l'inadmissible, le fait historique scandaleux qui va déclencher tout un mouvement de *dénégation* : s'il s'agissait d'un simple égarement ou bien si Heidegger avait été manipulé ou encore si ses proclamations ouvertement nazies étaient un geste de prudence politique d'un otage, une sorte de "bouclier à la Pétain" sous lequel Heidegger aurait organisé une résistance intellectuelle... »

Une autre cause de l'oubli, l'implication avec le nazisme du recteur de l'Université de Fribourg provient chez nos contemporains de la rédemption tacite que Sartre lui donne en utilisant abondamment ses thèses dans *l'Être et le néant*. Jean-Marie Benoist s'interroge, « comment ce père de l'existentialisme, ce prophète de la révolte estudiantine, aurait-il pu se greffer, fût-ce sans le dire, sur un penseur hitlérien ? » « Las, les *heil Hitler* que Heidegger appose en 1933 au bas de ses proclamations aux étudiants de Fribourg demeurent indélébiles aujourd'hui dans leur obscénité même. » Nulle manœuvre ou nul exorcisme ne parviendra à effacer des phrases du genre : « Le Führer lui-même et lui seul est la réalité allemande présente et future, et sa loi », ou encore : « Notre volonté d'autoresponsabilité raciale (et raciste, *Völklischen*) veut que chaque peuple préserve la grandeur et la vérité de sa destination »[53].

---
52 *D'Héraclite à la Forêt noire*, Le Magazine littéraire — oct. 1976.
53 J.P. Faye, *Langages totalitaires*, 1972.

Jean-Marie Benoist s'étonne de voir ceux qui refusent de faire face au nazisme de Heidegger, jeter le pieux manteau de Noé sur ces textes de délire national-socialiste, et se retrouver aujourd'hui avec ceux qui sont si lents à admettre que le marxisme avait engendré via Staline, des camps de concentration, qui ont longtemps continué à faire comme si de rien n'était, pour ne pas *désespérer Billancourt*. En 1976, le pacte Ribbentrop-Staline se survit encore sous la forme de cette conspiration du silence. Pas tant que cela, a-t-on envie de répondre, tant il est vrai qu'à l'opposé, nombreux parmi les mêmes ultimes défenseurs de Heidegger, sont prompts à innocenter les nazis compte tenu d'un précédent stalinien supposé. C'est la thèse que soutient l'historien Nolte.

Il faut donc rompre ce silence encore et redire les vérités qui ne sont pas bonnes à dire et celle-ci entre toutes : ce n'est pas par accident, dérapage, que l'auteur de *Sein und Zeit* et de La *Lettre sur l'humanisme* s'est mis à signer des proclamations nazies. Il n'y a pas un Martin Heidegger, vigilant contestataire des abus du logos platonicien, et en face un Heidegger qui fait allégeance à Hitler. Force est d'admettre au contraire que l'usage des concepts, la lecture d'Héraclite, de Hölderlin, de Nietzsche et de la Grèce doivent chez Heidegger entretenir un rapport avec les proclamations nazies du recteur, un rapport qui fait problème. On retrouve ici le refus justifié d'opérer une dichotomie entre l'œuvre, la pensée et des convictions manifestées avec autant de persévérance.

Jean-Marie Benoist souligne qu'il ne s'agit pas de procéder à une chasse aux sorcières dont Heidegger serait la victime ni d'instruire un tardif procès de Nuremberg. L'enjeu est beaucoup plus simple. Il appartient à la philosophie d'aujourd'hui — celle qui après Merleau-Ponty, Foucault, etc., doit être inaugurée, poursuivie — de pratiquer vis-à-vis des textes heideggériens « une irrévérence libératrice » afin de débloquer l'accès à des textes qu'un « fonctionnement terroriste de l'incantation heideggérienne » a occultés, détourné de façon indue, tels Héraclite, Kant ou Hölderlin.

L'enracinement de Heidegger dans la patrie, une demeure, un sol maternel, une source constitue le lien à la *Konservativ revolution*, cette hantise de la présence, en dépit du voilement, cette hantise du foyer de l'essence, ce confinement à la matrice du propre ont pour effet de faire peser sur les lectures que donne Heidegger d'Héraclite et de l'énigme grecque, la grande ombre de l'Unité et d'un discours totalisateur et totalitaire.

SEPTIÈME PARTIE

HEIDEGGER ET LES FRANÇAIS

Un consentement à l'horrible

« Avant 1933, mais certainement après le succès remporté par Hitler au Reichstag, j'ai appris la sympathie de Heidegger pour le national-socialisme », écrit Alexandre Koyré[54] qui, le premier, en avait parlé au retour d'un voyage en Allemagne. « L'espoir était qu'il ne s'agissait que d'un égarement provisoire dans la banalité pratique d'un grand esprit spéculatif. Une distance infranchissable paraissait devoir séparer à jamais la haine délirante et criminelle de *Mein Kampf* et la vigueur intellectuelle et cette virtuosité d'analyse apportée par *Sein und Zeit*, qui ouvrait les possibilités d'un nouveau questionnement philosophique »,

---

54 Alexandre Koyré, *L'évolution philosophique de Heidegger, Von Wesen der Wahreit — De l'essence de la vérité — 1931-1932*, critique 1, juin 1946.

poursuit Koyré. « Pouvait-on mettre en doute l'impression incomparable produite par ce livre où Heidegger parait d'emblée comme l'interlocuteur des plus grands [...] fondateurs de notre philosophie européenne et auquel bientôt toute pensée aurait à répondre ? » (*Ibid.*) Rien dans cette phénoménologie nouvelle telle qu'elle se développe dans les pages de *Sein und Zeit* n'est suspect de quelque arrière-pensée de politique et de violence, c'est du moins ce qu'en pense, alors, Koyré. Levinas, pour sa part, considère que l'avertissement donné se trouve aggravé dès avant l'accession d'Hitler au pouvoir, par des renseignements de toutes sortes. On est, dit-il, en ce qui concerne Heidegger et le national-socialisme, bien au-delà de la sympathie et de l'antipathie ! « Quelques-unes de ces données me restent en mémoire : la condamnation de Heidegger à une retraite anticipée par la commission d'épuration, après la défaite allemande, le Discours du rectorat en 1933, et malgré la prétendue rupture avec le parti national-socialiste après la démission du rectorat, la rencontre avec Löwith à Rome, la poitrine décorée de la croix gammée; le testament paru dans le *Spiegel* et tout récemment le livre de Farias dans lequel beaucoup d'informations connues sont reprises et beaucoup d'autres demanderaient dans leurs détails une révision critique. » (Le nouvel observateur - 1987) Levinas ne croit pas qu'une recherche historique, quelle qu'elle soit, ni les témoignages recueillis, ni les données d'archives - ne puisse égaler — sur le problème de la participation de Heidegger aux pensées hitlériennes — la certitude qui nous vient du silence qu'il a gardé sur la solution finale, sur l'Holocauste, sur la Shoah, dans le fameux testament du *Spiegel*. « C'est en effet dans la solution finale, dans l'extermination pure dans les camps de la mort que — par-delà toutes les injustices majeures marquant les treize années du régime hitlérien — le national-socialisme révéla la criminalité diabolique, le mal absolu de ce qu'on peut appeler pensée. Tout le reste pourrait être à la rigueur encore attribué aux immoralités inévitables de la politique — les États n'ont-ils pas été responsables de quelques guerres ? » Toutes formes de compromission et de servilité, de fréquentations ignobles, d'amitiés suspectes, de déclarations et d'actes indignes, pense Levinas, peuvent encore à la rigueur être mises sur le compte d'une lamentable prudence — lâcheté ou prudence — et comme faiblesse en appeler à quelque indulgence. Heidegger ne parle-t-il pas de « défaillance humaine » invoquée pour s'excuser auprès de Mme Husserl de ne pas lui avoir exprimé *une fois de plus*, son respect lors de la maladie et de la mort d'Edmond Husserl, son maître ? « Mais garder le silence, déjà en pleine paix, sur les chambres à gaz et les camps de la mort, n'est-ce pas — par-delà tout l'ordre des mauvaises excuses — attester un fond d'âme parfaitement fermé à la sensibilité et comme un consentement à l'horrible ? »

Quant à la vigueur intellectuelle de *Sein und Zeit,* il n'est pas possible pour Levinas, de lui ménager la même admiration, dans toute l'œuvre immense qui a suivi ce livre extraordinaire de 1926. Peut-on pourtant, s'interroge le philosophe de l'éthique, être assuré que le Mal n'y a jamais trouvé écho ? « Le diabolique ne se contente pas de la condition de *malin* que la sagesse populaire lui prête et dont les malices, toutes ruses, sont usées et prévisibles dans une culture adulte. Le diabolique est intelligent. Il s'infiltre où il veut. Pour le refuser, il faut d'abord le réfuter. Il faut un effort intellectuel pour le reconnaitre. Qui peut s'en vanter ? Que voulez-vous, le diabolique donne à penser. » (Alexandre Koyré, *Comme un consentement à l'horrible, Entretien avec E. Levinas*, Le Nouvel Observateur, 15 nov. 1987)

Ni accident ni erreur

Philippe Lacoue-Labarthe écrit dans Le nouvel Observateur du 14 oct. 2012 : « Il y aurait eu erreur si le nazisme n'avait pas porté la possibilité que voyait en lui Heidegger ». Il ajoute qu'il n'est aucune pensée depuis Nietzsche qui ait touché si profond et si loin dans la question de l'essence de la philosophie (et par conséquent de l'essence de la pensée), ni aucune qui ait entamé un dialogue d'une telle ampleur et d'une telle rigueur avec la tradition en Occident. Il tient néanmoins à préciser que souscrire, comme il le fait, aux thèses de Heidegger (et en particulier à ses thèses sur la philosophie) ou même accorder une telle place — la première — ne revient pas à faire profession de « heideggérianisme ». C'est à ses yeux, une idée dépourvue de sens. Ce n'est ni par coquetterie ni par inconséquence que Heidegger n'a cessé de rappeler qu'« il n'y a pas de philosophie de Heidegger ».

Être ou se dire heideggérien ne signifie donc rien, ajoute Lacoue-Labarthe, pas plus qu'être ou se dire « anti-heideggérien ». Ou plutôt, dit-il, cela signifie la même chose : qu'on a manqué dans la pensée de Heidegger, l'essentiel ; et qu'on se condamne à rester sourd à la question qu'à travers Heidegger pose l'époque.

Ceci étant, Philippe Lacoue-Labarthe, comme s'il voulait nuancer un propos par trop laudateur, reconnait qu'il y a bien eu un geste politique de Heidegger, avec sa part « inévitable, acceptée, reconnue » de compromission, mais avec aussi une adhésion profonde qui ne sera jamais démentie, « ni à ce qu'on sache aujourd'hui dans aucun des trois textes testamentaires ».

L'engagement de 1933 n'est ni un accident ni une erreur, déclare l'auteur de l'article. Contrairement à ce qu'on a pu dire ici ou là, l'engagement de Heidegger est d'une absolue cohérence avec sa pensée. Et l'intrication du *politique* et du *philosophique* était assez puissante pour que, après la *rupture* et jusqu'en 1944, pratiquement tout l'enseignement fut consacré à une *explication* avec le national-socialisme, qui en réalité donne par contrecoup, la vérité que Heidegger croyait y avoir aperçue.

Le lecteur attentif aura sans doute du mal à démêler dans ces contradictions, ce qu'en définitive pense Lacoue-Labarthe[55] — il n'est d'ailleurs pas exclu que cela soit intentionnel. L'admiration vouée à l'œuvre philosophique de Heidegger résiste à cette intrication du politique et du philosophique, ce qui conduit inévitablement à admirer une pensée que l'on reconnait pourtant entièrement acquise au nazisme, imprégnée de sa doctrine et contenue dans son expression même. Lacoue-Labarthe avoue : « la tentation est grande — j'y ai moi-même cédé ». Mais cela n'a aucun sens d'imputer, comme il le fait, l'engagement de 1933 à une défaillance, à une chute brutale de la vigilance ou même, plus grave encore, à la pression d'une pensée encore insuffisamment dégagée de la métaphysique. Une lecture attentive d'Heidegger montre au contraire qu'il a construit une métaphysique du racisme et de l'antisémitisme comme fondement de la doctrine nationale-

---

55 *La fiction du politique*, janv. 1988

socialiste qu'il n'a jamais cessé de revendiquer. Telle serait la raison pour laquelle, Lacoue-Labarthe ne s'est pas cru autorisé, s'agissant du comportement de Heidegger à cette époque, à parler d'erreur. Il y aurait eu erreur si le nazisme, quelle que fût d'autre part sa réalité, n'avait pas été porteur des possibilités que voyait en lui Heidegger. Lacoue-Labarthe là-dessus a raison, il n'y a pas eu d'erreur chez Heidegger, l'erreur appartient à ceux qui l'ont lu. « En 1933, Heidegger ne se trompe pas, mais il sait en 1943 qu'il s'est trompé », non sur la vérité du nazisme, mais sur sa réalité. Repris par sa tentation immarcescible, Lacoue-Labarthe croit devoir ajouter : « Qui dans ce siècle [...] qu'il fut de *droite* ou de *gauche* n'a pas été floué ? Et au nom de quoi ne l'aurait-il pas été ? » Cette affirmation imprudente fait surgir deux questions : floué par quoi ? Par qui ? Le mal était-il si banal ? Tout simplement l'humain. Au nom de la démocratie ? Lacoue-Labarthe poursuit ; « Laissons cela à Raymond Aron, c'est-à-dire la pensée officielle du capital (du nihilisme accompli pour lequel tout se vaut). Mais ceux qui furent grands dans leur ordre ? Au hasard : Hamsun, Benn, Pound, Blanchot, Drieu, Brasillach (je n'excepte pas Céline, dont pourtant l'écriture me parait surfaite). Ou bien de l'autre côté : Benjamin, Brecht, Bataille, Malraux (je n'excepte pas Sartre dont l'authenticité morale ne fait aucun doute) » (*La fiction du politique*). Que leur offrait le vieux monde pour résister à l'irruption du soi-disant « Nouveau Monde ? ». On ne peut pas ne pas remarquer que cette énumération de noms contient six auteurs qui furent des antisémites acharnés, collaborateurs déclarés des nazis, condamnés à la libération. Hamsun publia un texte en hommage à Hitler après sa mort qu'il proclamait « guerrier pour l'humanité ». Lacoue-Labarthe considère qu'il est possible de répondre à la question *Comment juger ?*, il ne l'est plus s'agissant de répondre aux questions *au nom de quoi juger ? Au nom de qui* ? Et déclare : « Je ne veux pas faire le procès de Heidegger. De quel droit ? Je veux m'en tenir à une question, et à une question pour la pensée. C'est pourquoi il me semble inutile de revenir sur les faits. Outre que l'on risque, faute de documents suffisants, de colporter encore nombre d'erreurs ou de franches calomnies, je ne vois pas ce que la récollection des faits peut faire à la question, sauf à considérer comme admis, et sans interrogation, qu'être nazi fût un crime.

[...] » Lacoue-Labarthe ne sait plus bien à quel argument se fier : il ne veut ni revenir sur les faits, faute de documents « suffisants », ni poursuivre la « récollection des faits », afin de mettre un terme aux erreurs et « franches » calomnies.
La valeur universelle de l'humain, on le sait, n'était pas autre chose pour Heidegger qu'une idée bâtarde des judéo-chrétiens, et l'éthique une notion de « *bodenlos* » (« Les sans-sol »). Boucler l'affaire, fermer le dossier, s'avère une tâche urgente pour qui veut continuer à philosopher en rond sans être troublé par d'incessantes révélations qui conduisent à reconsidérer indéfiniment ce qu'on voudrait avoir définitivement jeté dans les oubliettes de l'histoire. Il est vrai que la cause était difficile à défendre, mais certains plaidoyers donnent une image caractéristique de l'attitude de bien des philosophes français de ce temps. S'ils sont quasiment unanimes à condamner le silence d'Heidegger après la fin de la guerre, ceux qui n'ont pas voulu admettre l'implication des idées nazies dans toute son œuvre n'ont pas non plus rompu le silence après les révélations apportées par la publication des *Cahiers noirs*.

La bataille de France

Pierre Aubenque dans un texte *In Memoriam* (Les Études philosophiques, 1976) conclut d'une manière apologétique, rappelant les circonstances et les raisons pour lesquelles Heidegger accepta la prise en charge d'une université afin qu'elle sache « rester elle-même » : « Il a voulu réaffirmer sa nécessaire autonomie en l'ouvrant sur le monde extérieur. Qui aujourd'hui pourrait lui en faire grief ? » ajoute Aubenque. Serait-il inconvenant de poser effectivement la question de l'opportunité et de la justification de cette décision sous l'emprise du parti national-socialiste ? Serait-il inapproprié de poser cette question étant donné par ailleurs le peu de cas que fit Heidegger de cette autonomie de l'université qui fut aussitôt remplacée par le *Führer prinzip* ?
Dans *D'Héraclite à la forêt-noire* (Magazine littéraire n° 117, 1er oct. 1976), Jean-Marie Benoist écrit : « périodiquement, l'intelligentsia française s'emploie à laver la chemise brune de

Heidegger ». La formule est imagée et saisissante de vérité tant elle décrit une propension qui se perpétue.

George Steiner, dans son livre *Martin Heidegger* se livre à l'exercice périlleux qui consiste à faire apprécier la grandeur de la pensée du philosophe en même temps que le caractère intolérable de son silence sur l'Extermination (*Mit demZiel der Völlingen Vernichtung, GA, 36/37*). « C'est le silence complet sur l'hitlérisme et l'holocauste après 1945 qui est presque intolérable ». Steiner poursuit : « L'on devrait ajouter à cela, en toute équité, la possibilité que l'immensité du désastre et ses effets sur la perpétuation de l'esprit occidental lui aient paru, comme à d'autres écrivains et penseurs, absolument au-delà de tout commentaire rationnel. Mais il aurait pu à tout le moins *le dire*, et l'intérêt qu'il porta à la poésie de Celan montre qu'il était pleinement conscient de ce choix. »

Le coup d'éclat vient avec la publication de la traduction par Gérard Granel du *Discours du rectorat*, suivie d'un pamphlet de justification : *Pourquoi avons-nous publié cela ?* Gérard Granel, qui en est l'auteur, tente de faire comprendre à quel point devient urgente une médiation des effets conjugués de la science technicisée et du néo-capitalisme. Réduire ce texte à ses « éléments nazis » n'est pas comprendre l'essentiel. Gérard Granel observe que dès 1933, Heidegger pose une pierre d'attente pour penser la monstruosité de la technique moderne : lorsqu'il dénonce l'hyperspécialisation, ne pressent-il pas l'incommensurable complicité qui va unir — sous des formes inédites — la neutralisation technique et l'extermination de masse ? C'est une manière de pointer la culpabilité des Américains et de leur arme nucléaire, de faire d'Heidegger un militant de la paix, oubliant opportunément ses propos répétés sur l'Extermination, thème repris dans un très grand nombre de ses textes.

Jean-Michel Palmier juge pourtant que le silence de Heidegger, « ce silence ambigu » ne manque pas de grandeur et ne doit pas être l'objet de procès d'intention. Dominique Janicaud non seulement approuve ces réserves, mais il les tient pour représenter « un bilan sincère sur un terrain sensible et délicat. » Faire appel à la sensibilité et à la délicatesse est ici, en l'occurrence, pour le moins, inapproprié. Il tient en revanche pour une « simple malédiction calomnieuse » ce que Christian Jambet déclare fort justement dans la préface du livre de Farias : « Si le noyau central de l'hitlérisme c'est la solution finale, si les camps d'extermination sont, et leurs chambres à gaz, la substance du nazisme, que signifie la biographie d'un philosophe qui donna son assentiment à tout cela ? ».

C'est à l'écrivain germaniste Georges-Arthur Goldschmidt que l'on doit cette phrase que l'on voudrait définitive, qui résonne de façon angoissante : « La pensée de Heidegger n'est que l'ombre d'Auschwitz, qu'elle a contribué à préparer et qu'elle portera en elle jusqu'à la fin des temps comme son deuil ».

Hugo Ott, historien allemand, écrira le 29 oct. 1990 : « En France, le ciel leur est tombé sur la tête : *le ciel des philosophes* (en français dans le texte) s'entend. Dans la mise en scène éblouissante que lui ont assurée les *nouveaux philosophes*, "le livre sur Heidegger" de Victor Farias, préfacé par Christian Jambet, a secoué le monde intellectuel français. C'est une véritable affaire d'État. Les horloges, nous le savons bien, vont en France autrement qu'ailleurs. Il ne faut donc nullement nous étonner du retard avec lequel des résultats de recherche connus de longue date (et avec beaucoup de détails) dans les pays de langue allemande, ne parviennent qu'aujourd'hui à la connaissance du public français avec cette conséquence, il est vrai, que le monde bien ordonné des écoles philosophiques dominantes se trouve pris dans un tourbillon qui le met sens dessus dessous. » (*Martin Heidegger, Éléments pour une biographie*)

Dominique Janicaud, comme pris d'un tardif repentir s'interroge, avec Daniel Sibony, s'il ne faut pas déceler un « point d'autohypnose » chez Heidegger tout d'abord, un temps captivé par sa propre pensée, puis chez ses disciples et adversaires fascinés par le fantasme de l'idole où l'origine fétichisée défaille et se dérobe finalement ?

Maurice Blanchot, dans un article du Nouvel Observateur du 22 janv. 1988, écrit en conclusion : « C'est dans le silence de Heidegger sur l'Extermination qu'est sa faute irréparable, son silence ou son refus, face à Paul Celan, de demander pardon pour l'impardonnable, refus qui jeta Celan dans le désespoir et le rendit malade, car Celan savait que la Shoa était, face à l'Occident, la révélation de son essence. Et il fallait en préserver la mémoire en commun, quitte à perdre toute paix, mais pour sauvegarder la possibilité du rapport à autrui ».

Sept décennies de notre vie intellectuelle sont couvertes par cette histoire philosophique dont la présence se diversifie entre l'existentialisme et la déconstruction, la critique de l'humanisme et le renouvellement de l'interprétation de la métaphysique, qui constituent les thèmes principaux du *Heidegger français*! L'exception française en ce qui concerne Heidegger a été souvent perçue à l'étranger comme une indulgence excessive envers l'auteur et une fascination exagérée pour l'œuvre.

Raymond Klibansky (philosophe à l'Université McGill) a récemment formulé ce sentiment d'incompréhension ; faisant allusion aux appels de Heidegger en faveur d'Hitler en 1933, il écrit : « On a essayé longtemps en France, où Heidegger compte de fervents disciples, de mettre tous ces faits sur le compte d'une aberration temporaire. Cela montre qu'on n'a rien compris [...] L'historien futur sera sans doute obligé d'expliquer comment une telle philosophie a pu exercer une influence profonde dans les pays de langue latine. N'y verra-t-il pas, dans la soumission à un penseur pour lequel la philosophie ne parle que grec et allemand, l'abandon des grandes traditions du passé et un signe de faiblesse de tant d'auteurs d'après-guerre ? Il constatera avec satisfaction que, comme pour la jeune génération, en Allemagne, en France ou ailleurs, la sobriété de l'esprit critique a de nouveau, gain de cause dans les discussions philosophiques. »[56] Klibansky explique la pénétration du « second Heidegger » par l'indulgence, sinon la complaisance, d'abord manifestée à l'égard de l'engagement de 1933 qui a facilité la disponibilité envers de nouvelles publications. La thèse de « l'aberration temporaire » avait un intérêt stratégique qui eut un effet positif jusqu'à la mort de Heidegger. En effet, si tous les textes qui prouvent la profondeur de l'adhésion de 1933, puis le maintien d'une certaine idéalisation du *mouvement* avaient été connus, traduits, diffusés dès la Libération, l'accueil réservé aux nouvelles traductions dans les années 1950 et 1960 aurait-il été le même ? Éric Weil avait pourtant, en ce temps-là, écrit là-dessus quelques choses essentielles ; mais on ne le lisait guère...

Il semble aujourd'hui que la jeune génération en France et hors

---

56 *L'Université allemande dans les années trente*, Revue de la Société de philosophie du Québec - automne 1991, vol. XVIII.

de France soit de nouveau attachée à des valeurs et des méthodes plus sûres et plus traditionnelles que celles de la « violence herméneutique » heideggérienne. Heidegger est devenu un auteur parmi d'autres dans un paysage complexe où les taches historiographiques et critiques l'emportent sur les enthousiasmes théoriques. De fait, l'exception française était en grande partie due à l'extrême idéologisation de la philosophie. Elle semble désormais désuète « cette conjonction bien française d'un heideggérianisme plus ou moins idéologique avec un certain marxisme, voire avec un certain freudisme. » (Marc Richier, *La république des philosophes*, Le Débat n° 72.) À partir du moment où il n'y a plus d'idéologie dominante, où l'intérêt pour le débat d'idée s'érode, la tolérance permet de multiples opinions et l'indifférence est le lot de la majorité. Ces conditions sont différentes de celles qui ont régné jusqu'en 1990. Le temps des complaisances est terminé, une méfiance généralisée risque de donner à Heidegger le statut ambivalent d'auteur à la fois classique et *maudit*.

La pensée française a su renverser le rôle qu'Heidegger lui avait assigné : être l'héritière du grand rationalisme du XVIIe siècle. Sans Heidegger, des œuvres comme *L'Être et le Néant*, *Totalité et Infini*, *L'Écriture et la Différence*, n'auraient pas été celles qu'elles sont.

L'euphémisation de la faute a eu ses interprètes : Janicaud relève, non sans humour, que Jean Beaufret et Pierre Aubenque tiennent pour des impertinents ceux qui soulèvent la question du cas Heidegger, ce sont des empêcheurs de philosopher en rond (*L'ombre de cette pensée*). Cette citation de Paul Veyne : « notre penseur a accroché ses opinions nazies à sa philosophie » illustre bien notre propos.

La philosophie de Heidegger a été édulcorée de ses connotations politiques par son principal traducteur français, Jean Beaufret, lui-même remarqué par son soutien déclaré du négationniste Faurisson.

Barbara Cassin disait, bien à propos : « Les philosophes aiment les tyrans, c'est une déformation professionnelle ». On aura peine à croire que des commentaires aussi ineptes aient pu être proférés Marcel Conche : « le national-socialisme n'a, comme tel, pas grand-chose à voir avec Auschwitz » (*Heidegger par gros temps*).

Accusé, voici vingt ans, d'*antiheideggérianisme primaire*, Christian Delacampagne, répondait dans Le Monde du 28 janv. 1995 : « Il vaut la peine de s'interroger sur les raisons qui ont pu conduire depuis 1945 certains philosophes français à voir dans Heidegger le plus grand "penseur" de notre temps, alors que la facilité même avec laquelle sa pensée est tombée dans certains pièges (que d'autres à l'époque ont su mieux éviter) me parait témoigner contre la "grandeur" même de cette pensée, si originale ou séduisante qu'elle ait pu être par ailleurs. »
De droite comme de gauche, jusqu'aux marxistes, Heidegger régna si bien que les auteurs vedettes de la *French Theory* (Lacan, Derrida, Lyotard) se recommandèrent de lui à divers titres. Son antirationalisme, son radicalisme, sa critique de l'U.R.S.S. comme des États-Unis et son antimodernisme ne pouvaient que les séduire. L'opinion reçue en France était que l'engagement politique de Heidegger devait être découplé de sa philosophie et qu'il s'agissait d'une erreur de jugement temporaire ou comme disait Heidegger, dans un entretien tardif, « *eine grosse Dummheit* — une grosse bêtise ». En fait, Emmanuel Faye montrera que l'engagement politique constant du philosophe se doublait d'un engagement idéologique fondamental de sa philosophie.

Une indéniable mansuétude

Si Sartre, Merleau-Ponty, Ricœur, Levinas et Derrida ont contribué à légitimer Heidegger en France, rejeté depuis 1945 en Allemagne, s'ils en ont fait un interlocuteur de même rang que Hegel ou Husserl, de sorte qu'ils ne peuvent plus être étudiés sans lui, ils n'ont cessé d'en souligner les limites, mais en choisissant, malgré les avertissements d'Adorno ou d'Habermas, de détourner le regard de ses horizons politiques et de se faire un moment les défenseurs d'une dignité philosophique dont ils entendaient tirer profit. Ils ont fait preuve d'une indéniable mansuétude et, au bout du compte, d'un aveuglement que les révélations successives et accablantes ne firent que paradoxalement renforcer pour certains, dès lors qu'ils s'étaient enchaînés à garantir la stature du « penseur de génie ». Le piège à présent s'est refermé au moment où, fort diaboliquement, le prétendu *plus grand philosophe du XXe siècle*, contemporain capital de la philosophie française, a choisi d'assumer sans fard, par la publication posthume de tous ses cours et carnets, l'étendue de son adhésion à un régime dont il souhaitait, dès 1934, qu'il mette en œuvre « l'anéantissement total » de « l'ennemi intérieur greffé sur la souche allemande », comme s'il avait escompté dans l'avenir le retour en grâce des politiques populistes et extrémistes, anticipant le renversement du bilan désastreux du nazisme. Il est par conséquent indispensable, politiquement et philosophiquement, de revenir sur ce qui a pu permettre l'emprise de cette pensée sur certains des plus grands philosophes français contemporains et sur la vision d'un monde qui promeut la barbarie et vise l'effacement du judaïsme des œuvres de l'esprit et du monde des vivants.

Le crépuscule des dieux

Même en France, Heidegger est rentré dans le rang : sa pensée est disponible, historicisée et en définitive, son passage au second plan, si l'on excepte les soubresauts de l'actualité ne fait que confirmer l'engagement foncier du philosophe *du côté obscur de la force* (le fonds Heidegger contient sans doute d'autres *révélations*). Ce qui pourrait apparaitre comme un alignement de la réflexion française sur le contexte international s'appréhende également, dans le contexte éditorial au sein duquel de plus jeunes philosophes, liés peu ou prou à Derrida, Lacoue-Labarthe et Nancy, peuvent développer une pensée originale, où la place d'Heidegger est souvent réduite à sa plus simple expression, voire tout simplement absente du propos.
À un quart de siècle de distance, la lecture de la *conférence de Heidelberg* intéresse moins par son objet (la compromission de Heidegger avec le national-socialisme) que par l'analyse des processus qui vont disqualifier Heidegger, mais aussi ceux qui, pourtant des plus critiques, situaient une partie de leur pensée dans le dialogue avec le philosophe.
Le discrédit porté sur Heidegger rend instantanément inaudibles ceux qui le lisent avec sérieux et ont fait de son nazisme,

une question centrale. Certaines formulations délibérément provocantes, du type de celles qu'énonce Philippe Lacoue-Labarthe : « le nazisme est un humanisme » — qui figure dans *La fiction du politique* — ont valu justement à leur auteur les retours violents qui leurs revenaient.

Il semble dès lors que la pièce soit jouée et que le rideau est tombé sur une scène offerte à des spectateurs interdits. La violence des combats, les enjeux tragiques débattus ont figé des postures qui perpétuent, par référence, le spectre des luttes fratricides du XXe siècle, avant, pendant et après la Seconde Guerre mondiale. Les rôles ont été distribués selon des critères immuables et les costumes taillés à la mesure des personnages qui se succèdent sur la scène pour interpréter avec des moyens inégaux la même pièce, le même discours ressassé avec une exaltation, qui laisse penser que la cause est sacrée. Le temps est passé, sans que rien ne soit venu rédimer les fautes et les torts qui pèsent encore sur ceux, figurants et interprètes malchanceux, désignés à la vindicte d'un public aujourd'hui encore sidéré.

POUR CONCLURE

La question qui continue à préoccuper et agiter les derniers initiés à la philosophie heideggérienne, ce n'est pas l'adhésion de son auteur au nazisme, la question est désormais réglée, sauf pour les négationnistes, nostalgiques chroniques, déçus, mais néanmoins accrochés à la parole de leur héros comme des moules à leur rocher. Ce qui fait encore débat dans l'esprit d'un certain nombre de philosophes tient à la reconnaissance de l'existence dans l'œuvre de Heidegger des ferments du nazisme ; en d'autres termes, dire que l'implication du philosophe n'est ni accidentelle, ni exclusivement politique, mais au contraire profondément et durablement ancrée dans une pensée, acquise aux croyances et préjugés d'une Allemagne nationaliste et conservatrice. Heidegger est représentatif de son époque et de la catégorie sociale dans laquelle il s'est défini. Aussi, n'a-t-il pas été séduit un court instant par la propagande nationale-socialiste, mais acquis par avance à cette idéologie qui explique l'adhésion massive à l'hitlérisme. Il est probable que les chemins suivis par le mouvement n'ont pas toujours été ceux que Heidegger appelait de ses vœux et ne l'ont pas élevé au rang qu'il ambitionnait d'occuper en qualité de philosophe du régime, de *Führer* des Universités. Pour la même raison, on ne peut pas parler d'un revirement d'opinion chez Heidegger après le rectorat. La preuve en est sa fréquentation ininterrompue des sommités du régime nazi, tels qu'Alfred Rosenberg, Carl Schmitt, ou l'ignoble Julius Streicher et sa participation à un « Comité pour la philosophie du droit » qui contribua à l'élaboration des lois antijuives de Nuremberg, promulguées en 1935. La preuve en est aussi ce qu'il écrivit sur « l'Extermination qui assure contre la décadence » en 1942, année de la mise en œuvre de la *solution finale* (GA, 50, p. 70) ; sans compter les fréquentes expressions d'un délire antisémite, analogue à celui des fomenteurs de pogromes, inspirés des *Protocoles des sages de Sion*. En 1945, Heidegger parle toujours de la « grandeur intérieure du Mouvement » et prophétise la fin de l'américanisme, ce qui ne laisse aucun doute sur la pérennité de l'engagement politique du philosophe. La publication des *Cahiers noirs,* en particulier le chapitre *Sein und Wahrheit* prône « l'extermination totale de l'ennemi intérieur » (*Mit dem Ziel der Völlingen Vernichtung, GA* 36-37, p. 91), « métaphysiquement nécessaire ». Max Ernst avait décrit, avec le talent d'un peintre l'écriture heideggérienne « faite de mots qui portent l'uniforme et marchent au pas. »

Il est sans intérêt d'ajouter aux preuves existantes d'autres preuves d'une cause désormais entendue, même pour ceux qui veulent encore l'ignorer ; « à nous, écrivait Primo Levi, l'ignorance voulue a été refusée, nous n'avons pas pu ne pas voir » (*Les Naufragés et les Rescapés*).

Il ressort de cela qu'on ne peut pas faire de philosophie avec ceux qui exaltent le crime, qui propagent la haine de l'Autre. Quel que soit le génie de Heidegger, l'originalité de son approche de l'ontologie, il demeure que ses écrits recèlent, plus ou moins cachés avec l'habileté qu'on lui connait, tous les principes, les idées, les préjugés qui ont conduit l'humanité à ce qu'elle a connu de pire. Il n'y a pas, comme le disait Karl Löwith, d'alternative entre une défense du philosophe et une

condamnation de son attitude politique, car l'importance historique de la philosophie heideggérienne repose sur le fait qu'il a assumé des responsabilités et des complicités politiques conformément à la thèse centrale de *Sein und Zeit* sur l'Exister historique : « Seul, un étant... essentiellement futur de sorte que libre pour sa mort et se brisant sur celle-ci, peut se laisser rejeter vers son "là" effectif, peut assumer sa propre déréliction et être dans l'instant "pour son temps" » (*Sein und zeit*, § 74). Le monde que nous propose Heidegger écarte résolument le dogmatisme dénonciateur de la dissolution des liens et de l'affaiblissement des solidarités. Les analyses phénoménologiques tant admirées constituent une ontologie sans Être. L'existence dans sa réalité quotidienne est rejetée comme une enveloppe inutile dont il ne subsiste plus que la résolution à la mort et l'acceptation de la destinée, sans plus de rapport avec la réalité du malheur qu'avec celle du bonheur sacrifié, au nom d'une conception raciste du monde. Heidegger présente le nazisme sous l'apparence d'un corps doctrinal qui n'est en fait que le masque d'un substrat religieux. Il impose une démarche qui veut séparer radicalement la pensée du philosophe des actions sociopolitiques menées par le citoyen. Cette schizophrénie herméneutique consiste à faire applaudir la grandeur spéculative supposée de Heidegger, tout en s'obligeant à rester muet sur son nazisme ou, plus directement, à nier l'importance qu'a pour la philosophie le fait que l'auteur de *Sein und Zeit* a été l'un des intellectuels officiels du IIIe Reich.
« Ce n'est pas Heidegger qui s'est mal compris lui-même quand il s'est engagé en faveur de Hitler, mais ce sont ceux qui ne saisirent pas pourquoi il avait pu faire cela qui ne l'ont pas compris. » (Karl Löwith, *Ma vie en Allemagne, avant et après 1933*) Sa phénoménologie est placée sous la dépendance exclusive du *peuple* de la race, la vie humaine n'existe plus que comme une abstraction de la raison et du moi qui invente la personne comme entité ontologique et juridico-politique. C'est la raison du *négationnisme ontologique* de l'extermination, mis en pratique par Heidegger après 1945, que ce soit de façon voilée dans la *Lettre sur l'humanisme*

comme dans les *Conférences de Brème* de 1949. Heidegger nie l'existence d'Auschwitz parce que ceux qui y moururent n'auraient pas été, à proprement parler, des mortels : on ne peut pas tuer ce qui ne fait pas partie des mortels, disait-il, parlant des Juifs, des Gitans, des homosexuels, qui n'auraient pas dû naitre. Ils ne font pas partie de l'*Existenz*, mais d'une existence inauthentique, appelés à une mort inauthentique.
On peut comme Jean-Marie Benoist s'interroger sur le *comment* qui a permis à Sartre, ce père de l'existentialisme, ce prophète de la révolte estudiantine, de se greffer, sur un penseur hitlérien qui signe ses discours et proclamations aux étudiants de Fribourg par des *heil Hitler* qui vont demeurer *indélébiles aujourd'hui dans leur obscénité même*.
Tout philosophe se doit de rompre ce silence et redire des vérités dérangeantes, au nombre desquelles celles-ci, entre toutes : « ce n'est pas par accident, dérapage, que l'auteur de *Sein und Zeit* et de La *Lettre sur l'humanisme* s'est mis à signer des proclamations nazies : il n'y a pas un Martin Heidegger, vigilant contestataire des abus du logos platonicien, et en face un Heidegger qui fait allégeance au Führer » (Karl Löwith). Force est d'admettre au contraire que l'usage des concepts de la Grèce, la référence abusive à Héraclite, Hölderlin, Nietzsche, entretient chez Heidegger un rapport évident avec les proclamations nazies du recteur ; d'où le refus d'opérer une dichotomie entre l'œuvre, la pensée et des convictions manifestées avec autant de persévérance.

Notre propos n'est pas d'instaurer une chasse aux sorcières dont Heidegger serait l'une des victimes, ni d'instruire un supplément au réquisitoire du procès de Nuremberg. L'enjeu est beaucoup plus modeste ; il est pour la philosophie d'aujourd'hui de pratiquer vis-à-vis des textes heideggériens *une irrévérence libératrice* et d'humaniser la vision d'un monde crépusculaire qu'un *fonctionnement terroriste de l'incantation heideggérienne* a proposé à des générations d'étudiants, comme une force à exorciser, une ombre projetée sur la pensée de la fin du XXe siècle, comme Nietzsche le fit sur la sensibilité du début du siècle.

Il faut espérer que pour la plus grande partie des lecteurs de Heidegger, il ne s'agira plus d'un choix à faire, mais d'une affaire d'éthique et de responsabilité sociale, au sens le plus noble entre une philosophie et une attitude politique inacceptable sans autre alternative. La question essentielle qui subsiste est de décider si l'on continue à propager et à enseigner un corps de doctrines dont le contenu reflète plus ou moins ouvertement les mots d'ordre du nazisme dans leur expression raciste et antisémite la plus brutale, et aux origines les plus douteuses. C'est avec raison et pertinence qu'Adorno souligne le danger que représente Heidegger en tant que porteur d'une expression prédisposant au fascisme. Thomas Mann, dans *Le Docteur Faustus* dessine un tableau prophétique de l'Allemagne et des Allemands dont le héros, Adrian Leverkühn — un Allemand très allemand — s'incarne parfaitement en Heidegger : « Oui nous sommes un peuple très différent, à l'âme puissante et tragique, réfractaire au prosaïque de la raison, et notre amour va au destin quel qu'il soit pourvu que ce soit un destin, fût-ce un anéantissement embrasant le ciel des rougeurs d'un crépuscule des dieux ».

On ne peut pas, comme Löwith le suggère, « trouver ici, au choix, une défense de l'importance philosophique d'Heidegger ou une condamnation de son attitude politique ».

Paul Celan, Fugue de mort *(Todesfuge)*

Lait noir de l'aube nous le buvons le soir
la nuit
Nous buvons et buvons
Nous creusons une tombe dans les airs on n'y est
pas couché à l'étroit
un homme habite la maison il joue avec les
serpents il écrit
il écrit quand tombe la nuit en Allemagne tes
cheveux d'or Margarete
il écrit cela et va sur le seuil de la maison et les
étoiles fulgurent il rameute ses molosse en sifflant
il appelle ses juifs en sifflant fait creuser
une tombe dans la terre
il nous ordonne jouez et dansez donc
....
Il crie jouez plus doucement la mort la mort est
Un maître venu d'Allemagne
Il crie assombrissez le son des violons alors vous
montez en fumée dans les airs
alors vous avez une tombe dans les nuages on
n'y est pas couché à l'étroit...
La mort est un maître venu d'Allemagne
Tes cheveux d'or Margarete
Tes cheveux de cendre Sulamith

TABLE DES MATIÈRES

5	Avant-propos
9	Introduction

PREMIÈRE PARTIE

15	**Les sources, l'inspiration, le monde ambiant**
15	Edmund Husserl, le maître et l'ami
18	Kierkegaard, la critique existentialiste
19	Qu'est-ce que l'humanisme ?
20	Le protestant
22	Heidegger et l'héritage hébraïque
25	Le précédent marxiste
27	Heidegger et le nihilisme – Nietzsche, Jünger
32	L'ésotérisme prophétique

DEUXIÈME PARTIE

35	**Phénoménologie et Métaphysique**
35	Le vécu du monde ambiant (la Weltanschauung)
38	L'existentialisme heideggérien
39	La pensée à venir, le tournant
41	Présent, présence et événement
45	**La question de l'être**
45	Ontologie fondamentale
47	Analyse fondamentale de l'être-là
49	La question du sens de l'être
51	**L'analytique du Dasein**
51	Analyse de la structure essentielle du Dasein
54	L'Être-au-monde
56	La pluralité des Dasein : le Soi, l'Autre, le On
57	Les voix critiques
58	Discours et langage
59	Écouter et taire
60	Dire et taire
61	L'angoisse comme affection fondamentale
63	L'être du Dasein : le souci

65	La compréhension de l'être et la réalité
66	La conscience morale
68	La doctrine platonicienne de la vérité
69	Les fondements de la métaphysique : la vérité
70	Le phénomène de la vérité
72	L'évolution philosophique de Heidegger sur le problème de la vérité
74	La vérité et le vrai
76	L'essence de la vérité
77	La vérité illusion de l'être
79	La différence ontologique
81	**Temps et être**
81	La théorie du temps
83	L'être-pour-la mort
85	Phénoménologie de la mort comparée : Heidegger et Levinas
91	Finitude de l'existence temporelle
92	Comprendre le temps
95	**La Technique**
95	Les origines métaphysiques de la technique
97	L'art et la technique
99	Le Gestell
101	Heidegger, Gagarine et nous
105	**L'herméneutique philosophique de Heidegger**
105	Les contributions à la philosophie (Beiträge zur philosophie)
109	Une synthèse philosophique
112	Le commencement de la philosophie occidentale
113	Les temps modernes
115	**Métaphysique de l'antisémitisme**
115	Weltlos — L'être sans monde
116	L'antisémitisme métaphysique
117	L'être sans sol

TROISIÈME PARTIE

119	**Penser et agir ; la critique des faits et l'herméneutique des textes**
123	**Heidegger et le national-socialisme — Les actes**
123	Éléments biographiques
137	Un peuple historique
140	Discours et plaidoyers contre la raison pour la violence
145	Protocole d'interprétation
148	Le Discours de rectorat et les péripéties
151	Un philosophe dans l'arène
155	**La politique et le national-socialisme dans la pensée de Heidegger**
155	Le relativisme éthique
157	Une philosophie falsifiée
159	Le philosophe gardien de l'être
163	L'introduction du nazisme en philosophie
165	Contre la démocratie et l'esprit libéral
166	Une lecture existentialiste politico-historique
174	Généalogie du nazisme chez Heidegger
175	Les prédispositions à la subversion politique
182	Une infinie méfiance
188	La bêtise existentialiste
189	La Lettre sur l'humanisme
192	Des errements à la culpabilité d'un philosophe
198	Grandeur et décadence d'un philosophe barbare
201	**L'antisémitisme chez Heidegger**
201	La face cachée de Sein und Zeit (Être et temps)
203	L'extermination des races décadentes
205	Métaphysique du sang, déracification
209	Le mythe du sang
212	La contamination, l'enjuivement
214	La tradition kabbalistique et l'idéalisme allemand
218	Hypothèses extrêmes et caricaturales
223	Heidegger, l'effondrement d'une pensée
225	L'héritage empoisonné

230		L'extermination
234		Le combat de la race nouvelle, noblesse du sang et du sol
237		Une correspondance nazie
240		L'antisémitisme dans l'histoire de l'être
245		**Le dévoilement**
245		Ontologie et politique
246		Le temps de la démesure
248		Le silence de Heidegger
250		Une philosophie au service du National-socialisme
254		Heidegger sans autocensure

QUATRIÈME PARTIE

259	**L'analyse sociologique de l'engagement**
260	Une pensée équivoque
262	L'esprit du temps (zeitgeist)
268	Le champ philosophique au temps de Heidegger
272	Heidegger c'est Marx expliqué
274	L'auto-interprétation et l'évolution du système
277	L'identité

CINQUIÈME PARTIE

279	**Le discours, la théorie heideggérienne du langage**
280	Le langage, maison de l'être
282	La langue philosophique
284	Une cause sectaire

SIXIÈME PARTIE

287	**Critique éthique et philosophique**
287	La volonté de puissance
289	Le Surhomme
290	Paganisme et poésie
291	L'influence de Heidegger
294	Le radicalisme antidémocratique et inhumanitaire chez Heidegger
300	Un penseur hitlérien

SEPTIÈME PARTIE

303	**Heidegger et les Français**	
303	Un consentement à l'horrible	
305	Ni accident ni erreur	
308	La bataille de France	
313	Une indéniable mansuétude	
314	Le crépuscule des dieux	
317	**POUR CONCLURE**	

INDEX DES AUTEURS

Théodore D. ADORNO *(1903-1969)*, philosophe, sociologue, compositeur et musicologue allemand.

Karl-Otto APEL *(1922)*, philosophe allemand.

Kostas AXELOS *(1924-2010)* philosophe, éditeur et traducteur français.

Pierre AUBENQUE *(1929)*, philosophe français, commentateur d'Aristote et historien de la métaphysique.

Piera AULAGNIER (1923-1990), psychiatre et psychanalyste.

Karl BARTH *(1886-1968)*, Pasteur, théologien réformé, l'une des personnalités majeures de la théologie chrétienne du XXe siècle.

Jean BEAUFRET *(1907-1982)*, philosophe français, disciple et ami de Martin Heidegger.

Albert BEGUIN *(1901-1957)*, écrivain, critique et éditeur suisse.

Walter BENJAMIN *(1892-1940)*, philosophe, historien de l'art, critique littéraire, critique d'art.

Jean-Marie BENOIST *(1942-1990)*, universitaire français, philosophe, écrivain.

Ludwig BINSWANGER *(1881-1966)*, psychiatre suisse.

Maurice BLANCHOT *(1907-2003)*, romancier, critique littéraire et philosophe français.

Ernst BLOCH *(1885-1977)*, philosophe allemand s'inscrit dans la lignée des marxistes non orthodoxes de l'École de Francfort.

Élisabeth BLOCHMANN *(1892-1972)*, éminente spécialiste de l'éducation, de la philosophie, et pionnière de l'éducation des femmes en Allemagne.

Jacob BOEHM ou Jakob Böhme (1575-1624), théosophe allemand de la Renaissance.

Wilhelm BRACHMANN (1900-1989), pasteur et théologien allemand.

Martin BUBER (1878-1965), philosophe, conteur et pédagogue israélien.

Ernst CASSIRER (1874-1945), philosophe allemand, naturalisé suédois, représentant d'une variété du néo-kantisme.

Paul CELAN, pseudonyme de Paul Pessach Antschel en allemand ou Ancel en roumain, (1920-1970), poète et traducteur roumain de langue allemande.

François CHATELET (1925-1985), historien français de la philosophie.

Hermann COHEN (1842-1918), philosophe allemand, l'un des fondateurs de l'école néo-kantienne de Marburg.

Marcel CONCHE (1922), philosophe français, spécialiste de la métaphysique.

Françoise DASTUR (1942), historienne de la philosophie et traductrice française, spécialiste de la phénoménologie allemande et française.

Donatella DI CESARE (1956), philosophe italienne.

Maurice DE GANDILLAC (1906-2006), philosophe et historien de la philosophie français.

Wilhelm DILTHEY (1833-1911), historien, psychologue, sociologue et philosophe allemand.

Victor FARIAS (1940), universitaire chilien, docteur en philosophie et auteur d'un ouvrage polémique sur Martin Heidegger.

Hans Michael FRANK (1900-1946), Reichsleiter du parti nazi, ministre du IIIe Reich et gouverneur général en Pologne, condamné à la peine de mort lors du procès de Nuremberg pour crimes de guerre et crimes contre l'humanité.

Stefan Anton GEORGE *(1868-1933)*, poète et traducteur allemand.

Lucien GOLDMANN *(1913-1970)*, philosophe et sociologue français, directeur d'études à l'École Pratique des Hautes Études (1959-1970).

Gérard GRANEL *(1930-2000)*, philosophe, auteur et éditeur français, traducteur de Heidegger.

Ernesto GRASSI *(1902-1991)*, philosophe italien, figure importante de la philosophie européenne.

Jean GREISCH *(1942)*, prêtre de l'Église catholique, enseignant en philosophie à l'Institut catholique de Paris.

Carl GRÜNBERG *(1861-1940)*, professeur austro-allemand d'économie politique, de droit, de sociologie, proche du marxisme et du mouvement ouvrier.

Georges GURVITCH, *né Guéorgui Davidovitch Gourvitch (1894-1965)*, philosophe français professeur à la Sorbonne — École Pratique des Hautes Études.

Jürgen HABERMAS *(1929)*, philosophe allemand, l'un des grands représentants de la 2e génération de l'École de Francfort.

Friedrich HÖLDERLIN *(1770-1843)*, poète et philosophe de la période classico-romantique en Allemagne, qui s'enracine dans la seconde moitié du XVIIIe et se poursuit au XIXe romantique.

Max HORKHEIMER, *(1895-1973)*, philosophe et sociologue allemand, un des fondateurs de la théorie critique.

Wilhelm von HUMBOLDT *(1767-1835)*, linguiste et philosophe prussien.

Christian JAMBET *(1949)*, philosophe français.

Dominique JANICAUD *(1937-2002)*, philosophe français, professeur à l'Université de Nice, Sophia-Antipolis.

Hans JANTZEN *(1881-1967)*, historien d'art allemand, spécialisé dans l'art médiéval.

Karl JASPERS *(1883-1969)*, psychiatre, philosophe et professeur aux Universités de Heidelberg et de Bâle.

Ernst JÜNGER *(1895-1998)*, écrivain allemand.

Victor KLEMPERER *(1881-1960)*, écrivain et philosophe allemand, auteur d'un essai, Lingua Tertii Imperii, décryptage de la novlangue nazie utilisée comme moyen de propagande.

Alexandre KOYRE *(1892-1964)*, philosophe et historien des sciences français. École Pratique des Hautes Études.

Alexandre KOJÈVE *(1902-1968)*, philosophe français.

Richard Knight KRALIK DE MEYRSWALDEN *(1852-1934)*, écrivain autrichien et philosophe de la culture.

Karl KRAUS *(1874-1936)*, écrivain autrichien.

Philippe LACOUE-LABARTHE *(1940-2007)*, critique, philosophe et écrivain français.

Jacques LE RIDER *(1954)*, professeur de philosophie à PARIS VIII, germaniste et historien français.

Emmanuel LEVINAS *(1906-1995)*, philosophe français, professeur à la Sorbonne, l'un des premiers à avoir introduit en France la pensée de Husserl et celle de Heidegger.

Karl LÖWITH *(1897-1973)*, philosophe allemand, professeur à Heidelberg, spécialiste de Friedrich Nietzsche.

Georg LUKACS *(1885-1971)*, philosophe marxiste et sociologue de la littérature hongroise, hongrois d'expression allemande.

MAITRE ECKHART *ou* **Eckhart von Hochheim** *(1260-1328)*, théologien et philosophe dominicain.

Salomon MAIMON *(1753-1800)*, philosophe lituanien appartenant à la Haskala, (mouvement de pensée juif du XVIIe et XIXe, fortement influencé par le mouvement de Lumières).

Karl MANNHEM *(1893-1947)*, sociologue allemand.

Gabriel MARCEL *(1889-1973)*, philosophe, dramaturge, critique littéraire et musicien français, représentatif de l'existentialisme chrétien.

Herbert MARCUSE *(1898-1979)*, philosophe, sociologue marxiste, membre de l'École de Francfort.

Reinhart MAURER *(1935)*, philosophe allemand.

Ernst NOLTE *(1923-2016)*, historien et philosophe allemand.

Franz OPPENHEIMER *(1864-1943)* sociologue et économiste politique allemand.

Hugo OTT *(1931)*, historien, biographe de Martin Heidegger.

Jean-Michel PALMIER *(1944-1998)*, philosophe et historien de l'art français.

Alexander PFÄNDER *(1870-1941)*, philosophe allemand, membre de l'École phénoménologique de Munich.

Julio QUESADA MARTIN *(1950)*, philosophe, professeur à l'Université de Veracruz.

François RASTIER *(1945)*, docteur en linguistique française et directeur de recherche au CNRS.

Karl REINHARDT *(1886-1958)*, philologue allemand, enseignant à l'Université à Berlin.

Alain RENAUT *(1948)*, philosophe français, professeur à Paris IV.

Alfred ROSENBERG *(1893-1946)*, architecte et essayiste allemand, théoricien du nazisme, ministre du Reich aux territoires occupés de l'Est et condamné à mort lors du procès de Nuremberg.

Karl ROSENKTANZ, *(1805-1879)*, philosophe, théologien et germaniste allemand.

Franz ROSENZWEIG *(1890-1909)*, philosophe et théologien allemand.

Gottfried SALOMON *(1892-1964)*, sociologue allemand.

Max SCHELER *(1874-1928)*, philosophe et sociologue allemand.

Carl SCHMITT *(1888-1985)*, juriste, philosophe et intellectuel allemand. Membre du parti nazi.

Jean Duns SCOT *(1266-1308)*, théologien et philosophe écossais, fondateur de l'école scotiste.

Claudia SERBAN *(1984)*, maitre de conférences à l'Université Toulouse J. Jaurès.

Daniel SIBONY *(1942)*, philosophe et psychanalyste français.

Georg SIMMEL *(1858-1918)*, philosophe et sociologue allemand.

Oswald SPENGLER *(1880-1936)*, philosophe et essayiste allemand, l'un des auteurs phares de la révolution conservatrice.

Hermann STAUDINGER *(1881-1965)*, chimiste allemand.

Vilmos SZILASI *(1889-1966)*, philosophe allemand.

Jacques TAMINIAUX *(1928)*, philosophe belge, professeur à l'Université de Louvain.

Nicolas TERTULIAN *(1929)*, Directeur à l'EHESS, philosophe, essayiste, esthéticien.

Peter TRAWNY *(1964)*, philosophe allemand, professeur à l'Université de Wuppertal.

Paul VEYNE *(1930)*, professeur au Collège de France, historien français, spécialiste de la Rome antique.

Franco VOLPI *(1952-2009)*, philosophe italien, professeur de l'Université de Padoue.

Jean WAHL *(1888-1974)*, professeur à la Sorbonne, philosophe français, interné en tant que juif au camp de concentration de Drancy en 1941.

Alphonse Marie Adolphe de WAELHENS *(1911-1981)*, philosophe, professeur à l'Université de Louvain.

Robert WAGNER *(1895-1946)*, à la fois responsable régional politique du N.S.D.A.P. (Parti national-socialiste des travailleurs allemands) et Gauleiter du Pays de Bade et d'Alsace.

Éric WEIL *(1904-1977)*, philosophe français, professeur à l'Université de Lille.

Yves Charles ZARKA *(1950)*, philosophe français, professeur de philosophie politique à l'Université Paris Descartes-Sorbonne.

Philosophie

aux éditions L'Harmattan

Dernières parutions

L'ALIÉNATION DANS LA *PHÉNOMÉNOLOGIE DE L'ESPRIT*
Foufas Nikos
Cet ouvrage propose une lecture méthodique de la place centrale et des sens multiples de l'aliénation et de l'extériorisation dans la *Phénoménologie de l'esprit* de Hegel. Quelle est la place de ces notions dans l'œuvre majeure du philosophe allemand ? L'auteur tente ainsi de mettre l'accent tantôt sur l'aspect et l'enracinement profondément social-historique de ces deux notions.
(Coll. Ouverture Philosophique, 25.00 euros, 334 p.)
ISBN : 978-2-343-11884-0, ISBN EBOOK : 978-2-14-003476-3

DELEUZE, PHILOSOPHE DES MULTIPLICITÉS
Sous la direction de Franck Jedrzejewski et Jean-Clet Martin
Le recueil de textes présentés ici reprend l'hommage organisé pour le vingtième anniversaire de sa mort, le 4 novembre 2015 au Lycée Henri IV. Ils témoignent de l'effort toujours renouvelé des philosophes pour saisir la pensée deleuzienne. Rassemblés dans cet ouvrage, ils offrent une contribution majeure aux études deleuziennes.
(Coll. Ouverture Philosophique, 22.50 euros, 208 p.)
ISBN : 978-2-343-11811-6, ISBN EBOOK : 978-2-14-003453-4

LA HAINE – Est-elle si haïssable ?
Oulahbib Lucien-Samir
«La répulsion est la première forme de la conscience de soi-même», avançait Marx. Ce qui peut se traduire par un mouvement de rejet à des fins de préservation de soi. Mais cela n'empêche pas d'être attiré par l'autre, ce qui d'ailleurs renforce notre originalité. Attraction et répulsion s'articulent ainsi en vue de nous forger une identité. Le fait de se mettre à distance du monde, de s'en distinguer, ne signifie cependant pas de s'en séparer, de l'annihiler, de devenir «haineux».
(Coll. Commentaires philosophiques, 10.00 euros, 64 p.)
ISBN : 978-2-343-11668-6, ISBN EBOOK : 978-2-14-003494-7

L'IRAN AUTREMENT
Des conflits philosophiques à l'iconophobie
Rokoee Reza
Ce livre entreprend une analyse de la pensée philosophique en Iran et propose une lecture de quelques problématiques actuelles. L'ouvrage offre un aperçu de

l'histoire des idées en Iran moderne et contemporain et s'intéresse notamment à la question de l'iconoclasme à travers un syndrome qualifié d'iconophobie.
(Coll. L'Iran en transition, 31.00 euros, 310 p.)
ISBN : 978-2-343-09220-1, ISBN EBOOK : 978-2-14-003393-3

JE EST UN AUTRE
L'art contemporain en Chine & en France
Sous la direction d'Éric Bonnet et Qing Chen
«Je est un autre». Cette déclaration d'Arthur Rimbaud en 1871 vient troubler nos définitions traditionnelles de l'identité, des pratiques poétiques et de la création artistique. Des artistes chinois et des théoriciens français ont réfléchi aux enjeux actuels de cette déclaration révolutionnaire. Dans le nouveau contexte interculturel, entre l'art occidental et l'art extrême-oriental, une réflexion sur l'identité et l'altérité permet alors d'explorer les possibilités du soi et de construire une possible identité partagée dans le domaine de l'art contemporain.
(Coll. Eidos série Retina, 13.50 euros, 116 p.)
ISBN : 978-2-343-11776-8, ISBN EBOOK : 978-2-14-003446-6

JUSTICE EN TANT QUE LOI, JUSTICE AU-DELÀ DE LA LOI
Hobbes, Derrida et les Critical Legal Studies
Tunc Utebay Serpil - Préface de Martine Leibovici
Cet ouvrage donne une place importante à l'idée de la justice selon deux philosophes : selon la théorie de Thomas Hobbes elle est prise dans un cercle entre la loi, le souverain et la violence, tandis que, pour Jacques Derrida, elle ne doit pas être limitée à la loi. L'intention de l'auteure, n'est pas d'apporter une nouvelle théorie, mais de montrer qu'une idée philosophique peut avoir une influence en politique ou en droit selon les propositions des Critical Legal Studies.
(Coll. La philosophie en commun, 27.00 euros, 262 p.)
ISBN : 978-2-343-11471-2, ISBN EBOOK : 978-2-14-003515-9

LE MANIFESTE DES ESPRITS LIBRES
Granarolo Philippe
L'un des pires effets des attentats djihadistes est de déformer notre regard. Envahissant l'espace médiatique, jeunes radicalisés et auteurs d'attentats-suicides tendent à nous faire oublier que la religion a disparu de l'horizon de la plupart d'entre nous. C'est à la majorité indifférente aux croyances religieuses que cet essai donne enfin la parole, car, en effet, les citoyens sans religion demeurent le plus solide rempart contre tous les intégrismes.
(Coll. Questions contemporaines, 18.50 euros, 174 p.)
ISBN : 978-2-343-11752-2, ISBN EBOOK : 978-2-14-003506-7

MARCHER
Écouter ce que nos pas nous disent
Essai
Lefebvre Gérard
Page après page, et pas après pas, cet ouvrage est une invitation à écouter ce que nos pas nous disent. Écouter ce qu'ils disent de nous, de notre corps et de nos

pensées. Ce qu'ils nous disent aussi de l'état du monde, de nos certitudes, de nos aspirations et de nos limites. Somme toute, un prétexte pour se laisser aller à deviser le long des chemins.
(22.00 euros, 216 p.)
ISBN : 978-2-343-11547-4, ISBN EBOOK : 978-2-14-003401-5

MISE EN SCÈNE D'UN CORPS PERFORMATIF
Entre identité & altérité
Chen Qing - Préface d'Éric Bonnet
L'enjeu de la représentation en images du corps et l'utilisation du propre corps de l'artiste comme support de création est une réaction à l'échec communicationnel contemporain. Le dispositif artistique peut-il déjouer, pour un moment au moins, la puissance d'aliénation qui veut que l'on se conforme à une certaine idée du corps, à ce «corps social» ? Peut-il permettre une certaine construction identitaire ? Montrer le portrait, l'autoportrait et le corps de différentes façons, manipuler ces codes permettent à l'artiste de réfléchir sur sa propre identité dans une société, tout en interrogeant la relation du «soi» au «nous».
(Coll. Eidos série Retina, 20.50 euros, 206 p.)
ISBN : 978-2-343-11119-3, ISBN EBOOK : 978-2-14-003450-3

L'ORIGINE DU RIRE
Discours comique et imaginaire
Essai d'analyse sémantique du mécanisme comique
Gavriloff Georges
Le rire obéit toujours à un mécanisme sémantique immuable niché dans les profondeurs du discours. Le comique passe par une pluralité de significations potentielles et se complaît à créer des émotions positives ou des réactions négatives. Il ne laisse pas indifférent. Sa fonction, au sein du langage, reste communicationnelle : communication avec les autres, mais aussi volonté de compréhension et de paix sociale. Cette étude nous fait découvrir la véritable porte d'entrée qu'est le comique dans l'univers social.
(Coll. Ouverture Philosophique, 19.00 euros, 182 p.)
ISBN : 978-2-343-11466-8, ISBN EBOOK : 978-2-14-003357-5

PAUL RICŒUR
Image de Dieu : Origine et déchéance (Tome 1)
Seo Hyejeong
Avant-propos d'Olivier Abel
Dans un de ses rares textes proprement théologiques, intitulé «L'image de Dieu et l'épopée humaine», essentiel dans l'étude critique de sa pensée, le philosophe Paul Ricœur réfléchit à l'image et à la signification de l'homme. Reprenant l'idée que le sujet humain, fait à l'image de Dieu, est un être solidaire, dynamique et responsable, il le montre à la fois «individuel et collectif». Ce premier ouvrage est consacré au concept de l'image de Dieu et de sa déchéance, à la question du bien et du mal.
(Coll. Ouverture Philosophique, 29.00 euros, 288 p.)
ISBN : 978-2-343-11452-1, ISBN EBOOK : 978-2-14-003373-5

PAUL RICŒUR
Image de Dieu : Rédemption et Eschatologie (Tome 2)
Seo Hyejeong
Attaché au thème de l'homme individuel et collectif, Paul Ricoeur étend le concept de l'image de Dieu aux trois ordres institutionnels de l'économique, du politique et du culturel. Il élabore une synthèse harmonieuse entre le principe de la Création et celui de la Rédemption dans le domaine collectif et social. Cette conviction motive son engagement social dans une perspective progressiste. Cependant, il réserve l'achèvement de la rédemption à la fin du monde. Ce second volume permet d'ouvrir un nouvel horizon à l'éthique sociale et à l'histoire eschatologique.
(Coll. Ouverture Philosophique, 22.50 euros, 220 p.)
ISBN : 978-2-343-11766-9, ISBN EBOOK : 978-2-14-003374-2

LE POSITIVISME DE DAVID HUME
Ayissi Lucien
Établir que l'empirisme de David Hume est la formulation philosophique anticipée du positivisme qu'Auguste Comte va systématiser au XIXe siècle, tel est le dessein de l'auteur de cet ouvrage. En effet, sous l'influence de John Locke et, dans une certaine mesure, de Georges Berkeley, David Hume repense la philosophie de la connaissance de manière à bien baliser le terrain épistémologique sur lequel se sont aisément déployés non seulement le positivisme de Comte, mais aussi et surtout le néopositivisme que le Cercle de Vienne a élaboré de telle sorte qu'Alain Boyer puisse, à juste titre, considérer ses membres comme «les fils de Hume».
(Coll. Éthique, politique et science, 26.50 euros, 254 p.) ISBN : 978-2-343-11457-6, ISBN EBOOK : 978-2-14-003430-5

POUR UNE APPROCHE STRATÉGIQUE DES ESPACES POLITIQUES
Essai de philosophie politique
Cova Hans
Comment repenser l'action collective et l'unité des luttes à l'intérieur d'un contexte géopolitique aussi instable qu'incertain ? «Une approche stratégique des espaces politiques» ne signifie pas l'abandon de l'espace national. Elle exige une réflexion active se réalisant aux niveaux local, national, international. Résolument internationaliste, cette démarche n'est pas sans dessiner une nouvelle figure de la citoyenneté, fondée sur l'émancipation humaine.
(Coll. Ouverture Philosophique, 17.50 euros, 162 p.)
ISBN : 978-2-343-11704-1, ISBN EBOOK : 978-2-14-003391-9

L'HARMATTAN ITALIA
Via Degli Artisti 15; 10124 Torino
harmattan.italia@gmail.com

L'HARMATTAN HONGRIE
Könyvesbolt ; Kossuth L. u. 14-16
1053 Budapest

L'HARMATTAN KINSHASA
185, avenue Nyangwe
Commune de Lingwala
Kinshasa, R.D. Congo
(00243) 998697603 ou (00243) 999229662

L'HARMATTAN CONGO
67, av. E. P. Lumumba
Bât. – Congo Pharmacie (Bib. Nat.)
BP2874 Brazzaville
harmattan.congo@yahoo.fr

L'HARMATTAN GUINÉE
Almamya Rue KA 028, en face
du restaurant Le Cèdre
OKB agency BP 3470 Conakry
(00224) 657 20 85 08 / 664 28 91 96
harmattanguinee@yahoo.fr

L'HARMATTAN MALI
Rue 73, Porte 536, Niamakoro,
Cité Unicef, Bamako
Tél. 00 (223) 20205724 / +(223) 76378082
poudiougopaul@yahoo.fr
pp.harmattan@gmail.com

L'HARMATTAN CAMEROUN
TSINGA/FECAFOOT
BP 11486 Yaoundé
699198028/675441949
harmattancam@yahoo.com

L'HARMATTAN CÔTE D'IVOIRE
Résidence Karl / cité des arts
Abidjan-Cocody 03 BP 1588 Abidjan 03
(00225) 05 77 87 31
etien_nda@yahoo.fr

L'HARMATTAN BURKINA
Penou Achille Some
Ouagadougou
(+226) 70 26 88 27

L'HARMATTAN SÉNÉGAL
10 VDN en face Mermoz, après le pont de Fann
BP 45034 Dakar Fann
33 825 98 58 / 33 860 9858
senharmattan@gmail.com / senlibraire@gmail.com
www.harmattansenegal.com